초등교사와 학부모를 위한

초등수학지도

김용태 · 황우형 · 이중권 지음

KYOWOOSA 教友社

집필 연구진

오랜 세월동안 저자와 함께 수학 및 수학교육을 연구하고, 이 책이 출간되기까지 외국의 참고문헌을 번역하고 삽화제작, 색인 및 편집, 교정 작업에 참여한 아래의 교육대학교 초등수학연구소 회원들에게 심심한 감사를 드린다.

〈가나다 순〉

김성완 · 김정은 · 문정진 · 정현도 · 한지민

머리말

아동들이 초등학교 시절부터 수학이라는 교과를 원리를 이해해야 하는 교과로 생각하기보다는, 공식이나 절차를 외우고 이를 반복해서 연습하는 지루하고 따분한 교과로 인식한다면, 아동들은 수학이라는 학문에 대한 그릇된 생각을 가질 뿐만 아니라 점점 수학을 멀리하게 될 것이다. 이를 방지하기 위해서는 초등학교 수학교육에서 어떤 새로운 개념을 가르칠 때 반드시 원리에 초점을 맞추어야 하며, 어떤 특수한 방법과 절차를 외우도록 하는 것이 아니라, 그 방법과 절차가 정당한 이유를 이해하도록 지도해야 한다.

이를 위해서 이 책에서는, 미국 펜실베니아주의 교육부가 교사들을 위해서 10여 년간 현장연구를 통해서 만든 "진단과 처방수학(Diagnostic and Prescriptive Mathematics)"의 내용을 참고하여, 자연수와 분수 그리고 소수의 사칙연산에 어려움을 느끼는 아동들이 범하는 오류를 유형별로 분류하였다. 또한 다양한 교구를 사용하는 처방지도 방법을 제안하여 수학을 가르치는 초등학교 교사에게 새로운 아이디어를 제공하였다.

이 책에 언급되지 않은 단원이나 내용을 가르칠 때에도 통찰력을 제공하려고 하였으며 또한 자연수와 분수 그리고 소수의 사칙연산에 어려움을 느끼는 아동들을 진단해서 처방할 때, 단순히 계산방법만을 가르치는 것이 아니라, 여러 가지 교구를 사용하여 수의 개념은 물론 연산의 근본적인 원리까지 가르치도록 하였다.

구성주의의 입장에서 보면, 수학학습은 결국 학생 스스로 지식체계를 구성해야 하고 초등학교 수준에서 이를 촉진시키기 위해서는 구체적 조작물을 투입하는 것이 효과적이므로 아동들의 진단과 처방시에는 반드시 각 내용에 적절한 교구인 수모형, 띠, 퀴즈네어색 막대, 모눈종이, 계산판 등을 적재적소에 투입하도록 구성하였다.

또한 실생활 수학(RME)의 입장에서 보면, 자연수와 분수 그리고 소수의 개념과 그들의 사칙연산을 가르칠 때에는 각 개념의 본질을 아동들이 경험하도록 도와주어야 하므로 고대수학자들과 알콰리즈미 등의 관념인, 수를 막대의 길이로, 분수는 두 자연수의 비의 값으로, 두 수의 곱은 직사각형의 넓이로, 같은 수의 곱(제곱)은 정사각형의 넓이로, 소수는 십진분수로 인식하도록 하였다.

우리의 수학교육의 실제적인 목표가 대학입시가 되어버린 현재, 중등학교에서는 많은 학생들이 교사의 수업대상에서 배제되고 있는 것이 현실이다. 그러나 적어도 초등학교에서는 이러한 일이 없으면 하는 것이 저자들의 바람이고 이 책을 통하여 많은 아동들이 실질적인 도움을 받기를 바라는 바이다.

저자 일동

차 례

제 1 장 수학교과란 무엇인가?

01 교과란 무엇인가?

교육과정(교육내용의 조직)은 학생이 공부하여야 할 과제, 배워야 할 기능, 그리고 외워야 할 내용으로 구성된다. 또는 교육과정은 학교가 학생에게 제공하는 경험으로 구성된다. 앞의 견해는 교과에서 시작하여 경험으로 끝나며, 뒤의 견해는 경험으로 시작하여 교과로 끝난다.

앞의 견해에 의한 교육과정을 교과중심 교육과정 또는 교과교육과정, 뒤의 견해에 의한 교육과정을 경험중심 교육과정 또는 경험교육과정이라고 부른다. 교육내용을 경험으로 파악한다는 것이 구체적으로 무엇인가? 교과와 경험은 두 가지 상이한 실체를 가리키는 용어라기보다는 동일한 실체를 가리키되 그것을 상이한 관점에서 가리키는 용어로 보아야 할 것이다. 교과는 경험의 내용을 가리키며, 학생들은 교육을 받는 동안에 교과 이외의 것을 경험하는 것이 아니라 바로 교과를 경험한다. 즉, 학생들은 교과를 경험하는데, 이 때 관점을 학생들이 경험하기 전 상태(교수요목이나 교과서에 적혀 있는 상태)에 두면, 교육의 내용은 교과이며, 학생이 경험하는 상태에 두면 교육의 내용은 경험이라고 볼 수 있는 것이다. 교육의 내용을 교과라고 보는 것은 교과 쪽에서 학생들이 경험할 내용을 보는 것이며, 교육의 내용을 경험이라고 보는 것은 경험 쪽에서 학생들이 교과의 내용을 보는 것이다.

그러므로 교과와 경험은 동일한 내용을 각각 반대쪽에서 보는 관점을 나타낸 것이다. 경험중심 교육과정은 아동중심 또는 학습자중심 사상과 밀접한 관계가 있다. 아동중심이란 아동의 흥미나 필요를 그 자체로 존중하여야 되는 것이 아니라, 교과를 가르치는데 도움이 되는 범위 내에서 아동의 필요나 흥미를 존중해야 한다. 종래에는 교과는 교실에서 가르치는 것, 책에 씌여 있는 것을 가리키는데 비하여 경험은 일상생활에서 경험하는 내용을 가리키는 것으로 해석되어 왔다.

이는 교과와 경험이 마치 책에 씌여 있는 것과 일상생활의 경험이 다른 것처럼 다른 것이라고 생각한 것으로, 교육을 위해서는 불행한 발상이었다. 교과와 경험 사이의 관련(즉, 교과는 경험의 내용이라는 것)을 명백히 인식하여야 한다. 또한 학생의 경함과는 무관한 교과의 맹목적인 주입과 경험의 내용을 엄밀하게 따져 보지 않은 채 일상생활의 경험을 주게 되어서는 안 된다. 브루너는 교육의 과정(1960)에서 교육내용은 지식의 구조라고 정의하였다. 이 용어는 1959년에 미국의 호울이라는 곳에서 실지로 있었던 회합(우즈 호울 회의)의 성격을 잘 나타내어 준다고 볼 수 있다. 회의에서의 토의결과, 교과를 잘 가르치는 것이 무엇인가에 관한 공통된 가정을 확인하였다. 그 공통된 가정을 지식의 구조라고 하였고 브루너가 쓴 교육의 과정은 그 회의 보고서이다. 또한 지식의 구조와 관련된 수업의 원리를 탐구학습 또는 발견학습이라고 하였다. 교육의 과정 전체를 통하여 교과를 잘 가르치는 것은 무엇인가? 에 대한 한 가지 확신은 다음과 같은 것이다.

지식의 최전선에서 새로운 지식을 만들어 내는 학자들이 하는 것이거나 초등학교 3학년 학생이 하는 것이거나를 막론하고 모든 지적인 활동은 근본적으로 동일하다는 것이다. 과학자가 그의 책상이나 실험실에서 하는 일, 문학평론가가 시를 읽으면서 하는 일은 누구든지 이와 비슷한 활동, 다시 말하면 모종의 이해를 도달하려는 활동을 할 때, 그 사람이 하는 일과 본질상 다름이 없다. 이런 활동들의 차이는 하는 일의 종류에 있는 것이 아니라, 지적 활동의 수준에 있는 것이다. 물리학을 배우는 학생은 다름 아니라 바로 물리학자이며, 물리학을 배우는 데는 다른 무엇보다도 물리학자들이 하는 일과 똑같은 일을 하는 것이 훨씬 쉬운 방법일 것이다. 물리학자들이 하는 일을 똑같이 한다는 것은 물리학자들이 하듯이 물리현상을 탐구하는 것이다.

02 지식의 구조

종래 교육에서는 교과를 가르칠 때, 학생들로 하여금 학자와 같은 일을 하지 않고 학자들이 학문적 활동에서 얻은 결론을 학생들에게 제시하고 그것을 받아들이도록 하는 것이었다. 우즈 호울 회의에서는 그것은 교과가 아니라 교과의 중간언어(middle language)라고 규정하였다. 교과의 중간언어라는 것은 물리학자들의 탐구결과를 학생들에게 전달해 주는 언어이고, 그것은 교과를 교과답게 또는 교과를 그 교과의 성격에

충실한 형태로 가르치지 않는다는 것이었다.

다시 말하면 교사는 표면상 물리학적인 용어를 써서 물리학에 속하는 개념, 법칙, 원리 등을 가르치고 있고, 교실에서 교사와 학생들은 물리학자들이 하는 일과는 성격이 다른 일을 하고 있는 것이었다. 따라서 교사는 교과와 학문을 별개의 것으로 간주하여 물리학이라는 학문을 전혀 그릇되게 나타내고 있었다. 교육의 과정에서는 교과답게 가르친다는 말의 의미를 학생들로 하여금 해당분야의 학자와, 비록 수준은 다르다 하더라도, 종류에 있어서는 동일한 일을 하도록 규정하고 있다. 즉, 학자들이 하듯이 물리현상과 역사적 사실 등과 같은 각각 관련된 현상을 탐구한다는 뜻이다.

그러면 학자들과 동일한 일을 하는 것이 과연 가능하고 또 필요한 일인가? 주입식 교육이 나쁜 점은 그것이 주입에 실패한다는 데에 있다고 말할 수 있다. 주입식 방법으로 가르쳐진 지식은 학습자의 바깥에 머물러 있을 뿐 학습자의 안에 들어가지 않는다. 학습자의 안에 들어간다는 것은 학습자의 마음의 한 부분이 된다는 뜻이며 학습자의 보는 눈 또는 안목이 된다는 뜻이다. 물리학적인 현상을 보는 방법을 배우려고 하는 사람이 이미 물리학적 안목으로 현상을 볼 수 있는 사람과 동일한 일을 할 수는 없다. 그러나 물리학을 배운다는 것은 물리학적 현상을 볼 수 없는 상태에서 조금씩 그것을 볼 수 있는 상태로 나아간다는 뜻이다.

교육의 가장 어려운 문제, 그리고 탐구학습의 가장 어려운 문제는 볼 수 없는 상태에 있는 사람을 어떻게 하면 볼 수 있는 상태로 나아가게 하는가 하는데 있다. 학생들에게 탐구문제를 내어주고 그 해답을 스스로 발견하도록 하는 것도 좋은 해결책은 아니다. 그것은 지식을 배운 상태와 배우지 않은 상태, 지식에 담겨있는 안목으로 현상을 볼 수 있는 상태와 볼 수 없는 상태를 혼동하는 것이다. 각 교과의 경우에는 그 교과에 담긴 안목으로 현상을 볼 수 있도록 하려면 그것을 어떻게 가르쳐야 하는가를 연구하여야 한다. 가르치는 내용을 요약하는 질문을 하고 학생들로 하여금 그 문제에 관하여 생각해 보게 하는 일은 중요하다. 학생들이 자신의 마음으로 생각해 보지 않으면 그 배운 내용이 그의 마음속에 들어오기가 매우 힘들기 때문이다. 그러나 그러한 질문은 반드시 그 교과를 아는 사람, 지식의 눈으로 현상을 볼 줄 아는 사람의 입장에서 제기되고 그 해답의 방향 또한 그런 사람에 의해서 이끌어져야만 한다.

그러면 지식의 구조를 가르친다고 할 때 그 가르쳐지는 내용 즉, 지식의 구조는 정확하게 무엇인가? 교육의 과정에서는 지식의 구조를 기본개념과 원리, 핵심적 아이디어 등과 동의어로 쓰고 있다. 따라서 지식의 구조는 학자들이 해당분야를 연구할 때 쓰는 기본개념과 원리, 핵심적 아이디어 등을 가르치게 된다. 이 때 기본개념과 원리는 교사가 학생을 가르칠 때 중간언어로 제시되어서는 않되고, 학생들이 관련된 현상을 이해하는 데에 활용되어야 한다. 따라서 지식의 구조는 학생의 경험과 의미 있게 관련될 수 있는 교과를 가르치는 것이며, 교사는 교과를 가르치되 학생의 일상생활의 경험이 아니라, 교과를 이해하는 경험, 교과로서 현상을 이해하는 경험과 의미있게 관련되도록 가르쳐야한다. 또한 교과는 해당학문분야에서 학자들이 발견하고 축적한 지식의 덩어리(교과의 중간 언어)가 아니라, 그 지식을 발견하는 동안에 학자들이 하는 일, 또는 각 학문의 기본개념과 원리를 써서 해당분야의 현상을 탐구하고 이해하는 일을 가리킨다. 그러나 지식의 덩어리를 결과로서의 지식으로, 지식을 탐구하는 과정을 과정으로서의 지식으로 대비할 때, 과정 없는 결과나 결과와 관련 없는 과정은 있을 수 없는 것이므로 이 두 가지는 서로 분리할 수 없는 것이다.

따라서 교과를 가르칠 때 지식의 덩어리뿐만 아니라 그것을 낳게 한 탐구과정도 동시에 가르쳐야 한다. 이것은 프로이덴탈이 정의한 심상(mental object)과 거의 유사하다. 이러한 의미에서 교육내용이 각 학문의 특이한 탐구과정이라면, 교육 내용은 유치원에서 대학에 이르기까지 동일한 것이어야 한다. 그러면 한 교과에서 각 학교(또는 학년) 수준을 통틀어 가르쳐지는 교육내용 즉, 지식의 구조는 무엇인가? 지식의 구조의 동일어인 학자들이 하는 일, 학문을 탐구하는 과정, 학문에 숨어있는 기본적인 아이디어 등의 일관적인 의미를 생각해 보기 위하여, 학자들이 학문을 할 때 그들이 하는 일을 알아보기로 한다.

학문이란 각각 해당분야에 관련된 현상들을 이해하려는 노력이며, 학문을 할 때 학자들이 하는 일이 바로 이것이다. 학자들이 어떤 현상을 이해하려고 하면 반드시 그 현상을 보는 눈(안목)을 가져야 하고, 모든 학문에는 각각 이러한 눈이 있다. 학문을 한다는 것은 곧 이 눈을 가지고 현상을 본다는 뜻이다. 이 안목은 곧 학문의 이면에 숨어있는 기본 아이디어와 동의어이고, 학문을 탐구하는 과정은 관련된 현상을 이해하는 데에 이 기본적 아이디어를 활용하는 과정을 의미한다.

따라서 유치원에서 대학에 이르기까지 가르쳐지는 동일한 교육내용은 각 학문이 나타내는 현상을 보는 눈 또는 기본 아이디어이다. 그리고 각각의 학문에서 그러한 기본적 아이디어를 찾는 작업은 학문이 가장 분화된 대학에서 시작해서, 그 아래의 수준인 고등학교교과조직에 따라 서로 묶이고, 다음으로 중학교, 초등학교, 유치원에 이르기까지 점점 쉬운 형태로 묶여야 한다. 이 작업의 결과로 각 학문에서 모종의 눈들이 확인되고 그 것들이 각 학교(또는 학년)수준에 맞춰서 제시되어야 하겠다. 대수학에서 방정식의 풀이란 미지수와 기지수를 포함하는 등식을 만족하는 미지수를 기지수로 바꾸는 것이다. 이 방정식을 푸는 데는 세 가지 기본 법칙, 즉 교환, 분배, 결합의 법칙이 있다[1]).

일단 학생들이 이 세 가지 기본법칙에 스며있는 아이디어를 파악하면 현재 풀려고 하고 있는 새로운 방정식은 전혀 새로운 방식이 아니라 자기가 늘 알고 있던 방정식의 한 가지 변용에 불과하다는 것을 쉽게 알 수 있을 것이다. 이 변용에 자기가 알고 있던 것을 적용하는데 중요한 것은 이 법칙의 이름을 아는 것이 아니라 그 법칙을 사용할 줄 아는 것이다. 4학년 어린이들은 재미있는 놀이를 하는 동안에 저절로 위상기하학이나 집합론의 원리를 터득할 수 있으며, 심지어 놀이를 마음대로 바꾸어 가며 새로운 위상기하나 집합론의 공리를 이끌어 낼 수도 있을 것이다. 구체적 조작단계에 있을 때, 아동은 수학의 여러 가지 기본 아이디어를 직관적으로 또 구체적으로 파악할 수 있다. 그러나 아동이 그런 아이디어를 파악하는 것은 오직 구체적 조작에 의해서이다.

예를 들면 구체적 조작 단계에 있는 5학년 아동은 고등수학의 원리가 담겨 있는 장난감을 가지고 놀이를 함으로써 이 원리를 귀납적으로 깨달을 수 있고 또 이 원리를 응용하여 놀이를 해 나갈 수 있다. 기본개념을 가르치는 데 있어서 가장 중요한 것은 아동의 구체적 조작의 사고방식으로부터 보다 적절한 사고방식으로 점진적으로 이행할 수 있도록 도와주는 일이다. 우즈 호울 회의에 참가한 당시의 가장 노련한 초등학교 수학교사인 페이지(D. Page)는 '유치원에서 대학원에 이르는 학생을 가르치는 동안, 나는 연령층의 고하를 막론하고 인간의 지적활동이 비슷하다는 점에 놀랐다.

다만 어린이들은 어른들보다 더 자발적이고 창의적이고 정력적이어서, 만일 어린이들에게 알아듣는 말로 주어지면, 어른들보다 훨씬 빨리 할 수 있을 것 같다. 수학의 자료를 어린이가 알아듣는 말로, 또 재미있게 제시하는 데는 궁극적으로 수학자체를 잘 알아야 한다' 고 하였다(Bruner, 1973). 따라서 유크리트 기하나 측정기하를, 특히 사영기하를 초등학교 마지막 시기에 가서 비로소 가르쳐야 할 아무런 근거가 없다.

03 직관적 사고

수학에서의 직관은 서로 다른 두 가지 의미로 쓰인다. 직관적으로 사고한다는 것은, 한 문제를 오랫동안 씨름한 뒤에 갑자기 해결점에 도달하며, 하지만 아직 형식적인 말

1) 방정식의 풀이는 이 세 가지 법칙과 등식의 성질(이항)을 이용한다.

로 그것을 증명할 수 없는 경우를 말한다. 수학자로서 우수한 직관을 가지고 있다는 말은, 어떤 해답이 과연 옳은 해답인가, 또는 몇 가지 해법 중에서 어느 것이 가장 효과적인가를 재빨리 잘 추측해 낼 수 있다는 뜻이다.

교사는 지식의 전달자일 뿐만 아니라 학생들의 모범이기도 하다. 수학의 힘과 아름다움에 관하여 아무런 느낌을 가지지 못하는 사람은 다른 사람에게 수학에 관한 내재적 희열에 불을 붙일 수 없을 것이다.

04 수학교과의 탐구방법

위에서 본 바와 같이 수학철학에 대한 논리주의, 형식주의, 직관주의, 준-경험주의, 무소속학파의 사조는 각기 모두 수학적 인식에 관해 어떤 일정한 특성에만 집중되고 있다. 즉, 논리주의자는 수학적 논리에서 수학의 원리보다 논리가 가장 기초가 된다는 점을, 직관주의자는 수학에서 직관을, 형식주의자는 수학을 공리론적 형식체계로 하는 방법을, 준-경험주의자들은 경험을, 무소속학파는 대화와 변증술을 각각 강조하면서, 수학기초론에 대한 여러 가지 연구방법의 의의가 고전수학을 논리주의적으로, 혹은 직관주의적으로, 혹은 형식주의적으로 경험이나 변증술을 통하여 그 방법을 적용할 가능성을 충분하게 시사하고 있다.

그러나 학문 자체의 교육방법에 포함되어 있다는 과학의 내적인 교수학은 기존지식의 경제적이고 명쾌한 배열, 개념과 언어의 개발 및 선택의 표준화, 지식의 풀이 방법 및 도구의 전달과 배포의 어려운 문제가 있다. 따라서 모든 수학을 정교화하며, 미래의 수학자의 연구를 용이하게 하고 더 많은 업적을 이루게 한 브루바키 원론은 수학교육 심리학에서도 매우 중요하다. 한편, 전달하고 전달 받는 지식으로서의 수학은 어떠해야 되는지를 이홍우(2003, pp. 493-539)는 다음과 같이 말하고 있다.

교육의 내용을 두 가지로 구분한 보는 지식과 하는 지식사이의 차이 및 관련을 규정하여 본다. 그것은 논리적 구분도 아니고 사실적 분리 어느 한 쪽만으로 설명할 수 있는 것은 아니다. 이들이 시공간적으로 분리되어있다고 할 수 없고 논리적 구분도 없다. 다만 이론적인 것(현상을 보는 것)과 실제적인 것(사태에 변경을 가하는 것)의 성격 그 자체에서 빚어지는 불가피한 결과이다.

그러나 실제적 활동은 대부분의 경우에 그것이 자아내는 긴박감이나 조바심 때문에 이론적 관조를 용납하지 않는다. 그렇다고 해서 그들 사이에 아무런 관계가 없는 것은 아니다. 삶은 실제적인 활동을 떠나서는 상상할 수 없기 때문이다.

지식은 그 자체로서 가치가 중요하지만, 그 자체로서 가치를 가지는 것도 삶과 떨어져서는 의미가 없다. 지식이 삶에 대하여 가지는 유용성은 단순한 수단-목적관계에서 파악될 수 없다. 지식이 삶에 대하여 가지는 유용성은 단순한 수단-목적 관계에 의하여 파악할 수 없는 훨씬 복잡하고 미묘한 의미를 가진다. 이 점은 논리적인 것과 사실적인 것의 구분을 다른 각도에서 조명할 필요가 있다. 그에 앞서 지식과 지혜에 관하여 논한다.

지혜는 삶의 실제적 문제 사태를 현명하게 처리하는 능력이지만 가장 높은 수준의 지혜는 이론적 지식을 통하지 않고는 획득될 수 없다. 성현의 말씀이 인격형성으로 연결되는 것은, 지식이 지혜로 연결되는 것과 마찬가지로 쉬운 일이 아니지만 교육의 기본적인 믿음은 지식을 통하여 삶의 지혜를 얻을 수 있다는 것이다. 논리의 세계는 사실의 세계로 표현되기 이전의 세계이며 그만큼 사실의 세계보다 순수하다. 더구나 사실의 세계와 다른 논리적 세계가 존재한다. 우리가 살고 있는 사실의 세계 위에 그 사실세계의 원형 또는 기준으로서의 논리의 세계가 있는 것이다.

우리의 삶이 올바르기 위해서는 세계의 중층구조를 받아들여야 한다. 예를 들면 주역의 중층구조와 칸트가 본체계와 현상계의 중층구조로 보았던 이성의 한계가 그것이다. 이론적인 것과 실제적인 것은 삶의 사태에 동시적으로 공존하는 두 가지 상반된 방향의 활동이다. 그러나 진선미성은 실제적 활동과 불가분으로 결부되어있지만 그 마음가짐은 긴박한 수단-목적 관계에서 나타나기보다는 그것으로부터 먼 쪽으로 눈을 돌려서 사물과 현상을 관조함으로서만 가질 수 있다.

이론(지식)이 실제적 문제 해결의 수단이 된다는 것이 아니다. 이론은 실제적 행동이 벌어지고 있는 사실의 세계로부터 그 위층에 있는 논리의 세계로 눈을 돌리게 함으로서 그 결과로 형성된 마음이 다시 실제적 활동의 양태로 나타나도록 하는 역할을 하는 것이다. 이것이 지식이 지혜로 연결되는 과정을 설명하는 유일한 방법이 아닌가한다. 그리고 이것이 교육의 목적이 되어야 한다. 또한 교육은 제도이므로 제도 안에서 교육을 생각한다.

또한 1980년대에 논란을 빚었던 브라질의 거리수학은 사회학자, 인류학자, 교육학자와 심리학자의 상호 보완으로 연구되고 분석되었다. 그들의 연구에서는 각국의 많은 사람이 생활을 영위하기 위해서는 학교에서 배우지 않은 수학적 개념이나 기술을 필요로 하기 때문에 거리수학에 접근하는 일반적인 방법을 모색하면서 학교수학과의 관계를 설명하려 하였다. 현실상황과 맞지 않는 학교수학을 비판하면서 현실감각 있는 학교수학을 요구한다. 세계적으로 권위있는 수학논문지도에서도 암호학 등의 응용분야에 적용되는 논문에 관심을 두고 있다. 철저하게 기호화되어 추상화된 수학은 구체적인 사실(계산) 위에서 군림하려는 것이 아니고 오히려 그 계산의 정당성과 일반성을 보장하고 복잡한 계산을 쉽게 하려는 노력의 산물이다. 효율적인 물물교환 때문에 도입한 분수, 홍수에 쓸려간 농토를 복원하는 과정에서 태동한 기하학, 우주현상의 인과관계를 의사소통하기 위한 함수, 우주의 변화를 관측하고 예측하기 위한 미적분학의 발견 등은 구체적이고 실용적인 내용이다.

그 후 분수(유리수)의 연산과정에서 현대적 의미의 군 개념, 더욱이 (유리)수 체의 개념이 나타났고, 함수(치환 함수)를 조작하여 치환군(현대 추상군의 성립)을 완성하였고, 미적분학은 Lebesgue 적분을 거치면서 추상대수화 되어갔다. 수학의 내용은 구체적인 계산 → 추상화(개념형성) → 개념의 구조(공리, 공준) → 논리-수학적 사실(정리) → (정리의 존재성을 위한)구체적인 계산 순으로 전개된다.

Freudenthal은 이러한 전 과정을 수학화라 하였고 수학화를 위한 심상형성을 중요시 하였다. 수학교육은 산술과 대수를 엄격하게 양분하고, 내용과 지도법을 분리하고 또한 생활수학, 응용수학과 수학을 서로 다른 지식 또는 학문으로 분류하는 이원론에서 탈피하여 수학이론과 지도실제를 통합하는 지식으로 정립되어야 할 것이다.

따라서 본 논문에서는 부르바키학파의 세 가지 모구조와 그들의 합성인 다중구조를 발생시킨 아이디어를 수학의 지식의 구조로 간주하고, 그것들을 가르치는 방법을 강구하는 작업으로 정의할 것이다. 그러면 수학교과의 아이디어인 세 가지 모구조와 그들의 합성인 다중구조를 학생들은 어떻게 탐구해야 하는지를 알아보자. 부르너는 수학자들이 하는 아이디어의 탐구란 이때까지 밝혀지지 않은 새로운 원리를 탐구하고 발견함으로써 현상을 보다 잘 이해하는 일이라고 정의하면서 학생들의 탐구방법을 다음과 같이 제시하고 있다. 학생들은 자신이 당면한 문제를 자기 자신의 지력으로 탐구하여 해결하도록 해야 할 것이다. 탐구학습에서는 교사가 해답을 가르쳐주어서는 안되며 그 해답은 학생 스스로의 탐구에 의해서 발견하도록 해야 한다.

물론 대부분의 학자들은 학생들과 마찬가지로 새로운 이론을 발견하기 보다는 다른 사람이 발견한 이론을 이해하는데 시간을 보낸다. 그러나 학자들이 다른 학자들의 이론을 이해하고자 할 때, 그 이론을 맹목적으로 받아들이는 것이 아니라, 그 이론이 요구하는 것과 동일한 방식으로 현상을 보고자 한다. 따라서 학자들이 하는 탐구는 새로운 이론을 만들어 가는 과정과 종래의 이론을 이해하는 과정을 연속적으로 반복하는 것이다. 학생들도 수준을 다르지만 학자들이 행하는 본질상 동일한 종류의 비판적 검토를 하지 않으면 안된다. 교과를 맹목적으로 받아들인다는 것은 그러한 비판적 검토 없이 자기 자신의 것으로 소화되지 않은 상태에서 교과를 배우는 것을 의미한다. 또한 학생으로 하여금 아이디어를 탐구하게 하는 교육방법을 이홍우는 다음과 같이 제시하였다.

교사는 학생들이 상식적으로 옳다고 믿고 있는 내용에 대하여 적극적으로 문제를 일으켜야 한다. 학생들이 가지고 있는 대부분의 견해는 학문에 의해 도야되지 않은 상식적인 견해 일 것이며, 따라서 교사가 할 일은 학생들의 견해에 대하여 비판적인 질문을 하여서 그러한 상식적인 견해를 부정하는 학문적인 견해가 있다는 것을 학생들에게 보여주어야 한다. 즉, 헤겔이 말한 바와 같이 학생들로 하여금 상식과의 투쟁을 하도록 해야 한다. 또한 교과의 생활에의 유용성을 지나치게 강조해서는 안된다. 교과의 유용성은 올바른 지식을 가지고 있다는 것이며, 교과를 배우지 않은데서 초래되는 불편은 그릇된 신념을 가지고 있다는 바로 그 불편이다.

위에서 논한 바와 같이 교과란 학자들이 가지는 안목을 경험하게 하는 것이다. 그러면 수학의 '안목'은 무엇인가? 그것은 수학의 발명가들이 발명 당시에 가졌던 발명의 배경이 되는 아이디어이고, 수학영재교육의 목적은 그 아이디어는 재발견할 수 있도록 도와주는 과정으로 전개되어야 할 것이다.

05 교과로서의 수학

부르너의 주장을 요약하면, 학생이 배워야 할 내용은 발명가의 발명당시의 배경이 되는 아이디어를 배워야 한다는 것이다. 따라서 수학교과란 그 아이디어를 학생으로 하여금 경험하게 하는 과정 또는 그 아이디어를 재발견하도록 도와주는 것이다.

가. 교과서 제작과 모델링

1) 아이디어를 경험하고 재발견할 수 있는 교과서의 개발이 수학영재교육의 장래를 좌우하게 된다. 모델링을 해 주어야 하겠다.
2) 그러나 발명당시의 아이디어를 그대로 재현한다는 것은 현실에 맞지 않는 경우가 대부분이기 때문에 오히려 바람직하지 않다. 따라서 현실에 맞도록 내용과 교수-학습방법을 재조직하는 것 또한 대단히 중요하다.

❖ 메모

제 2 장 수학학습내용의 이해도 진단

01 서 론

학교수학에서 진단이란 아동의 심리발달에 적합한 수학내용을 제시하여 아동의 이해여부를 점검하는 것이고, 처방이란 진단평가에서 얻은 자료를 통하여 오류유형을 분류한 다음 교사가 면담을 통하여 아동으로 하여금 오류를 교정하는 과정을 말한다. 처방 시에는 반드시 위에서 제안한 주제에 적절한 교구를 투입하는 것이 중요하다. 또한 학생들이 이해하지 못하는 수학적 개념과 기능, 학생들이 수학문제를 푸는데 사용하는 사고과정과 전략, 수학에 대한 학생들의 태도, 학생들의 학습형태 등을 조사하여 발달 심리학과 역사발생 원리를 적용하기로 한다. 수학교육에서의 수학사 활용 의의는 다음과 같다.

- 알고리즘적인 계산 수학을 반성하여 개념적 사고를 고취하는 데 이용할 수 있다.
- 교육과정 구성에서 자연스러운 내용 배열의 준거가 되면, 학습-지도에서 수학적 아이디어의 발달과정을 따름으로써 자연스럽게 그 이해를 도울 수 있다.
- 수학의 역사적 발달 과정에 소급해 봄으로써 수학적 사고의 인간적인 모습을 접해 보게 하여, 학습 동기를 유발하고 수학 학습에 생기를 불어 넣을 방안을 찾을 수 있다.
- 현대 기술 문명의 발달에서의 수학의 중심적인 역할과 수학의 문화적인 역할, 특히 인간관과 세계관 형성에 미친 수학의 역할을 이해함으로써 수학에 대한 학생들의 인식을 바꿀 수 있다.

진단과 처방은 다음과 같은 지침을 마련한 다음 그 절차에 따라 수행한다.

- 각각의 개념을 이해시키기 위한 조직적인 지도 방법

- 진단할 때 사용하는 교구사용에 대한 구체적인 지도방법
- 학생들의 오류유형 분석 지침
- 진단에 유용한 게임에 대한 설명
- 교실에서 이루어지는 진단과 처방에 필요한 모든 요소의 운영 지침 등을 마련

02 진단 평가

진단평가의 목적은 연속적인 지필평가와 면담으로 구성하여 아동의 능력을 점진적이고 포괄적으로 분석하여 아동의 이해정도와 계산능력에 관한 자료를 수집하는데 있다.

가. 진단평가의 시행

진단평가 문항을 투여할 때는 다음사항을 유념해야 한다.

1) 전체 학급에 투여 할 것인지 또는 소집단이나 개인에게 투여할 것인지를 결정한다.
2) 현재 가르치고 있는 내용과 평가하고자 하는 학생의 수준에 적합한 문제를 출제한다.
3) 가급적이면 시간제한을 두지 말아야 한다.
4) 아동에게 두 쪽 이상의 시험지를 배포하지 않는다.
5) 아동이 시험지를 작성할 때 유심히 지켜보고 참고사항을 메모한다.
6) 아동이 너무 어려워하는 문제는 풀지 않도록 한다.
7) 아동이 오답을 적은 경우에는 한 두 문제의 결과에서 아동의 오류유형을 분석하기 곤란하므로 개념과 기능을 평가할 수 있는 난이도가 주어진 유사문항을 5개 정도 출제한다.

나. 채 점

진단평가지의 채점시 다음 사항을 유념해야 한다.

1) 전체 학급이나 아동이 속한 집단에 대한 어떠한 기준(예를 들면 집단의 평균 등)은 감안하지 않는다.
2) 각 학생의 점수를 부록에 제시한 학생 기록 카드에 옮겨 적는다.

다. 오류 유형 분석

1) 목 적

수학문제를 푸는 과정에서 어떤 오류들은 단순한 실수이거나 알고리즘 자체에 체계적으로 발생하는 오류이다. 학생들이 단순한 실수를 자주할 때는 문제를 풀 때 더욱 집중하고 세밀한 부분까지 신경을 쓰도록 지도해야 한다. 따라서 오류 유형에 관한 충분한 정보를 제공해서 교사들로 하여금 오류유형의 발견의 주요성을 강조하고 오류 유형을 확인하는 법을 배우도록 도와주는 것이다.

2) 오류 유형의 분류

오류 유형은 크게 두 가지로 나뉘고 다음의 다섯 가지로 구분된다.

가) 오류 유형

첫 번째는 규칙적 오류로서 다음 세 가지로 분류된다.

a. 다른 연산 오류: 학생은 문제를 푸는데 요구되는 연산과 다른 연산을 사용한다.

b. 기초 사실 기억 오류: 적절한 연산은 사용했으나 기초 사실 기억에서 오류($2 + 3 = 6$ 등)가 생겼다.

c. 잘못된 알고리즘: 학생이 정확한 연산은 실행하나 연산과정에서 기초 사실 기억오류 이외의 오류를 범한다.

d. 개념의 이해 부족 : 한 개념을 다른 개념과 혼동하거나, 아예 그 개념의 본질을 파악하지 못하는 오류.

두 번째는

e. 실수에 의한 오류 : 이것은 비슷한 여러 개의 계산과정에서 일관적으로 발생하지 않는 오류.

처음의 두 가지 오류인 다른 연산 오류와 기초 사실 기억 오류는 학생들의 계산 과정에서 유형을 찾아볼 수 있다. 다섯 번째 실수에 의한 오류는 자주 발생하지도 않고 그 종류도 많아서 체계화하는 것은 거의 불가능하다. 그러나 잘못된 알고리즘은 정확하게 다시 가르쳐야 한다. 그러나 다른 오류는 그렇게 쉽게 발견되지도 않고 쉽게 정정할 수도 없다. 여기에서 가장 중요하고 우리의 주된 관심이 되는 오류는 c 와 d 의 오류이다.

라. 면담(interview)

면담은 진단 평가의 핵심이다. 면담은 처방 지도에 앞서 시행되며, 진단평가를 시행한 후에 실시한다. 면담은 학생의 사고 과정과 수학적 개념 발전 상황을 알아볼 수 있는 좋은 기회를 제공하게 된다.

1) 면담의 목적

면담을 통하여 다음과 같은 내용을 포함하는 아동의 정보를 얻는 것이 중요하다.

- 학생들이 생각하고 있는 것
- 사고 과정의 다양성
- 학생들이 문제를 해결하는 데 사용하는 전략들 : 주로 일반적인 풀이법에 아동 자신이 창안한 방법이 합성된 형태.
- 선호하는 수학적인 구체적 모델
- 수학적 능력 : 성숙의 수준

2) 면담의 과정

면담을 실시할 때 구체적인 학습 보조 자료를 사용하고, 구체적 학습 보조 자료 ⇒ 그림 ⇒ 기호나 계산 알고리즘 순으로 지도한다. 면담은 학습지도 과정이 아니다. 다만 학생에게 그 개념에 대한 지도가 더 필요한지를 알아보기 위해서 충분한 대화를 나누는 것이다.

가) 시행방법

① 면담전

- 단계1 : 학생들이 진단평가에서 이해하지 못한 개념을 확인한다.
- 단계2 : 학습보조자료를 준비한다. 지필은 대부분의 면담과정에서 필요하다.
- 단계3 : 방해 요소가 없고 조용한 장소를 택한다.
- 단계4 : 면담하는 각 학생에 대해 최소한 30분씩 시간 계획을 한다.
- 단계5 : 다음에 나오는 '면담 시행을 위한 지침'을 자세히 읽는다. 이 지침은 면담시간을 효과적으로 사용하는 데 많은 도움이 될 것이다.

② 면담 중

- 단계6 : 학생들에게 학습보조자료를 위한 안내서에 제시된 '준비활동'을 하게 함으로써 구체적 학습보조자료와 친숙해질 기회를 제공한다.

- 단계7 : 학생들의 반응을 수용하면서 면담 지시 사항을 따른다. 여기서는 학생이 가지고 있는 개념의 오류를 고치려고 해서는 안 된다. 질문을 다른 식으로 표현하거나 좀 더 쉬운 예를 제시하되 가르치면 안 된다. 왜냐하면 이 단계는 단지 자료를 수집하는 단계이기 때문이다.
- 단계8 : 면담을 어디서 시작하고 얼마나 오래동안 할 것인지를 결정한다. 학생들이 아는 부분은 그냥 넘어가고 이 개념에서 지도가 필요하다고 생각되었을 때 멈춘다.

③ 면담 후

- 단계 9 : 학생 기록 카드에 면담에서 얻은 정보를 기록한다. 학생의 오류 유형이나 개인적 실수를 확인하고, 구체적 모델이나 그림 또는 기호로 표현했을 때 수행능력을 기록한다. 이 기록 카드는 차후 처방 지도시 지도가 필요한 주제를 고르거나 지도방법을 개발하는 데 사용된다.

나) 면담 실행을 위한 지침

① 편안한 분위기를 조성한다.

자연스럽게 학생과 가까워지도록 한다. 학생을 아는 것은 학생을 돕는 첫 단계이다.

② 학생의 수준에 맞춘다.

면담의 목적과 교사가 이를 통해서 무엇을 알기를 원하는지 설명한다. 학생들 자신의 문제가 무엇인지를 알고 있는 지의 여부를 알아 본다.

③ 자료를 수집하되 가르치면 안 된다.

교사는 면담하는 동안 학생의 생각을 듣고, 활동을 관찰하고, 적절한 질문을 하고 필요한 사항은 기록해야 한다. 음 흠, 좋아 등으로 답한다.

④ 학생을 인격적으로 대해야 한다.

면담을 통해서 학생들에게서 얻은 정보를 학생의 성적을 산출하는 데 사용하지 않도록 조심해야 한다.

⑤ 철저해야 한다.

학생들이 좀 더 높은 수준의 과업을 수행할 수 있다고 해서 모든 기초 개념들이 완벽하다고 결론지어서는 안 된다.

⑥ 오류 유형을 알아내야 한다.

학생들이 범하는 대부분의 오류는 단지 부주의의 결과가 아닌 불완전한 알고리즘에 기인한다. 학생의 오류 유형을 발견해 내기만 하면 한 번에 많은 오류를 고칠 수 있다.

⑦ 다양한 형태의 질문을 해야 한다.

열린 질문으로 다양한 답을 얻어야 한다.

3) 면담에 필요한 교구

이 장에서는 면담에 필요한 몇 가지 교구를 소개한다.

가) 수모형

십진법으로서의 자연수와 그들의 덧셈, 뺄셈, 곱셈을 지도하는 데에 가장 적절한 교구는 수모형(base ten blocks)이다. 수모형 대신 모눈종이를 사용해도 좋다.

〈이천 백 삼십 이〉

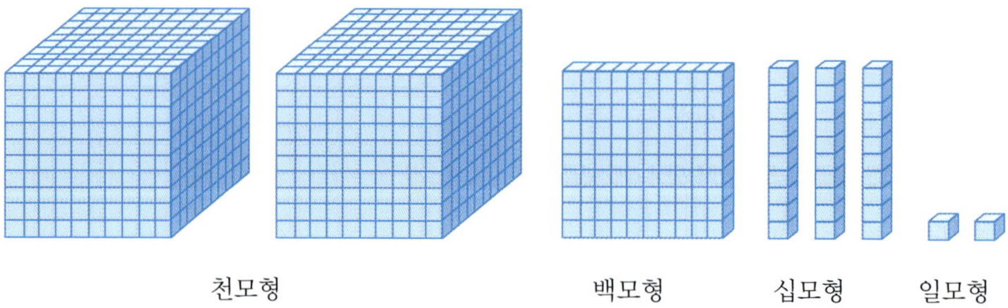

나) 모눈종이

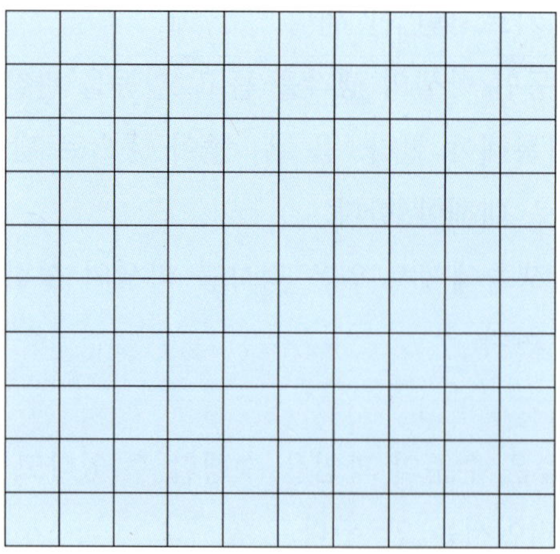

다) 퀴즈네어(Georges Cuisenaire, 1891-1976) 색 막대

벨기에의 초등학교 교사인 퀴즈네어가 고안한 퀴즈네어 막대는 크기와 색이 각각 다른 직육면체 모양으로 구성되어 있으며, 재질은 나무, 또는 플라스틱이 있다. 각 퀴즈네어 막대의 크기는 밑면이 1㎠로 같고 높이가 1~10㎝ 까지 10가지로 되어있으며, 각 막대의 길이에 따라 서로 다른 색이 칠해져 있다. 즉, 높이가 1㎝인 막대부터 흰색, 빨간색, 연두색, 보라색, 노란색, 초록색, 검정색, 갈색, 파란색, 주황색으로 이루어져 있으며, 퀴즈네어 막대 한 세트는 주황, 파랑, 갈색, 검정, 녹색, 노랑 4개, 보라 6개, 연두 10개, 빨강 12개, 흰색 22개로 구성되어 있다. 〈그림〉은 퀴즈네어 막대의 길이를 구별하기 위하여 평면상에 나타낸 그림이다.

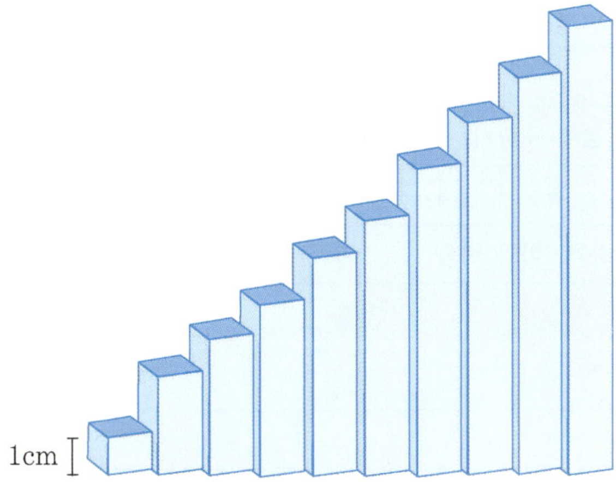

〈그림 〉 퀴즈네어 막대의 구성

• 퀴즈네어 막대 활용이 가능한 학습 내용

분수의 연산지도의 알고리즘 형성은 연산의 계산 원리 이해와 일련의 규칙성과 절차의 파악이 구체물 조작활동을 통해 학생 스스로 지식의 정리와 조합으로 연결될 때 가능하다(신준식, 1996)고 볼 때, 퀴즈네어 막대의 활용은 학생들에게 수학적 개념을 발달시키고 수학적인 사고와 추론의 기회를 제공하여 수학학습에 대한 흥미와 공간지각력을 향상시키는데 많은 도움이 된다. 이처럼 퀴즈네어 막대는 수학과 모든 영역에 적용되나, 특히 다양한 조작 교구 중 퀴즈네어 막대로 활용했을 때 효과가 있는 영역별 학습 주제를 정리하였다.

〈표 〉 퀴즈네어 막대 활용이 가능한 학습 내용

학습 내용	영역	해당 학년
자연수의 덧셈과 뺄셈, 수 개념지도(수 가르기와 모으기)	수와 연산	1~2학년
긴 것과 짧은 것 비교하기, 막대를 이용해 주어진 공간 채우기	측정	1~2학년
곱셈의 기초(묶어세기), 곱셈구구	수와 연산	2학년
길이재기 및 어림하기, 쌓기나무	측정, 도형	2학년
자연수의 곱셈과 나눗셈, 분수로 나타내기	수와 연산	3학년
규칙 찾기	규칙성과 함수	1~3학년
동치분수 찾기, 동분모 분수의 덧셈과 뺄셈	수와 연산	4학년
분수의 크기 비교, 분수의 곱셈과 나눗셈, 약분과 통분 이분모 분수의 덧셈과 뺄셈, 분수의 곱셈	수와 연산	5학년
선대칭 도형 익히기	도형	5학년
직사각형, 정사각형 넓이 구하기	측정	5학년
평균의 이해와 구하기, 확률의 이해	확률과 통계	5~6학년
직육면체의 부피 구하기, 비와 비율	측정, 규칙성과 함수	6학년

라) 띠(분수막대)

1

$\frac{1}{2}$	$\frac{1}{2}$

$\frac{1}{3}$	$\frac{1}{3}$	$\frac{1}{3}$

$\frac{1}{4}$	$\frac{1}{4}$	$\frac{1}{4}$	$\frac{1}{4}$

$\frac{1}{5}$	$\frac{1}{5}$	$\frac{1}{5}$	$\frac{1}{5}$	$\frac{1}{5}$

$\frac{1}{6}$	$\frac{1}{6}$	$\frac{1}{6}$	$\frac{1}{6}$	$\frac{1}{6}$	$\frac{1}{6}$

$\frac{1}{7}$	$\frac{1}{7}$	$\frac{1}{7}$	$\frac{1}{7}$	$\frac{1}{7}$	$\frac{1}{7}$	$\frac{1}{7}$

$\frac{1}{8}$	$\frac{1}{8}$	$\frac{1}{8}$	$\frac{1}{8}$	$\frac{1}{8}$	$\frac{1}{8}$	$\frac{1}{8}$	$\frac{1}{8}$

$\frac{1}{9}$	$\frac{1}{9}$	$\frac{1}{9}$	$\frac{1}{9}$	$\frac{1}{9}$	$\frac{1}{9}$	$\frac{1}{9}$	$\frac{1}{9}$	$\frac{1}{9}$

$\frac{1}{10}$	$\frac{1}{10}$	$\frac{1}{10}$	$\frac{1}{10}$	$\frac{1}{10}$	$\frac{1}{10}$	$\frac{1}{10}$	$\frac{1}{10}$	$\frac{1}{10}$	$\frac{1}{10}$

마) 분수지도용 교구의 비교

〈표 〉 조작도구의 활용에 관한 비교 분석표

구분		분수막대	분수원	퀴즈네어 막대	수모형
장점	제작	• 제작이 가장 쉽다. • 제작시 다양한 재료를 사용할 수 있다.	• 평면적인 도구는 만들기 쉽다.		• 기성제품이 많이 보급되었다.
	활용	• 직관적, 시각적이다. • 활용 방법이 가장 쉽다.	• 분수막대보다 더 직관적, 시각적이다. • 어림하기 쉽다. • 활용방법이 쉽다.	• 비의 개념지도에 적합하다 • 수 조작의 자발적 구성을 유도한다.	• 자연수 학습을 많이 다루므로 특별한 조작 방법 지도가 필요 없다. • 활용 방법 후속학습인 소수 지도에 직접 연관된다. • 분리량의 등분할에 적합하다.
단점	제작		• 투명한 재료로 제작해야 하므로 재료가 한정된다. • 입체로 제작시 어렵다. • 제작방법이 어렵다.	• 다양한 색깔로 제작하기 어렵다.	
	활용	• 비의 개념지도에 눈금이 방해된다.	• 비의 개념지도에 눈금이 방해된다.	• 색깔로 인한 고착 가능성 우려가 있다. • 조작활동이 장시간, 많은 노력을 요구한다.	• 일반 분수 지도는 어렵다.
활용상 특징		• 초급단계의 아동에게 적합하다. • 눈금이 있는 도구에서 점차 없는 도구로 단계적으로 활용하면 효과적이다.	• 초급단계에 아동에게 적당하다. • 눈금이 있는 도구에서 점차 없는 도구로 단계적으로 활용하면 효과적이다.	• 중급이상의 아동에 적합하다.	• 십진분수지도와 소수 지도에 적합하다. • 몫, 비율 분수 개념 지도에 적합하다.

❖ 메모 ✍

제3장 개념 테스트

이 장에서는 아동들의 개념이해정도를 파악하기 위해서 미국 펜실베니아 주정부 교육부에서 10여 년간에 걸쳐 제작한 문제를 우리나라 교육과정에 적합하도록 수정한 것이다. 이 검사지를 사용하여 아동들의 오류유형을 찾아내고 분류한 다음, 오류유형별로 처방 계획을 따라서 조작교구를 활용하는 면담을 통하여 아동이 범한 오류를 처방하고자 한다.

검사지는 다음과 같은 순서로 작성되어있으며 끝에 정답을 수록하였다.

1. 0과 자연수-수 개념
2. 0과 자연수-덧셈
3. 0과 자연수-뺄셈
4. 0과 자연수-곱셈
5. 0과 자연수-나눗셈
6. 분수-개념
7. 분수-대소 관계
8. 분수-동분모의 덧셈
9. 분수-대분수의 덧셈
10. 분수-이분모의 덧셈
11. 분수-동분모의 뺄셈
12. 분수-곱셈
13. 분수-나눗셈
14. 소수-개념
15. 소수-반올림
16. 분수와 소수의 관계
17. 소수-덧셈
18. 소수-뺄셈
19. 소수-곱셈
20. 소수-나눗셈

01 0과 자연수–수 개념

0020
0060

학과 :	학번 :	이름 :

왼쪽에 있는 물건의 개수와 같은 것에 ×를 하시오.

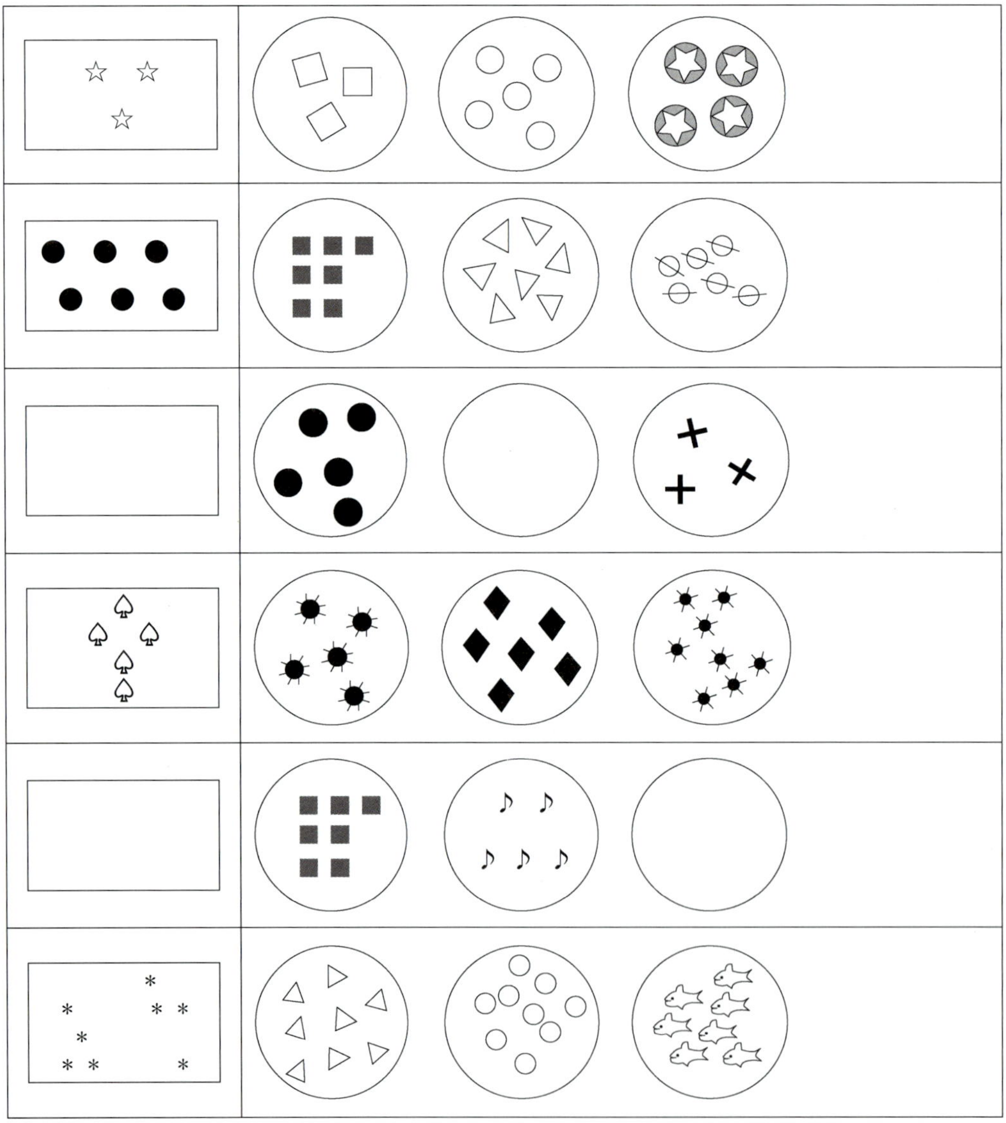

0과 자연수–수 개념

0020
0060

학과 :	학번 :	이름 :

물건의 수를 적으시오.

A.

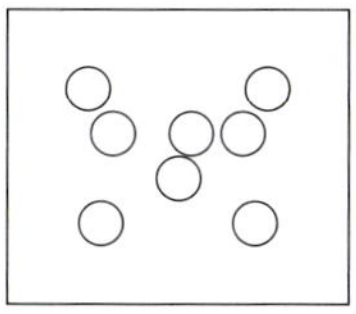

______

B.

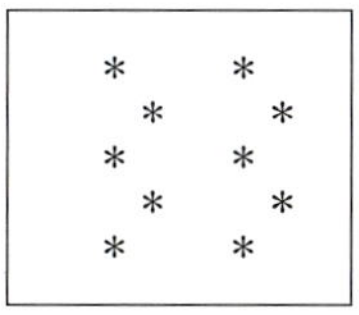

______

C.

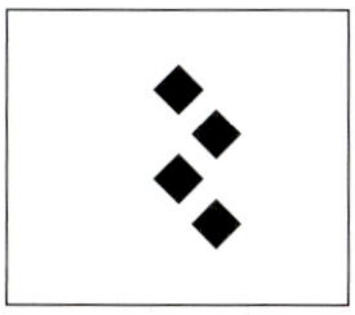

______

D.

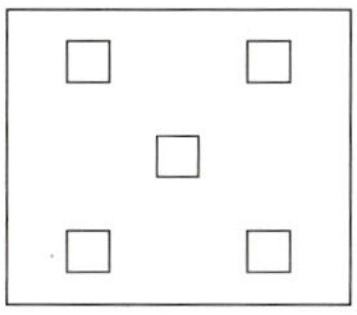

______

E.

______

F.

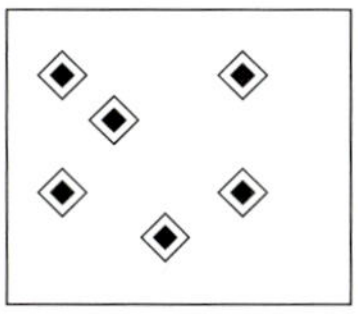

______

숫자를 적으시오.

G.

여덟	______	넷	______
둘	______	하나	______
영	______	아홉	______
셋	______	일곱	______

0과 자연수-수 개념

0070

학과 :	학번 :	이름 :

물건의 개수를 숫자로 나타내시오.

A.

○ ○ ○ ○ ○ ○
○ ○ ○ ○ ○ ○
○ ○ ○ ○ ○ ○

B.

★ ★ ★ ★ ★ ★
★ ★ ★ ★ ★ ★ ★
★ ★ ★ ★ ★ ★ ★ ★
★ ★ ★ ★ ★ ★ ★ ★ ★

C.

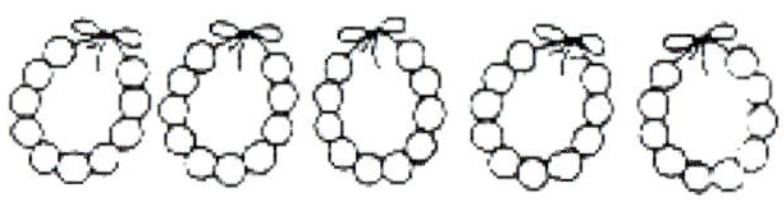

D.

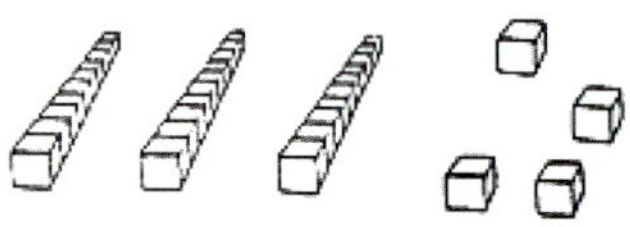

E.

```
* *    * *    * *
* *    * *    * *        *
* *    * *    * *        *
* *    * *    * *
* *    * *    * *
```

F.

십이 4 + 일이 0 ________

십이 7 + 일이 8 ________

G.

일이 5 + 십이 3 ________

십이 0 + 일이 6 ________

0과 자연수–수 개념

0090

학과 :	학번 :	이름 :

다음에 맞는 수를 적으시오.

A.

이천 오백 육십 ______________

만 구십 오 ______________

4만 + 3십 ______________

5십만 + 3만 + 7십 +4 ______________

B.

4850 = _____ 천 ______ 백______ 십________

2008 = _____ 천 ______ 백______ 십________

6020 = _____ 천 ______ 백______ 십________

천 자리수를 적으시오.

C.

786493567 ____________

2864306400 ____________

0과 자연수–수 개념

0100

학과 :	학번 :	이름 :

다음에 맞는 수를 적으시오.

A.

$800 + 80 + 9 =$ ____________

$500 + 6 =$ ____________

$8 + 40 =$ ____________

B.

$80 + 300 =$ ____________

$6000 + 40 + 1 =$ ____________

$50 + 300 + 7 =$ ____________

C.

$12 =$ ____________ $48 =$ ____________

$66 =$ ____________ $297 =$ ____________

$504 =$ ____________ $380 =$ ____________

$4038 =$ ________________________________

$1996 =$ ________________________________

0과 자연수-수 개념

0110

학과 :	학번 :	이름 :

다음 수를 1자리에서 반올림하시오.

A.	B.
89 __________	263 __________
62 __________	309 __________
6 __________	3569 __________

다음 수를 십자리에서 반올림하시오.

C.	D.
308 __________	3558 __________
760 __________	2816 __________
840 __________	57293 __________

다음 수를 백자리에서 반올림하시오.

E.	F.
2824 __________	57182 __________
1089 __________	25327 __________
3572 __________	398736 __________

0과 자연수–순서

0130

학과 :	학번 :	이름 :

작은 수부터 차례로 적으시오.

A.

9, 4, 7, 5 ______________________

17, 10, 13, 15 ______________________

46, 79, 80, 65 ______________________

132, 201, 320, 139 ______________________

빈 칸에 〈 또는 〉를 넣으시오.

B.

9 ______ 8

12 ______ 16

55 ______ 65

420 ______ 240

C.

3 ______ 5

18 ______ 14

70 ______ 69

567 ______ 576

0과 자연수–순서

0150

학과 :	학번 :	이름 :

물음에 맞는 물건에 ○표를 하시오.

A. 다섯 번째	
B. 여섯 번째	
C. 두 번째	☆ ☆ ☆ ☆ ☆ ☆ ☆ ☆ ☆ ☆
D. 여덟 번째	○ ○ ○ ○ ○ ○ ○ ○ ○ ○
E. 첫 번째	■ ■ ■ ■ ■ ■ ■ ■ ■ ■
F. 열 번째	△ △ △ △ △ △ △ △ △ △ △

0과 자연수–건너뛰기

0160

학과 :	학번 :	이름 :

1씩 세어서 빈칸을 채우시오.

A. 2, 3, 4, 5, ____ 6, 7, 8, 9, ____	B. 11, 12, 13, ____ 15, 16, 17, ____
C. _____ , 1, 2, 3, 4 _____ , 30, 31, 32	D. _____ , 20, 21, 22 _____ , 41, 42, 43
E. 33, _____ , 35 72, _____ , _____ , 75	F. 68, ______ , 70 200, _____ , _____ , 203
G. 297, 298, 299, _____ _____ , 556, 557 _____ , 79, _____	H. 47, _____ , _____ , _____ _____ , _____ , 71, _____ _____ , 2000, _____

0과 자연수-건너뛰기

0170

학과 :	학번 :	이름 :

둘씩 세어서 빈칸을 채우시오.

A.

4, 6, _____ , _____ , _____ , _____

16, 18, _____ , _____ , _____ , _____

5, 7, 9, _____ , _____ , _____

다섯씩 세어서 빈칸을 채우시오.

B.

5, 10, 15, _____ , _____ , _____

75, 80, 85, _____ , _____ , _____

9, 14, 19, _____ , _____ , _____

열씩 세어서 빈칸을 채우시오.

C.

10, 20, 30, _____ , _____ , _____

460, 470, 480, _____ , _____ , _____

2060, 2070, 2080, _____ , _____ , _____

02 0과 자연수–덧셈

0400

학과 :	학번 :	이름 :

빈 칸에 맞는 수를 적으시오.

A.

물고기가 몇 마리인가? ________ 새가 몇 마리인가? ________

물고기와 새가 모두 몇 마리인가? ________

B.

자동차가 ________ 대 자동차가 ________ 대

모두 합하면 몇 대인가? ________

물음에 맞는 □에 ×를 하시오.

C.

더하는 것과 같은 뜻은?

더하기	×	빼기	−
몇 배	÷	+	나누기

합을 나타내는 것은?

4÷2=2	3+2=5	6−3=3

0과 자연수-덧셈

0410

학과 :	학번 :	이름 :

물음에 맞는 수를 넣으시오.

A.

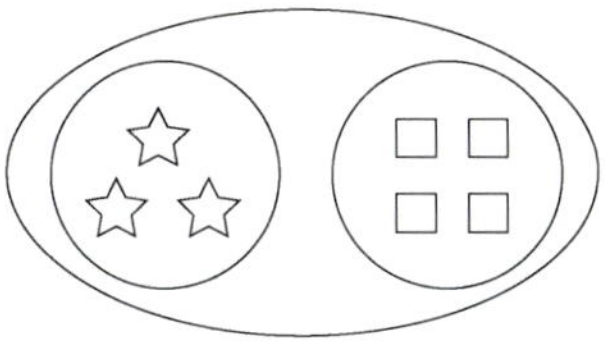

3 + 4 = ______

B.

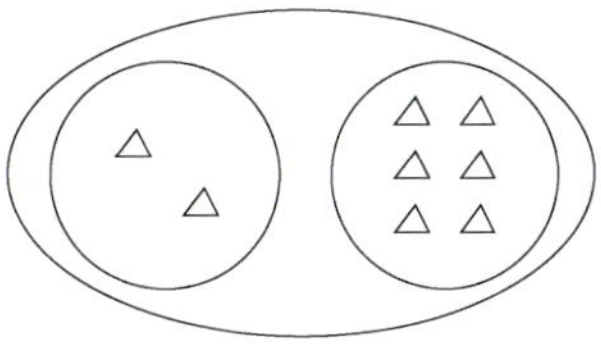

2 + 6 = ______

C.

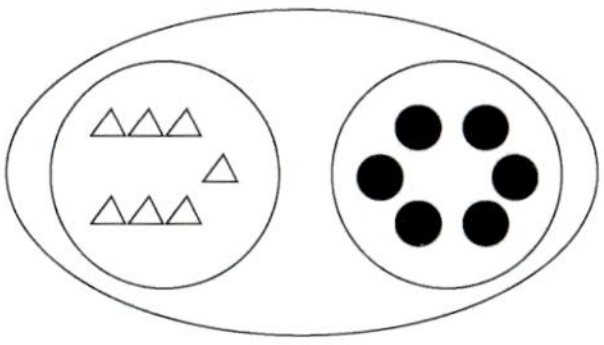

7 + 6 = ______

D.

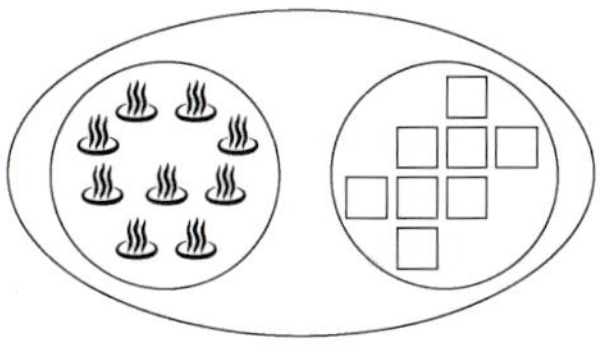

9 + 8 = ______

E.

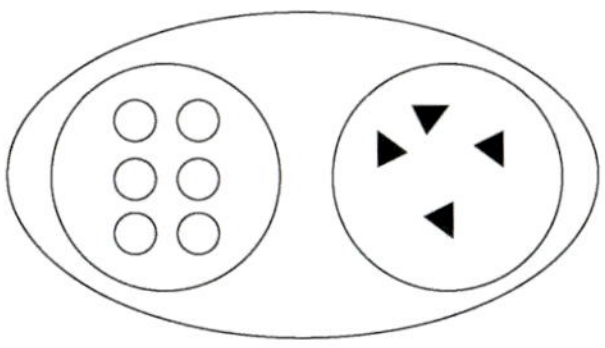

6 + ______ = 10

F.

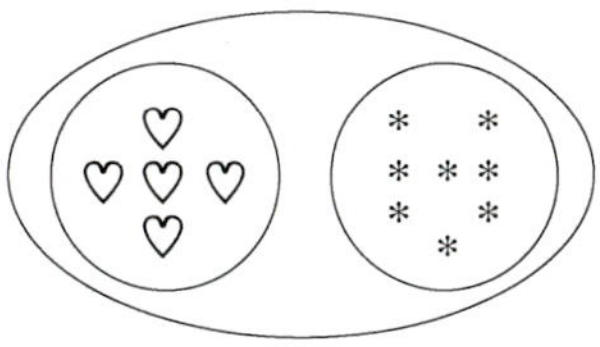

______ + 8 = 13

G.

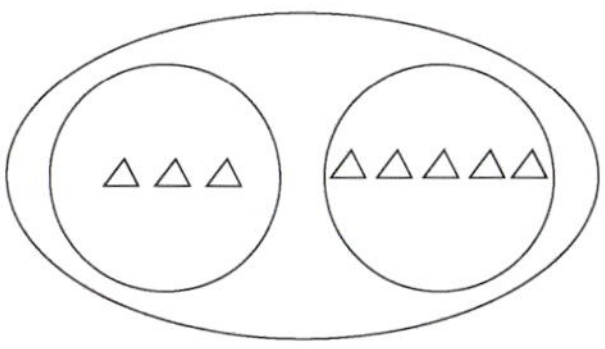

3 + ____ = ____

H.

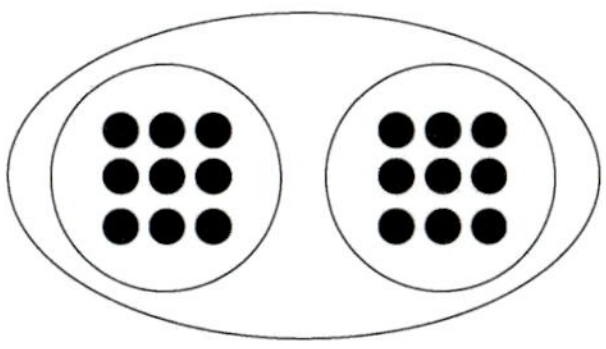

____ + 9 = ____

I.

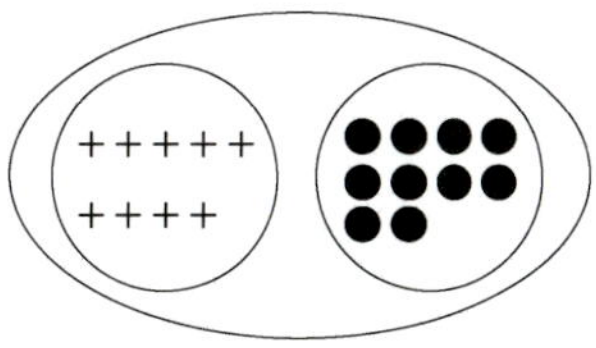

____ + ____ = ____

0과 자연수-덧셈

0450

학과 :	학번 :	이름 :

다음 덧셈을 하시오.

A.

$\begin{array}{r} 5 \\ +\ 4 \\ \hline \end{array}$	$7+2=$ ___	$\begin{array}{r} 3 \\ +\ 6 \\ \hline \end{array}$	$4+3=$ ___	$\begin{array}{r} 9 \\ +\ 5 \\ \hline \end{array}$	$8+6=$ ___
$\begin{array}{r} 7 \\ +\ 3 \\ \hline \end{array}$	$2+8=$ ___	$\begin{array}{r} 2 \\ +\ 5 \\ \hline \end{array}$	$5+5=$ ___	$\begin{array}{r} 6 \\ +\ 7 \\ \hline \end{array}$	$8+4=$ ___
$\begin{array}{r} 4 \\ +\ 4 \\ \hline \end{array}$	$7+9=$ ___	$\begin{array}{r} 8 \\ +\ 8 \\ \hline \end{array}$	$7+9=$ ___	$\begin{array}{r} 9 \\ +\ 3 \\ \hline \end{array}$	$7+5=$ ___

다음 덧셈표를 완성하시오.

B.

+	1	2	3	4	5	6	7	8	9	10	0
1	2	3				7				11	
2							9				
3			6					11			
4	5										
5					10						
6				10						16	
7	8										
8	9					14			17		
9											
10			13								

0과 자연수–덧셈

0460

학과 :	학번 :	이름 :

다음 덧셈을 하시오.

A.

$$\begin{array}{r} 44 \\ +\ 53 \\ \hline \end{array} \qquad \begin{array}{r} 54 \\ +\ 4 \\ \hline \end{array} \qquad \begin{array}{r} 33 \\ +\ 16 \\ \hline \end{array}$$

B.

$374 + 5 =$ ________ $683 + 4 =$ ________

$49 + 10 =$ ________ $67 + 31 =$ ________

C.

$$\begin{array}{r} 72 \\ +\ 24 \\ \hline \end{array} \qquad \begin{array}{r} 435 \\ +\ 51 \\ \hline \end{array} \qquad \begin{array}{r} 47 \\ +\ 30 \\ \hline \end{array}$$

0과 자연수-덧셈

0470

학과 :	학번 :	이름 :

다음 덧셈을 하시오.

A.

$$\begin{array}{r} 35 \\ +\ 7 \\ \hline \end{array} \qquad \begin{array}{r} 78 \\ +\ 16 \\ \hline \end{array} \qquad \begin{array}{r} 147 \\ +\ 82 \\ \hline \end{array}$$

B.

$$\begin{array}{r} 375 \\ +\ 540 \\ \hline \end{array} \qquad \begin{array}{r} 359 \\ +\ 87 \\ \hline \end{array} \qquad \begin{array}{r} 277 \\ +\ 327 \\ \hline \end{array}$$

C.

$$\begin{array}{r} 508 \\ +\ 759 \\ \hline \end{array} \qquad \begin{array}{r} 3074 \\ +\ 726 \\ \hline \end{array}$$

0과 자연수–덧셈

0500

학과 :	학번 :	이름 :

다음 덧셈을 하시오.

A.

$8 + 2 + 4 + 3 =$ ______

$$\begin{array}{r} 6 \\ 7 \\ +\ 3 \\ \hline \end{array}$$

B.

$$\begin{array}{r} 3 \\ 0 \\ 6 \\ +\ 1 \\ \hline \end{array} \qquad \begin{array}{r} 3 \\ 4 \\ 6 \\ +\ 8 \\ \hline \end{array} \qquad \begin{array}{r} 6 \\ 5 \\ 4 \\ +\ 8 \\ \hline \end{array}$$

C.

$2 + 3 + 1 + 4 + 8 =$ ______

$7 + 5 + 8 =$ ______

$9 + 7 + 3 + 6 =$ ______

$7 + 4 + 5 + 3 + 6 + 5 =$ ______

0과 자연수-덧셈

0510

학과 :	학번 :	이름 :

다음 덧셈을 하시오.

A.

$$\begin{array}{r} 42 \\ 24 \\ +\ 12 \\ \hline \end{array} \qquad \begin{array}{r} 52 \\ 26 \\ +\ 20 \\ \hline \end{array} \qquad \begin{array}{r} 212 \\ 333 \\ +\ 424 \\ \hline \end{array}$$

B.

$$\begin{array}{r} 657 \\ 288 \\ 69 \\ +\ 748 \\ \hline \end{array} \qquad \begin{array}{r} 73 \\ 46 \\ 17 \\ 39 \\ +\ 62 \\ \hline \end{array} \qquad \begin{array}{r} 564 \\ 288 \\ 8 \\ 2264 \\ +\ \ \ 45 \\ \hline \end{array}$$

C.

$$\begin{array}{r} 444 \\ 330 \\ +\ 23 \\ \hline \end{array} \qquad \begin{array}{r} 59395 \\ 28573 \\ +\ 62162 \\ \hline \end{array}$$

0과 자연수-덧셈

0580

학과 :	학번 :	이름 :

물음에 맞는 수를 넣으시오.

A.

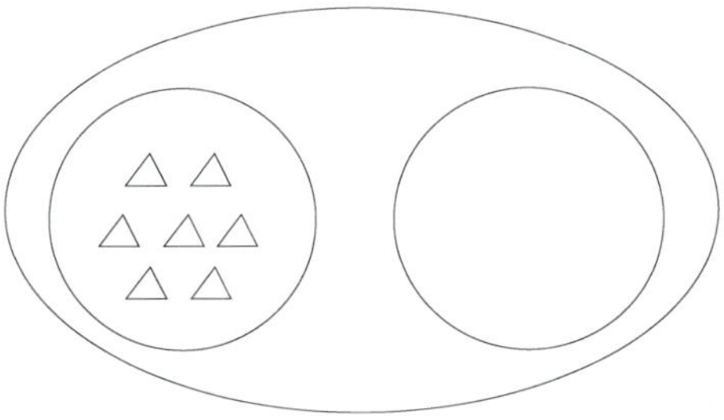

$7 + 0 =$ ________

B.

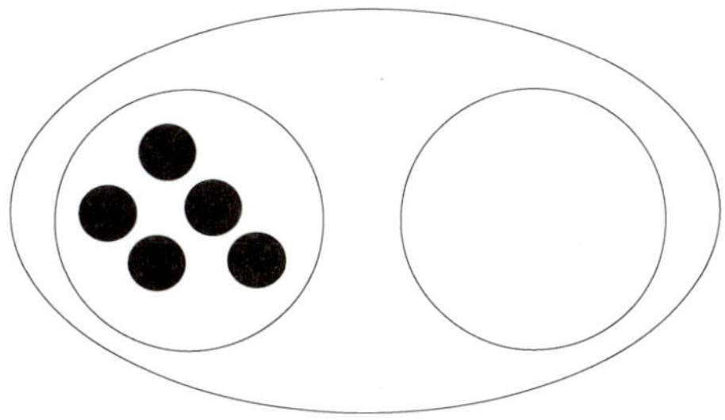

____ + ____ = ____

C.

$2 + 0 =$ ________

$200 + 0 =$ ________

D.

$20 + 0 =$ ________

$9 +$ _____ $= 9$

E.

$$\begin{array}{r} 5 \\ +\ 1 \\ \hline \end{array} \quad \begin{array}{r} 1 \\ +\ 9 \\ \hline \end{array} \quad \begin{array}{r} 1 \\ +\ 8 \\ \hline \end{array} \quad \begin{array}{r} 10 \\ +\ 1 \\ \hline \end{array} \quad \begin{array}{r} 1 \\ +\ 39 \\ \hline \end{array}$$

F.

$3 + 4 =$ ________　　　$7 + 3 =$ ________

$6 + 3 + 1 = 6 + 1 +$ ________

03 0과 자연수–뺄셈

0600

학과 :	학번 :	이름 :

물음에 맞는 수를 넣으시오.

A.

자동차는 모두 몇 대인가? ________

자동차 몇 대가 가버렸나? ________

자동차 몇 대가 남았는가? ________

B.

6 - ____ = ____

C.

빼는 것을 답하는 것을 고르시오.

×	곱하기	빼기	÷
더하기	나누기	+	−

뺄셈은 무엇인가?

4÷2=2	3+2=5	6-3=3

0과 자연수–뺄셈

0610

학과 :	학번 :	이름 :

물음에 답하시오.

A.

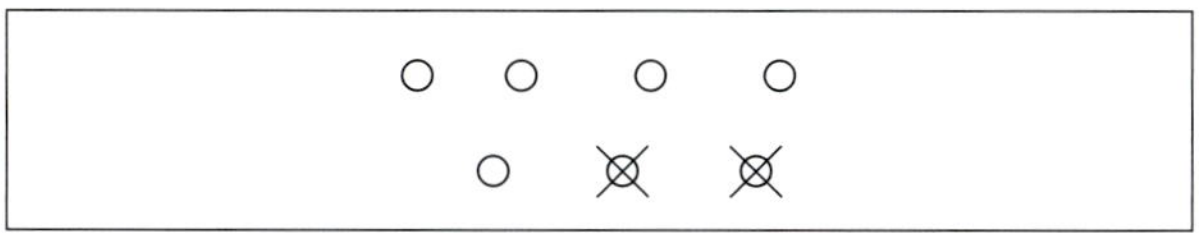

$7 - 2 =$ ______

B.

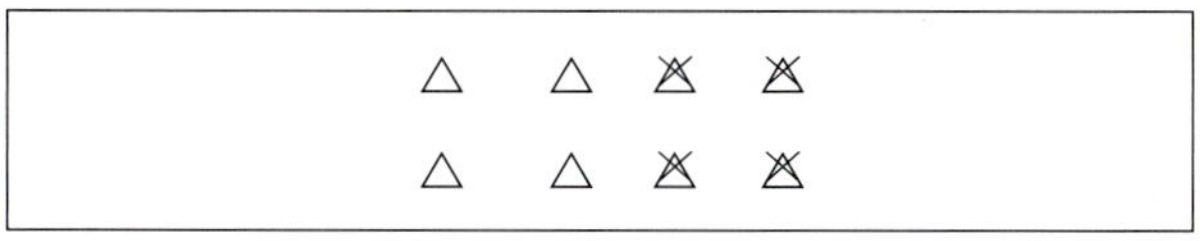

$8 - 4 =$ ______

C.

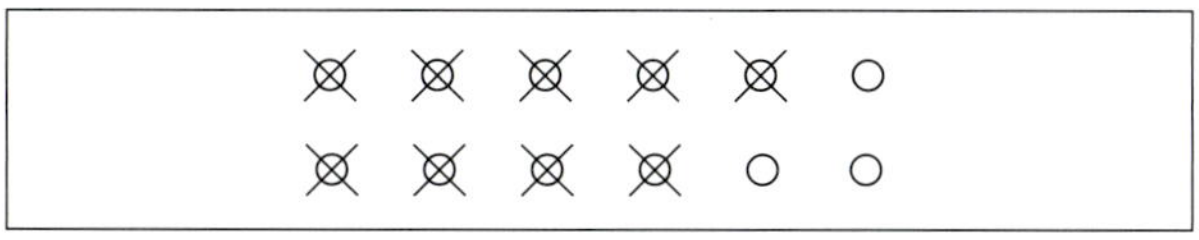

$12 -$ ____ $=$ ____

D.

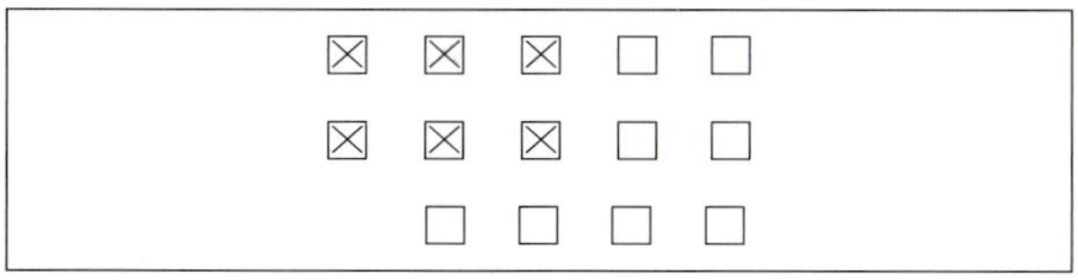

____ $- 6 =$ ____

E.

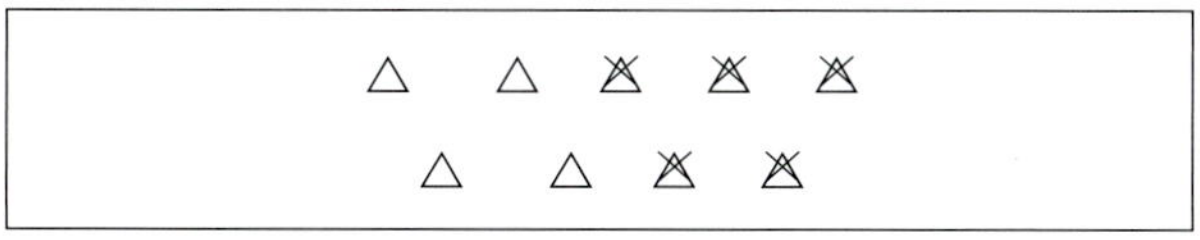

____ $-$ ____ $=$ ____

0과 자연수-뺄셈

0630

학과 :	학번 :	이름 :

덧셈에 반대되는 뺄셈을 하시오.

A. $6 + 3 = 9$ ____ - ____ = ____	B. $9 + 7 = 16$ ____ - ____ = ____
C. $8 + 0 = 8$ ____ - ____ = ____	D. $7 + 8 = 15$ ____ - ____ = ____

빈 칸을 채우시오.

E.

$$\begin{array}{r} 5 \\ -\ \square \\ \hline 4 \end{array} \qquad \begin{array}{r} 15 \\ -\ \square \\ \hline 6 \end{array} \qquad \begin{array}{r} \square \\ -\ 7 \\ \hline 8 \end{array} \qquad \begin{array}{r} \square \\ -\ 6 \\ \hline 7 \end{array}$$

$8 + 7 = 15$ 이므로 15 - ____ = ____

$17 - 9 = 8$ 이므로 17 - ____ = ____

8 + □ = 15에 맞는 답과 같은 식에 ○표 하시오.

F.

$$\begin{array}{r} 15 \\ -\ \square \\ \hline 7 \end{array} \qquad \begin{array}{r} 7 \\ +\ \square \\ \hline 15 \end{array} \qquad \begin{array}{r} 15 \\ +\ 7 \\ \hline \square \end{array} \qquad \begin{array}{r} 15 \\ -\ \square \\ \hline 8 \end{array}$$

0과 자연수-뺄셈

0650

학과 :	학번 :	이름 :

다음 뺄셈을 하시오.

A.

$\begin{array}{r} 4 \\ -\ 3 \\ \hline \end{array}$	10 − 3 = ___	$\begin{array}{r} 18 \\ -\ 9 \\ \hline \end{array}$	14 − 5 = ___	12 − 7 = ___	$\begin{array}{r} 15 \\ -\ 9 \\ \hline \end{array}$
$\begin{array}{r} 8 \\ -\ 4 \\ \hline \end{array}$	8 − 6 = ___	$\begin{array}{r} 6 \\ -\ 5 \\ \hline \end{array}$	7 − 3 = ___	16 − 8 = ___	$\begin{array}{r} 14 \\ -\ 5 \\ \hline \end{array}$
$\begin{array}{r} 13 \\ -\ 3 \\ \hline \end{array}$	14 − 8 = ___	$\begin{array}{r} 7 \\ -\ 5 \\ \hline \end{array}$	8 − 4 = ___	10 − 6 = ___	$\begin{array}{r} 14 \\ -\ 6 \\ \hline \end{array}$

아래의 덧셈표를 완성하시오.

B.

+	□	□	1	3	□	5	□	7
□	7	5	2	4	3	6	9	8
□	9	7	4	6	5	8	11	10
4	10	8	5	7	6	9	12	11
6	12	10	7	9	8	11	14	13
□	13	11	8	10	9	12	15	14
2	8	6	3	5	4	7	10	9
□	11	9	6	8	7	10	13	12
8	14	12	9	11	10	13	16	15

0과 자연수–뺄셈

0660

학과 :	학번 :	이름 :

아래의 뺄셈을 하시오.

A.

$$\begin{array}{r} 87 \\ -\ 52 \\ \hline \end{array} \qquad \begin{array}{r} 79 \\ -\ 5 \\ \hline \end{array} \qquad \begin{array}{r} 82 \\ -\ 50 \\ \hline \end{array}$$

B.

$$\begin{array}{r} 673 \\ -\ 53 \\ \hline \end{array} \qquad \begin{array}{r} 819 \\ -\ 403 \\ \hline \end{array} \qquad \begin{array}{r} 846 \\ -\ 3 \\ \hline \end{array}$$

C.

$$\begin{array}{r} 979 \\ -\ 768 \\ \hline \end{array} \qquad \begin{array}{r} 605 \\ -\ 302 \\ \hline \end{array} \qquad \begin{array}{r} 485 \\ -\ 485 \\ \hline \end{array}$$

D.

$$\begin{array}{r} 4379 \\ -\ 153 \\ \hline \end{array} \qquad \begin{array}{r} 7534 \\ -\ 4312 \\ \hline \end{array}$$

0과 자연수–뺄셈

0670

학과 : | 학번 : | 이름 :

아래의 뺄셈을 하시오.

A.

$$\begin{array}{r} 67 \\ -\ 2 \\ \hline \end{array} \quad \begin{array}{r} 73 \\ -\ 26 \\ \hline \end{array} \quad \begin{array}{r} 76 \\ -\ 67 \\ \hline \end{array}$$

B.

$$\begin{array}{r} 514 \\ -\ 73 \\ \hline \end{array} \quad \begin{array}{r} 638 \\ -\ 478 \\ \hline \end{array} \quad \begin{array}{r} 514 \\ -\ 415 \\ \hline \end{array}$$

C.

$$\begin{array}{r} 467 \\ -\ 78 \\ \hline \end{array} \quad \begin{array}{r} 600 \\ -\ 297 \\ \hline \end{array} \quad \begin{array}{r} 800 \\ -\ 793 \\ \hline \end{array}$$

D.

$$\begin{array}{r} 8003 \\ -\ 367 \\ \hline \end{array} \quad \begin{array}{r} 5030 \\ -\ 3051 \\ \hline \end{array}$$

0과 자연수-뺄셈

0780

학과 :	학번 :	이름 :

아래의 뺄셈을 하시오.

A.

$$\begin{array}{r} 5 \\ -\ 0 \\ \hline \end{array} \quad \begin{array}{r} 20 \\ -\ 0 \\ \hline \end{array} \quad \begin{array}{r} 200 \\ -\ 0 \\ \hline \end{array} \quad \begin{array}{r} 8 \\ -\ 8 \\ \hline \end{array} \quad \begin{array}{r} 26 \\ -\ 26 \\ \hline \end{array}$$

$$\begin{array}{r} 22 \\ -\ 2 \\ \hline \end{array} \quad \begin{array}{r} 8 \\ -\ 1 \\ \hline \end{array} \quad \begin{array}{r} 16 \\ -\ 1 \\ \hline \end{array} \quad \begin{array}{r} 17 \\ -\ 16 \\ \hline \end{array} \quad \begin{array}{r} 38 \\ -\ 37 \\ \hline \end{array}$$

빈 칸에 알맞은 수를 넣으시오.

B.

$7 - (\quad) = 7$ $\qquad$ $(\quad) - 0 = 13$

$0 - (\quad) = 0$ $\qquad$ $6 - (\quad) = 0$

$14 - 1 = (\quad)$ $\qquad$ $(\quad) - 1 = 8$

$5 - (\quad) = 2$ $\qquad$ $(\quad) - 1 = 29$

04 0과 자연수–곱셈

0800

학과 :	학번 :	이름 :

물음에 맞는 수를 넣으시오.

A.

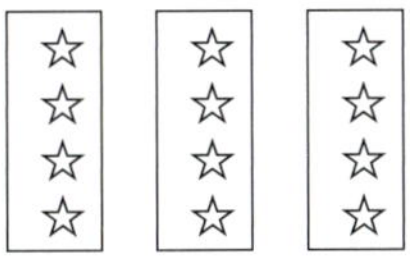

4 × 3 = _____ 5 × _____ = _____

B.

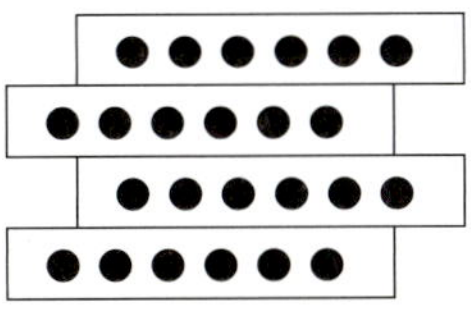

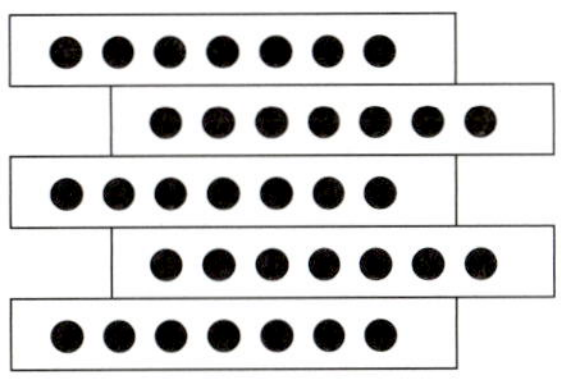

_____ × 4 = _____ _____ × _____ = _____

C.

곱하기를 뜻하는 것을 고르시오.

더하기 곱셈 ÷ −

× 뺄셈 + 나누기

다음 중 곱셈은 무엇인가?

4÷2=2 3+2=5 2×2=4

0과 자연수–곱셈

0810

학과 :	학번 :	이름 :

물음에 답하시오.

A.

4개씩 세 묶음 = ____

4 × 3 = ____

B.

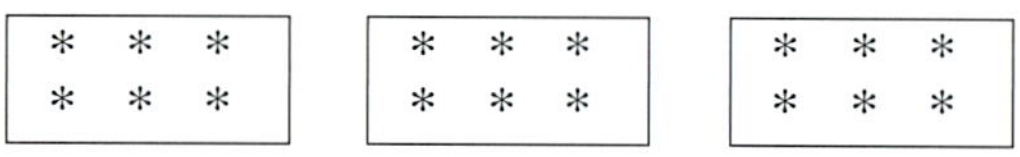

6개씩 세 묶음 = ____

6 × 3 = ____

C.

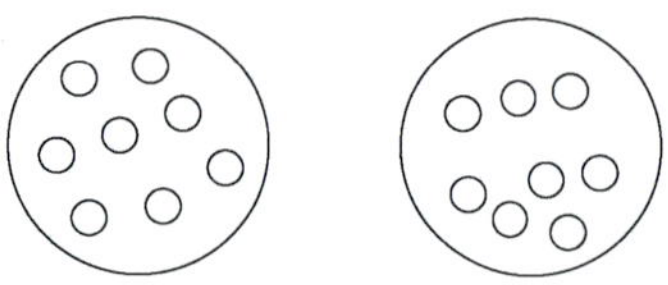

8개씩 두 묶음 = ____

____ × 2 = ____

D.

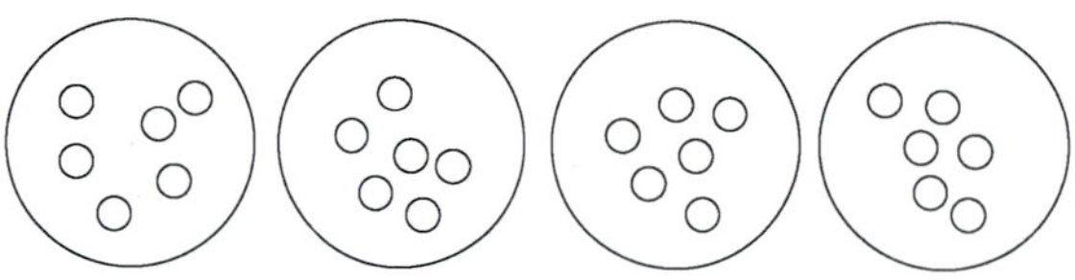

6개씩 네 묶음 = ____

6 × ____ = ____

E.

9개씩 3묶음은 ___ , 따라서 ____ × ____ = ____

0과 자연수–곱셈

0820

학과 :	학번 :	이름 :

물음에 답하시오.

A.

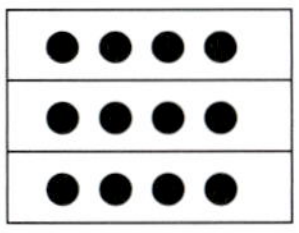

$4 \times 3 =$ ______

B.

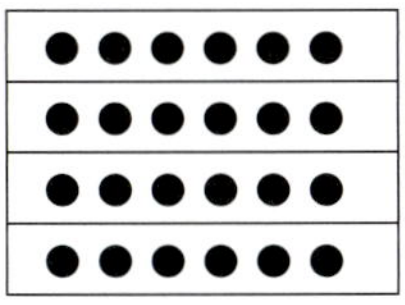

$6 \times 4 =$ ______

C.

$2 \times 5 =$ ______ 또는 $5 \times 2 =$ ______

D.

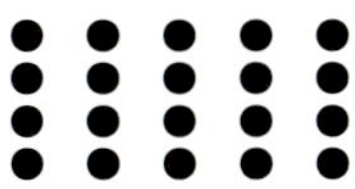

$4 \times$ ______ $=$ ______ 또는 $5 \times$ ______ $=$ ______

E.

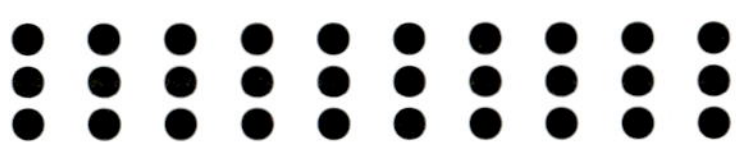

______ $\times$ ______ $=$ ______ 또는

______ $\times$ ______ $=$ ______

0과 자연수-곱셈

0840

학과 :	학번 :	이름 :

물음에 답하시오

A.

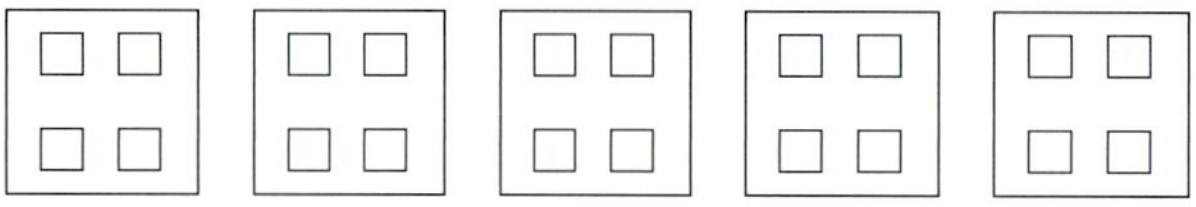

$\underline{\ 4\ } + \underline{\ 4\ } + \underline{\ 4\ } + \underline{\ 4\ } + \underline{\ 4\ } = \underline{\qquad}$

B.

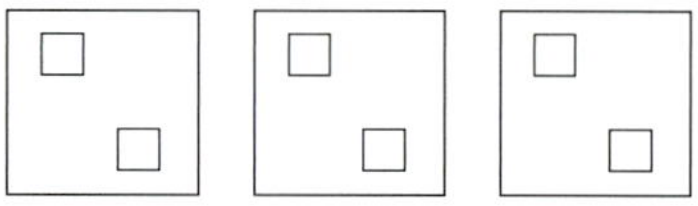

$2 + 2 + 2 = \underline{\qquad}$, 따라서 $2 \times 3 = \underline{\qquad}$

C.

$2 + 2 + 2 + 2 = \underline{\qquad}$, 따라서 $2 \times 4 = \underline{\qquad}$

D.

$3 + 3 + 3 + 3 = 12$, 따라서 $3 \times \underline{\quad} = \underline{\qquad}$

E.

$5 + 5 = 10$, 따라서 $\underline{\qquad} \times \underline{\qquad} = 10$

F.

$2 \times 7 = 14$, 따라서 $\underline{\qquad} + \underline{\qquad} = 14$

G.

$4 + 4 + 4 + 4 + 4 = 20$, 따라서 $\underline{\quad} \times \underline{\quad} = \underline{\qquad}$

0과 자연수-곱셈

0870

학과 :	학번 :	이름 :

다음의 곱셈을 하시오.

A.

$\begin{array}{r} 7 \\ \times\ 3 \\ \hline \end{array}$	$9 \times 4 =$ ___	$\begin{array}{r} 8 \\ \times\ 8 \\ \hline \end{array}$	$8 \times 9 =$ ___
$\begin{array}{r} 5 \\ \times\ 8 \\ \hline \end{array}$	$4 \times 8 =$ ___	$\begin{array}{r} 9 \\ \times\ 9 \\ \hline \end{array}$	$7 \times 6 =$ ___

다음의 곱셈표를 완성하시오.

B.

×	5	6	7
3			
4			
5			

×	8	9	10
8			
9			
10			

×	3	5	1	2
3				
4				
1				
5				

×	9	7	6	8	5
6					
9					
7					
8					
4					

0과 자연수–곱셈

0880

학과 : 학번 : 이름 :

아래의 곱셈을 하시오.

$$\begin{array}{r} 41 \\ \times\ 4 \\ \hline \end{array} \qquad \begin{array}{r} 23 \\ \times\ 4 \\ \hline \end{array} \qquad \begin{array}{r} 312 \\ \times\ 3 \\ \hline \end{array}$$

$$\begin{array}{r} 213 \\ \times\ 3 \\ \hline \end{array} \qquad \begin{array}{r} 403 \\ \times\ 2 \\ \hline \end{array} \qquad \begin{array}{r} 3031 \\ \times\ 4 \\ \hline \end{array}$$

$$\begin{array}{r} 2413 \\ \times\ 2 \\ \hline \end{array} \qquad \begin{array}{r} 2312 \\ \times\ 3 \\ \hline \end{array}$$

0과 자연수-곱셈

0890

학과 :	학번 :	이름 :

아래의 곱셈을 하시오.

$$\begin{array}{r} 36 \\ \times\ 2 \\ \hline \end{array} \qquad \begin{array}{r} 27 \\ \times\ 3 \\ \hline \end{array} \qquad \begin{array}{r} 61 \\ \times\ 5 \\ \hline \end{array}$$

$$\begin{array}{r} 413 \\ \times\ 7 \\ \hline \end{array} \qquad \begin{array}{r} 89 \\ \times\ 7 \\ \hline \end{array} \qquad \begin{array}{r} 713 \\ \times\ 7 \\ \hline \end{array}$$

$$\begin{array}{r} 403 \\ \times\ 9 \\ \hline \end{array} \qquad \begin{array}{r} 807 \\ \times\ 5 \\ \hline \end{array} \qquad \begin{array}{r} 693 \\ \times\ 3 \\ \hline \end{array}$$

0과 자연수-곱셈

0900

학과 :	학번 :	이름 :

아래의 곱셈을 하시오.

$$\begin{array}{r} 79 \\ \times\ 63 \\ \hline \end{array} \qquad \begin{array}{r} 207 \\ \times\ 53 \\ \hline \end{array} \qquad \begin{array}{r} 83 \\ \times\ 51 \\ \hline \end{array}$$

$$\begin{array}{r} 43 \\ \times\ 14 \\ \hline \end{array} \qquad \begin{array}{r} 235 \\ \times\ 79 \\ \hline \end{array} \qquad \begin{array}{r} 74 \\ \times\ 37 \\ \hline \end{array}$$

$$\begin{array}{r} 734 \\ \times\ 518 \\ \hline \end{array} \qquad \begin{array}{r} 1353 \\ \times\ 908 \\ \hline \end{array} \qquad \begin{array}{r} 784 \\ \times\ 234 \\ \hline \end{array}$$

0과 자연수–곱셈

0910

학과 :	학번 :	이름 :

아래의 곱셈을 하시오.

$$\begin{array}{r} 30 \\ \times\ \ 7 \\ \hline \end{array} \qquad \begin{array}{r} 39 \\ \times\ 10 \\ \hline \end{array} \qquad \begin{array}{r} 34 \\ \times\ 20 \\ \hline \end{array} \qquad \begin{array}{r} 23 \\ \times\ 30 \\ \hline \end{array}$$

$$\begin{array}{r} 40 \\ \times\ 18 \\ \hline \end{array} \qquad \begin{array}{r} 27 \\ \times\ 30 \\ \hline \end{array} \qquad \begin{array}{r} 54 \\ \times\ 80 \\ \hline \end{array} \qquad \begin{array}{r} 160 \\ \times\ 16 \\ \hline \end{array}$$

물음에 답하시오.

B.

$$\begin{array}{r} 5④ \\ \times\ ③7 \\ \hline \end{array} \qquad \begin{array}{r} 24 \\ \times\ 38 \\ \hline 192 \\ \boxed{72} \\ \hline 912 \end{array}$$

○안의 두 수의 곱은 얼마인가요? □안의 수는 얼마인가요?

0과 자연수-곱셈

0920

학과 :	학번 :	이름 :

아래의 곱셈을 하시오.

A.

$100 \times 16 =$ ______

$$\begin{array}{r} 100 \\ \times \quad 16 \\ \hline \end{array} \qquad \begin{array}{r} 16 \\ \times \quad 100 \\ \hline \end{array}$$

$1000 \times 35 =$ ______

$$\begin{array}{r} 1000 \\ \times \quad 35 \\ \hline \end{array} \qquad \begin{array}{r} 35 \\ \times \quad 1000 \\ \hline \end{array}$$

$$\begin{array}{r} 200 \\ \times \quad 24 \\ \hline \end{array} \qquad \begin{array}{r} 2000 \\ \times \quad 24 \\ \hline \end{array} \qquad \begin{array}{r} 64 \\ \times \quad 100 \\ \hline \end{array} \qquad \begin{array}{r} 71 \\ \times \quad 200 \\ \hline \end{array}$$

물음에 맞는 □에 ×표 하시오.

B.

$$\begin{array}{r} 364 \\ \times \quad 207 \\ \hline 2548 \\ \boxed{728} \quad \\ \hline 75348 \end{array}$$

□안의 수는 다음 중 어느 것인가?

□ 2×364 □ 20×364 □ 200×364

0과 자연수-곱셈

0930

학과 :	학번 :	이름 :

다음의 곱셈을 하시오.

$3 \times 8 \times 2 =$ ______	$1 \times 3 \times 8 \times 2 =$ _____
$3 \times 2 \times 8 =$ ______	$3 \times 2 \times 8 \times 1 =$ _____
$7 \times 0 \times 3 =$ ______	$1 \times 2 \times 4 \times 2 =$ _____
$4 \times 2 \times 16 =$ ______	$7 \times 3 \times 12 =$ _____
$7 \times 9 \times 5 =$ ______	$7 \times 9 \times 5 \times 10 =$ _____
$15 \times 3 \times 4 =$ ______	$15 \times 3 \times 4 \times 100 =$ _____

0과 자연수-곱셈

0990

학과 :	학번 :	이름 :

다음의 곱셈을 하시오.

A.

$$\begin{array}{r} 1 \\ \times\ 7 \\ \hline \end{array} \quad \begin{array}{r} 1 \\ \times\ 1 \\ \hline \end{array} \quad \begin{array}{r} 0 \\ \times\ 9 \\ \hline \end{array} \quad \begin{array}{r} 1 \\ \times\ 0 \\ \hline \end{array} \quad \begin{array}{r} 8 \\ \times\ 0 \\ \hline \end{array} \quad \begin{array}{r} 3087 \\ \times\ 0 \\ \hline \end{array}$$

$7065 \times 1 =$ _________ $(25 \times 0) \times 345 =$ _________

빈 칸에 알맞은 수를 적으시오.

$22 \times 1 =$ ______ $11 \times$ _____ $= 11$

____ $\times 1 =$ ______ _____ $\times 0 = 0$

$5 \times 6 \times 1 =$ ______ $7 \times 4 \times$ _____ $= 28$

$3 \times 3 \times$ _____ $= 0$ $1 \times 1 \times$ _____ $= 1$

$4 \times 9 =$ _____ $\times 4$ $4 \times$ ____ $\times 1 = 4 \times 1 \times 2$

$5 \times (4 + 3) =$ ____ $\times 4 +$ ____ $\times 3$

05 0과 자연수-나눗셈

1000

학과 :	학번 :	이름 :

다음의 곱셈을 하시오.

A.

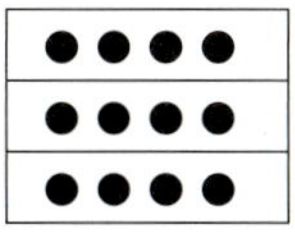

$12 \div 4 =$ _____

B.

$10 \div$ _____ $=$ _____

C.

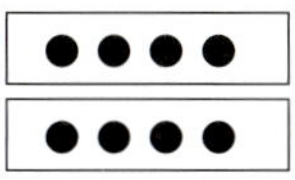

$8 \div$ _____ $=$ _____

D.

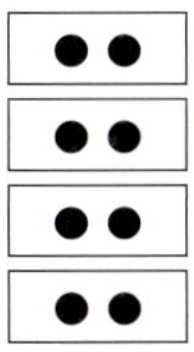

$8 \div$ _____ $=$ _____

물음에 맞는 □에 ○표를 하시오.

E.

다음 중 나누기를 뜻하는 것은?

덧셈　　$+$　　$\times$　　나눗셈

곱셈　　$\div$　　$-$　　$\overline{)\quad}$

몫을 나타내는 것은?

$4 \div 2 = 2$　　$3 \times 1 = 3$　　$1 + 1 = 2$　　$4 - 2 = 2$　　$2\overline{)4}$ (몫 2)

0과 자연수–나눗셈

1010

학과 :	학번 :	이름 :

빈 칸에 맞는 수를 적으시오.

A.

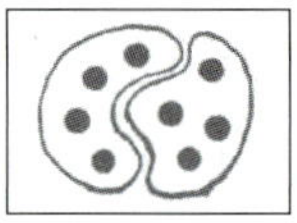

$8 \div 4 = \_\_\_\_$

B.

{●●●● / ●●●● / ●●●●} $12 \div 3 = \_\_\_\_$

{▲▲ / ▲▲ / ▲▲} $6 \div 3 = \_\_\_\_$

{○○○○○○ / ○○○○○○ / ○○○○○○} $18 \div 3 = \_\_\_\_$

C.

{□□□ / □□□ / □□□ / □□□} $12 \div \_\_\_\_ = 3$

{●●● / ●●● / ●●● / ●●● / ●●●} $15 \div \_\_\_\_ = \_\_\_\_$

다음 중 12÷4를 뜻하는 것에 ○표를 하시오.

D.

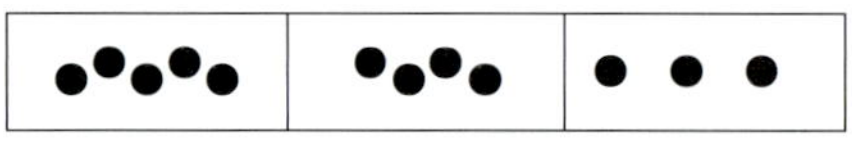

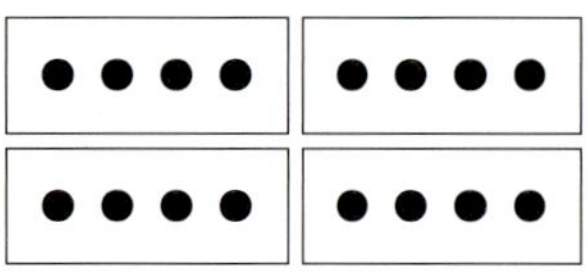

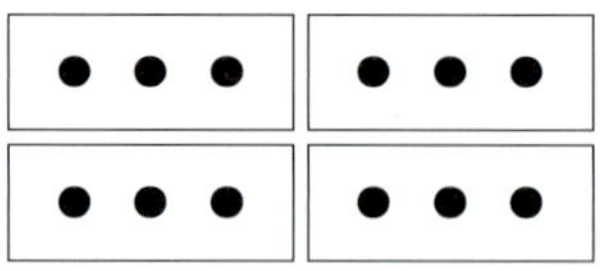

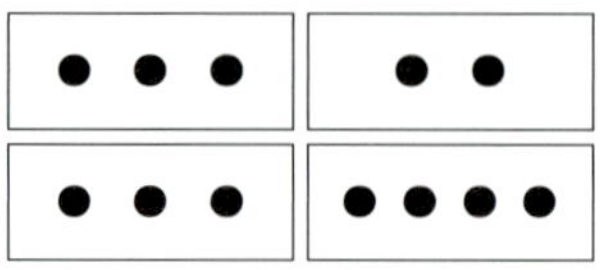

0과 자연수-나눗셈

1020

학과 :	학번 :	이름 :

빈 칸에 맞는 수를 적으시오.

A.

> 9−3=6 ; 6−3=3 ; 3−3=0. 9에서 3을 세 번 뺏더니 0이 되었다. 따라서 0은 세 개의 3으로 되어 있다. 즉, 9÷3=3

8−2=6 , 6−2=4 , 4−2=2 , 2−2=0

따라서 8÷2=____

B.

20 − 4 = 16 , 16 − 4 = 12 , 12 − 4 = 8 , 8 − 4 = 2 , 4 − ___ = 0

따라서 20 ÷ 4 = ____

C.

24에는 8이 몇 번 들어있는가? 아래에 뺄셈을 하시오.

24 − 8 = __________

____

__________________ 따라서 24 ÷ ____ = ____

D.

첫 번째의 보기와 같이 같은 뜻을 갖는 것끼리 선으로 이으시오.

9 − 3 − 3 − 3	10 ÷ 5 = 2
12 − 4 − 4 − 4	12 ÷ 3 = 4
10 − 5 − 5	15 ÷ 5 = 3
12 − 3 − 3 − 3 − 3	12 ÷ 4 = 3
15 − 5 − 5 − 5	9 ÷ 3 = 3

0과 자연수-나눗셈

1030

학과 :	학번 :	이름 :

빈칸에 알맞은 수를 적으시오.

A. 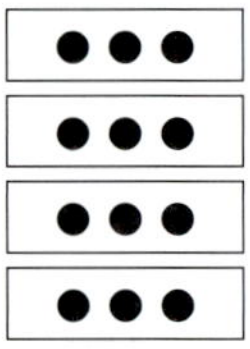

12 ÷ 3 = ____

B. 

12 ÷ 4 = ____

C. 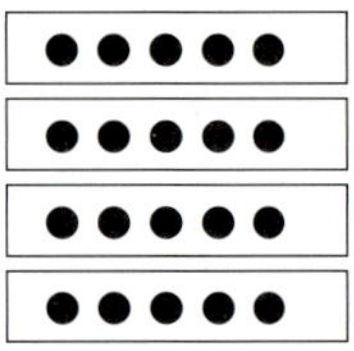

20 ÷ ____ = 4

그림을 보고 빈칸에 맞는 수를 적으시오.

D. 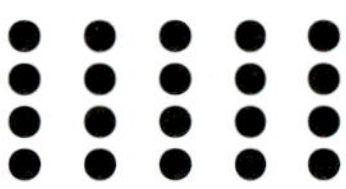

____ ÷ 4 = ____

E. 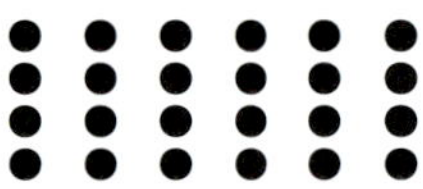

____ ÷ ____ = ____

문제의 뜻에 맞는 □에 ○표 하시오.

F. 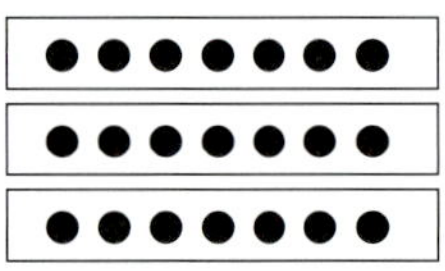

21 ÷ 3	7 × 3
3 × 7	21 ÷ 7

0과 자연수–나눗셈

1050

학과 :	학번 :	이름 :

빈칸에 알맞은 수를 넣으시오.

A. $7 \times 8 = 56$, 따라서 $56 \div 8 =$ ____	B. $6 \times 7 = 42$, 따라서 $42 \div 6 =$ ____
C. $9 \times 8 = 72$, 따라서 $72 \div$ ____ $=$ ____	D. $5 \times 8 = 40$, 따라서 ____ $\div 8 = 5$
E. $8 \times 4 = 32$, 따라서 $32 \div 4 =$ ____ $3 \times 7 = 21$, 따라서 $21 \div$ ____ $= 3$ $9 \times 7 = 63$, 따라서 ____ $\div$ ____ $=$ ____	

0과 자연수-나눗셈

1070

학과 :	학번 :	이름 :

다음의 나눗셈을 하시오.

A.

$72 \div 9 = \_\_\_\_$

$63 \div 7 = \_\_\_\_$

$36 \div 4 = \_\_\_\_$

$81 \div 9 = \_\_\_\_$

$49 \div 7 = \_\_\_\_$

빈 칸에 알맞은 수를 넣으시오.

B.

$\_\_\_\_ \times 6 = 18$	$\_\_\_\_ \times 4 = 32$
$5 \times \_\_\_\_ = 20$	$\_\_\_\_ \times 8 = 72$
$\_\_\_\_ \times 5 = 45$	$7 \times \_\_\_\_ = 49$
$7 \times \_\_\_\_ = 49$	$8 \times \_\_\_\_ = 72$
$8 \times \_\_\_\_ = 40$	$5 \times \_\_\_\_ = 20$

0과 자연수-나눗셈

1080

학과 :	학번 :	이름 :

다음의 나눗셈을 하시오.

$4\overline{)80}$ $2\overline{)68}$ $3\overline{)633}$

$4\overline{)364}$ $5\overline{)2505}$ $3\overline{)168}$

$7\overline{)2156}$ $8\overline{)5808}$

0과 자연수-나눗셈

1090

학과 :	학번 :	이름 :

다음의 나눗셈의 몫을 구하시오.

$4\overline{)31}$ $5\overline{)48}$ $6\overline{)69}$

$5\overline{)53}$ $5\overline{)307}$ $7\overline{)7074}$

$8\overline{)4060}$ $9\overline{)4457}$

0과 자연수-나눗셈

1100

학과 :	학번 :	이름 :

다음의 나눗셈의 몫과 나머지를 구하시오.

$45\overline{)1620}$ $28\overline{)7872}$ $17\overline{)3031}$

$67\overline{)11180}$ $47\overline{)23785}$ $235\overline{)6678}$

0과 자연수-나눗셈

1110

학과 :	학번 :	이름 :

다음의 나눗셈의 몫과 나머지를 구하시오.

$40\overline{)80}$ $30\overline{)120}$ $40\overline{)286}$

$50\overline{)3600}$ $10\overline{)638}$

$30\overline{)3274}$ $40\overline{)2440}$

$60\overline{)4362}$ $10\overline{)362930}$

0과 자연수-나눗셈

1120

학과 :	학번 :	이름 :

다음의 나눗셈의 몫과 나머지를 구하시오.

$100\overline{)375}$ $100\overline{)6000}$ $400\overline{)2400}$

$300\overline{)21000}$ $1000\overline{)5345}$ $8000\overline{)73560}$

0과 자연수-나눗셈

1180

학과 :	학번 :	이름 :

빈 칸에 알맞은 수를 넣으시오.

A.

$7 \div 7 =$ ____ $4 \div 4 =$ ____

$6 \div$ ____ $= 1$ $13 \div 1 =$ ____

$3 \div$ ____ $= 3$ $45 \div$ ____ $= 1$

다음의 나눗셈을 하시오.

B.

$4\overline{)4}$ $8\overline{)64}$ $7\overline{)63}$ $1\overline{)9}$

$1\overline{)7}$ $9\overline{)9}$ $6\overline{)24}$ $3\overline{)3}$

$2\overline{)6}$ $2\overline{)2}$ $2\overline{)8}$ $1\overline{)8}$

06 분수-개념

2020

학과 :	학번 :	이름 :

주어진 수에 맞게 색칠해진 □에 ○표를 하시오.

A. $\frac{1}{2}$	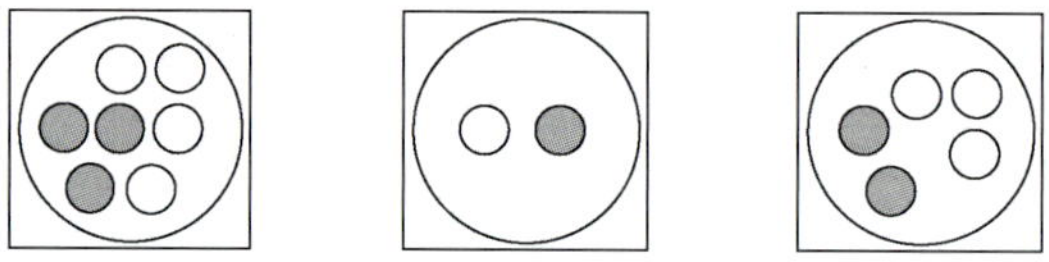
B. $\frac{1}{4}$	[▲▲△△ / ▲△△△] [▲▲▲▲ / △△△△] [▲▲△△ / △△△△]
C. $\frac{1}{3}$	[● ○ ○ / ● ○ ○] [● ○ ○ / ○ ○ ○] [● ● ● / ● ● ●]

빈 칸에 알맞은 수를 넣으시오.

D.	E.
○○○●○○ 색칠한 것은 전체의 ____ 이다.	●●●●○○○○ ●●●●○○○○ 색칠한 것은 전체의 ____ 이다.

문제의 뜻에 맞게 그림을 그리시오.

F.	
색칠한 ▲가 전체의 $\frac{1}{3}$이 되도록 △를 그려넣으시오.	▲ ▲

분수-개념

2040

학과 :	학번 :	이름 :

빈 칸에 알맞은 수를 넣으시오.

A.

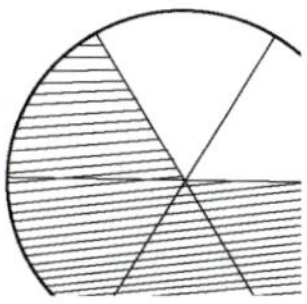

빗금친 부분은 원의 _____이다.

B.

색칠한 부분은 전체의 _____이다.

C.

빗금친 부분은 원의 _____이다.

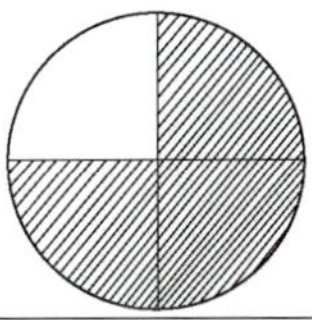

물음에 맞게 답하시오.

D. 아래의 그림을 보고

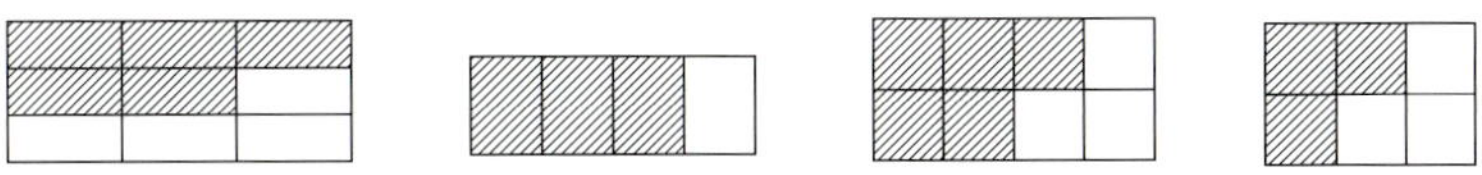

$\frac{3}{4}$ 을 나타내는 그림에 ×표를 하시오.

$\frac{5}{9}$ 를 나타내는 그림에 ○표를 하시오.

E.

$\frac{1}{4}$ 만큼 색칠하시오.

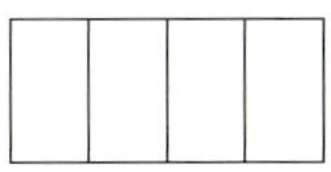

F.

$\frac{5}{8}$ 만큼 색칠하시오.

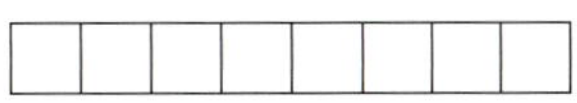

분수–개념

2060
(2010)

학과 :	학번 :	이름 :

$3 \div 1 = \underline{3}$, 따라서 $\underline{3} = \frac{3}{1}$

$4 \div 2 = \underline{2}$, 따라서 $\underline{2} = \frac{4}{2}$

$6 \div 3 = \underline{2}$, 따라서 $\underline{2} = \frac{6}{3}$

다음의 분수를 자연수로 고치시오.

A.

$\frac{8}{2} =$ ______ $\frac{3}{1} =$ ______ $\frac{6}{3} =$ ______

$\frac{12}{3} =$ ______ $\frac{16}{4} =$ ______ $\frac{5}{5} =$ ______

다음의 자연수를 분수로 표시하시오.

B.

$5 =$ ______ $3 =$ ______ $4 =$ ______

$1 =$ ______ $4 =$ ______ $10 =$ ______

C.

3은 몇 개의 $\frac{1}{4}$과 같은가? $3 = \frac{\square}{4}$

분수–동치분수

2070

학과 :	학번 :	이름 :

빗금친 부분과 같은 분수에 ○표 하시오.

A.

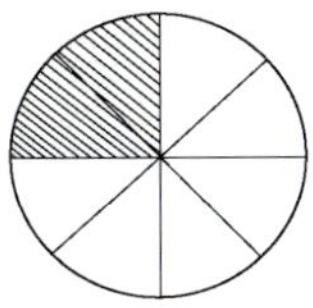

$\frac{1}{3}, \frac{1}{4}, \frac{2}{8}, \frac{3}{8}$

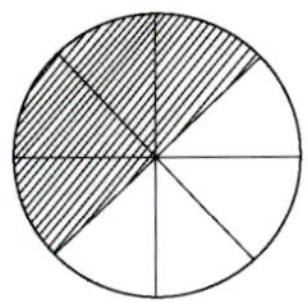

$\frac{1}{2}, \frac{4}{8}, \frac{5}{10}, \frac{2}{3}$

다음 중 빗금친 부분이 $\frac{2}{5}$인 것에 ○표 하시오.

B.

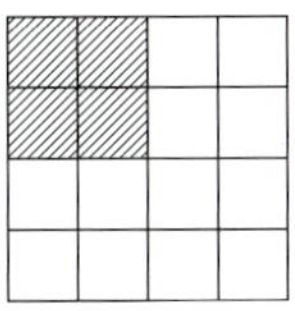

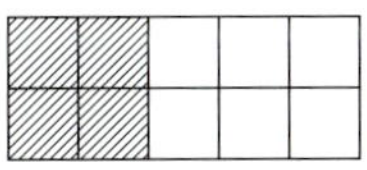

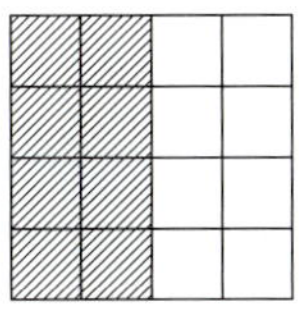

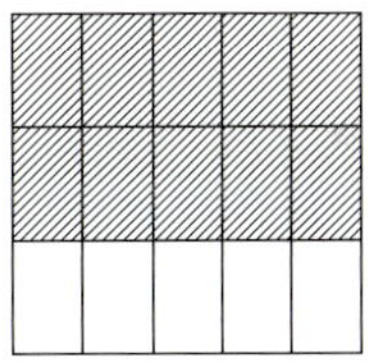

□안에 알맞은 수를 적으시오.

C.

$\frac{1}{3} = \frac{\square}{6}$　　$\frac{3}{5} = \frac{12}{\square}$

$\frac{7}{7} = \frac{\square}{21}$　　$\frac{\square}{5} = \frac{15}{25}$

다음 분수를 약분하시오.

D.

$\frac{6}{8} = $ _____　　$\frac{12}{48} = $ _____　　$\frac{7}{7} = $ _____

분수–대분수, 가분수

2080

학과 :	학번 :	이름 :

□안에 알맞은 수를 넣으시오.

A.

$1\frac{3}{4} = \frac{\square}{4}$ $\qquad$ $\frac{11}{6} = 1\frac{\square}{6}$

$1\frac{\square}{8} = \frac{13}{8}$ $\qquad$ $\frac{8}{3} = \square\frac{2}{3}$

다음의 분수를 대분수로 고치시오.

B.

$\frac{5}{4} = \_\_\_\_$ $\qquad$ $\frac{23}{3} = \_\_\_\_$ $\qquad$ $\frac{29}{5} = \_\_\_\_$

다음의 대분수를 가분수로 고치시오.

C.

$3\frac{1}{2} = \_\_\_\_$ $\qquad$ $4\frac{2}{3} = \_\_\_\_$ $\qquad$ $9\frac{1}{4} = \_\_\_\_$

분수-진법

2090

학과 :	학번 :	이름 :

□안에 알맞은 수를 적으시오.

A.

$\frac{1}{5}$, $\frac{2}{5}$, □ , $\frac{4}{5}$, 1

B.

$\frac{1}{2}$, 1 , $1\frac{1}{2}$, 2 , □ , 3

C.

$\frac{1}{10}$, $\frac{2}{10}$, $\frac{3}{10}$, $\frac{4}{10}$, □

D.

$\frac{4}{8}$, $\frac{5}{8}$, $\frac{6}{8}$, $\frac{7}{8}$, □

E.

$\frac{1}{4}$, $\frac{2}{4}$, $\frac{3}{4}$, 1 , □

F.

$\frac{1}{12}$, $\frac{1}{6}$, □ , $\frac{1}{3}$, $\frac{5}{12}$, □

07 분수-대소 관계

2100

학과 : | 학번 : | 이름 :

다음 중 큰 수를 나타내는 그림에 ○표 하시오.

A.

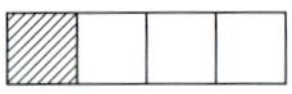

B.

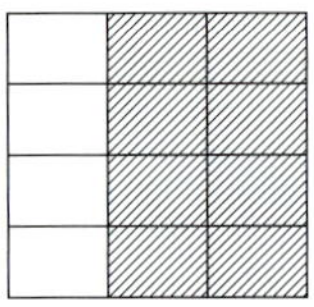

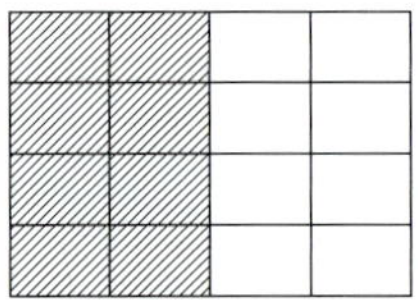

□에 알맞게 〈, 〉 또는 =를 넣으시오.

C.

$\frac{1}{5}$ □ $\frac{2}{6}$　　　$\frac{1}{2}$ □ $\frac{1}{3}$

$\frac{1}{2}$ □ $\frac{3}{6}$　　　$\frac{3}{5}$ □ $\frac{5}{10}$

$\frac{3}{4}$ □ $\frac{6}{8}$　　　$\frac{3}{8}$ □ $\frac{3}{9}$

08 분수-동분모의 덧셈

2220

학과 : | 학번 : | 이름 :

빈 칸에 맞는 수를 적으시오.

A.

$\frac{1}{3} + \frac{2}{3} =$ ______

B.

$\frac{2}{5} + \frac{1}{5} =$ ______

C.

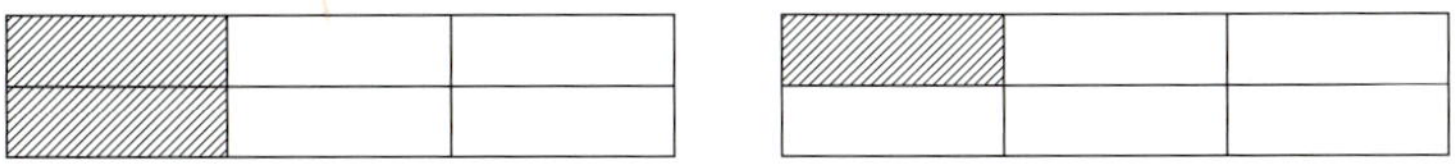

$\frac{2}{6} + \frac{1}{6} =$ ______

D.

$\frac{2}{4} +$ ______ $=$ ______

E.

______ $+$ ______ $=$ ______

분수-동분모의 덧셈

2240

학과 :	학번 :	이름 :

다음의 덧셈을 하시오.

$\frac{2}{5} + \frac{1}{5} =$

$\frac{3}{7} + \frac{3}{7} =$

$\frac{4}{10} + \frac{1}{10} =$

$\frac{5}{8} + \frac{6}{8} =$

$$\begin{array}{r} \frac{1}{8} \\ + \ \frac{3}{8} \\ \hline \end{array}$$

$$\begin{array}{r} \frac{3}{7} \\ + \ \frac{4}{7} \\ \hline \end{array}$$

09 분수-대분수의 덧셈

2250

학과 :	학번 :	이름 :

다음의 덧셈을 하시오.

$3 + \frac{3}{4} =$

$1\frac{2}{5} + 1\frac{4}{5}$

$2\frac{2}{7} + 3\frac{3}{7} =$

$8 + \frac{3}{4}$

$5\frac{1}{9} + 3\frac{5}{9} =$

$2\frac{3}{4} + 3\frac{1}{4}$

$87\frac{3}{6} + 136\frac{2}{6}$

10 분수-이분모의 덧셈

2260

학과 :	학번 :	이름 :

다음의 덧셈을 하시오.

$\frac{3}{4} + \frac{1}{3} =$

$$\begin{array}{r} \frac{3}{8} \\ + \ \frac{1}{10} \\ \hline \end{array}$$

$\frac{1}{3} + \frac{1}{5} =$

$\frac{4}{8} + \frac{1}{2} =$

$$\begin{array}{r} \frac{5}{8} \\ \frac{1}{3} \\ + \ \frac{1}{6} \\ \hline \end{array}$$

$\frac{5}{9} + \frac{3}{5} + \frac{1}{3} =$

분수-이분모의 덧셈

2270

학과 :	학번 :	이름 :

다음의 덧셈을 하시오.

$$2\frac{1}{4} + 3\frac{1}{2}$$

$$9\frac{3}{8} + 8\frac{2}{9}$$

$$3\frac{2}{3} + 2\frac{1}{6}$$

$$5\frac{3}{4} + 3\frac{2}{8}$$

$$15\frac{5}{8} + 3\frac{3}{4}$$

분수-이분모의 덧셈

2420

학과 :	학번 :	이름 :

□안에 알맞은 수를 적으시오.

A.

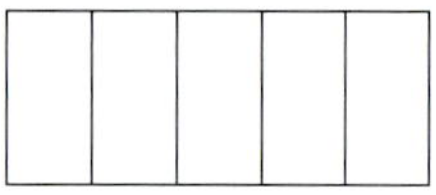

$$\frac{5}{5} - \frac{1}{5} = \frac{\square}{5}$$

B.

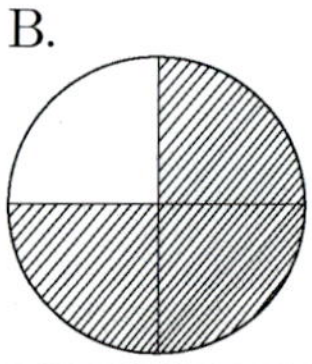

$$\frac{3}{4} - \frac{1}{4} = \frac{\square}{4}$$

C.

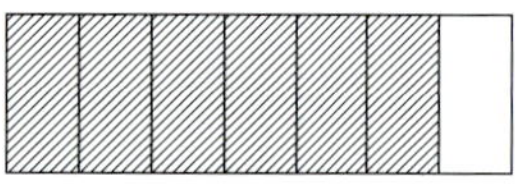

$$\frac{6}{7} - \frac{3}{7} = \frac{\square}{\square}$$

D.

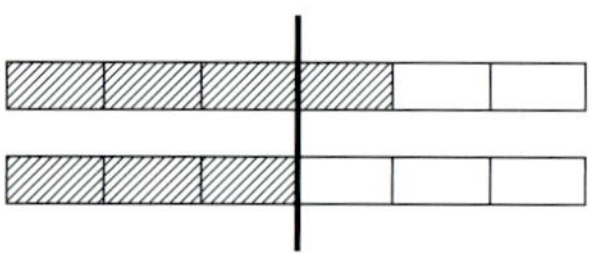

$$\frac{4}{6} - \frac{1}{2} = \frac{\square}{6}$$

E.

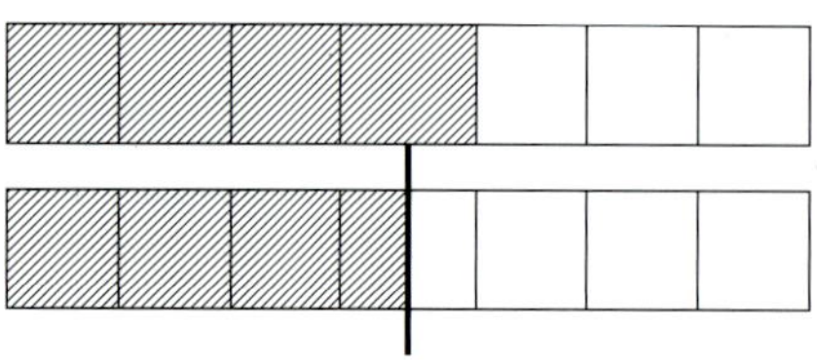

$$\frac{4}{7} - \frac{1}{2} = \frac{\square}{\square}$$

11 분수-동분모의 뺄셈

2450

학과 :	학번 :	이름 :

다음의 뺄셈을 하시오.

$\frac{4}{5} - \frac{1}{5} =$

$\frac{8}{9} - \frac{2}{9} =$

$\frac{8}{13} - \frac{5}{13} =$

$\frac{3}{4} - \frac{3}{4} =$

$$\begin{array}{r} \frac{6}{7} \\ - \frac{2}{7} \\ \hline \end{array}$$

$$\begin{array}{r} \frac{7}{10} \\ - \frac{2}{10} \\ \hline \end{array}$$

분수-동분모의 뺄셈

2460

학과 :	학번 :	이름 :

다음의 뺄셈을 하시오.

$$3\frac{3}{4} - 1\frac{1}{4}$$

$$9\frac{6}{7} - 4\frac{5}{7}$$

$$3\frac{3}{4} - 1\frac{3}{4}$$

$$4\frac{5}{6} - 4\frac{1}{6}$$

$$1\frac{1}{4} - \frac{3}{4}$$

$$4 - \frac{1}{2}$$

분수-동분모의 뺄셈

2470

학과 :	학번 :	이름 :

다음의 뺄셈을 하시오.

$\frac{1}{3} - \frac{1}{4} =$

$\frac{7}{8} - \frac{4}{10} =$

$$\begin{array}{r} \frac{6}{8} \\ - \ \frac{1}{4} \\ \hline \end{array}$$

$\frac{3}{4} - \frac{2}{8} =$

$$\begin{array}{r} \frac{5}{8} \\ - \ \frac{1}{4} \\ \hline \end{array}$$

$$\begin{array}{r} \frac{3}{4} \\ - \ \frac{6}{8} \\ \hline \end{array}$$

분수–동분모의 뺄셈

2480

학과 :	학번 :	이름 :

다음의 뺄셈을 하시오.

$4\frac{1}{3} - 3\frac{1}{4} =$

$$\begin{array}{r} 12\frac{5}{6} \\ -\ 6\frac{2}{3} \\ \hline \end{array}$$

$1\frac{1}{5} - \frac{3}{5} =$

$$\begin{array}{r} 5\frac{1}{5} \\ -\ \frac{3}{4} \\ \hline \end{array}$$

$3\frac{1}{6} - 1\frac{3}{5} =$

$$\begin{array}{r} 230\frac{11}{12} \\ -\ 27\frac{1}{4} \\ \hline \end{array}$$

$3\frac{6}{9} - 3\frac{2}{3} =$

12 분수-곱셈

2630

학과 :	학번 :	이름 :

□안에 알맞은 수를 적으시오.

A. 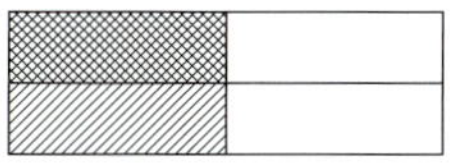	$\frac{1}{2}$의 $\frac{1}{2}$은 $\frac{1}{4}$이다. 따라서 $\frac{1}{2} \times \frac{1}{2} = \frac{\square}{\square}$
B. 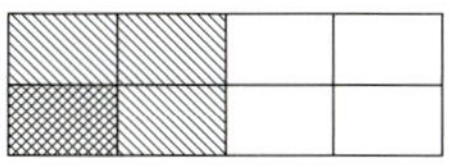	$\frac{1}{2}$의 $\frac{1}{4}$은 $\frac{1}{8}$이다. 따라서 $\frac{1}{4} \times \frac{1}{2} = \frac{\square}{\square}$
C. 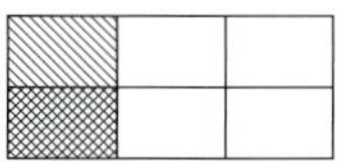	$\frac{1}{3}$의 $\frac{1}{2}$은 $\frac{1}{6}$이다. 따라서 $\frac{1}{2} \times \frac{1}{3} = \frac{\square}{\square}$
D. 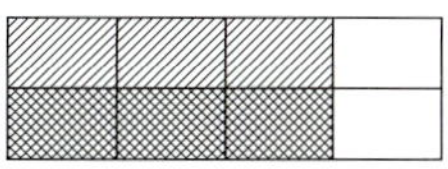	$\frac{3}{4}$의 $\frac{1}{2}$은 $\frac{3}{8}$이다. 따라서 $\frac{1}{2} \times \frac{3}{4} = \frac{\square}{\square}$
E. 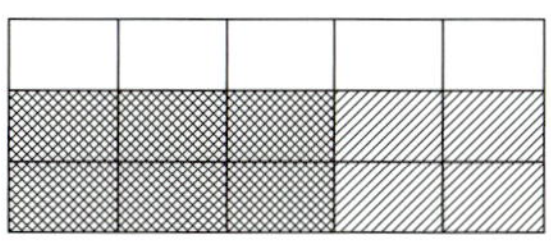	$\frac{2}{3} \times \frac{3}{5} = \frac{\square}{\square}$

분수-곱셈

2650

학과 :	학번 :	이름 :

다음 곱셈을 하시오.

$\frac{1}{2} \times 14 =$ ______

$\frac{2}{5} \times \frac{1}{4} =$ ______

$\frac{1}{3} \times \frac{1}{3} =$ ______

$\frac{5}{6} \times \frac{3}{8} =$ ______

$9 \times \frac{2}{3} =$ ______

$\frac{2}{3} \times 6 =$ ______

$\frac{3}{5} \times \frac{25}{12} =$ ______

분수-곱셈

2660

학과 :	학번 :	이름 :

다음 곱셈을 하시오.

$1\frac{1}{2} \times 14 =$ ______

$7\frac{1}{3} \times \frac{5}{6} =$ ______

$\frac{1}{3} \times 3\frac{7}{8} =$ ______

$\frac{8}{5} \times 2\frac{3}{4} =$ ______

$4\frac{1}{2} \times 3\frac{1}{5} =$ ______

분수-나눗셈

2820

학과 :	학번 :	이름 :

$\frac{9}{12}$

$\frac{1}{4}$

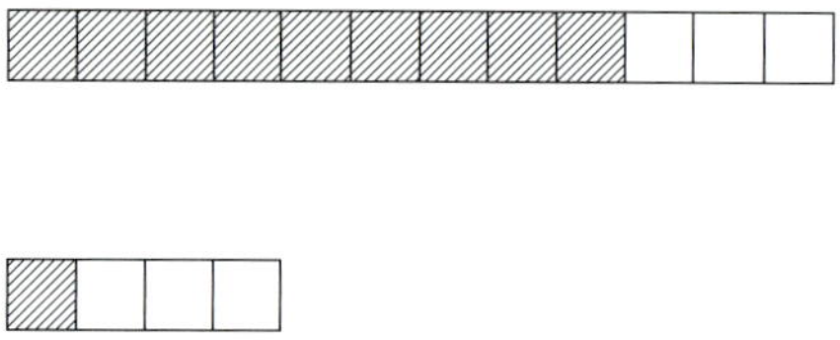

옆 그림에서 $\frac{1}{4}$을 3번 합하면 $\frac{9}{12}$가 됨을 알 수 있다.
따라서,
$\frac{9}{12} \div \frac{1}{4} = 3$

그림을 보고 빈 칸에 알맞은 수를 적으시오.

A.

$\frac{3}{4}$

$\frac{1}{4}$

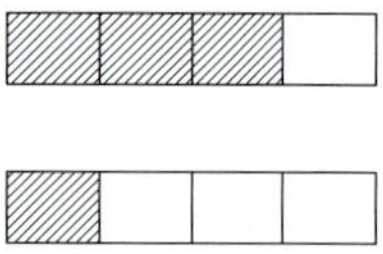

$\frac{3}{4} \div \frac{1}{4} =$ ____

B.

$\frac{8}{12}$

$\frac{2}{6}$

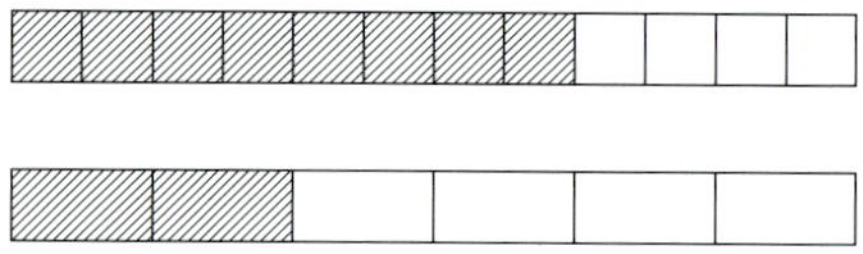

$\frac{8}{12} \div \frac{2}{6} =$ ____

C.

$\frac{1}{2}$

$\frac{1}{4}$

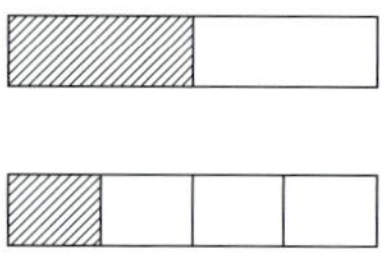

$\frac{1}{2} \div \frac{1}{4} =$ ____

D.

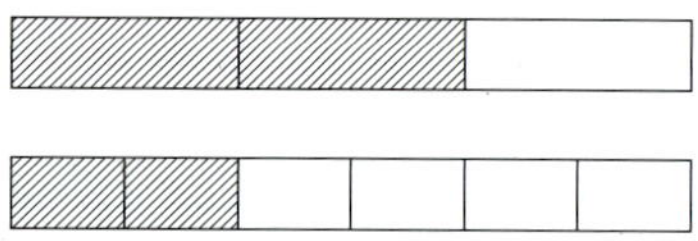

$\frac{2}{3} \div$ ____ $=$ ____

E.

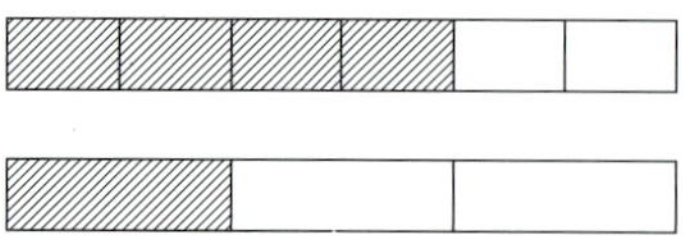

____ $\div$ ____ $=$ ____

F.

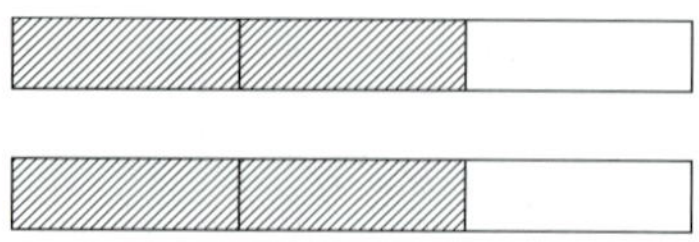

$\frac{2}{3} \div \frac{2}{3} =$ ____

13 분수-나눗셈

2850

학과 :	학번 :	이름 :

다음 나눗셈을 하시오.

$\frac{3}{4} \div \frac{1}{2} =$ _____

$\frac{1}{16} \div \frac{1}{4} =$ _____

$\frac{3}{4} \div \frac{4}{5} =$ _____

$\frac{5}{6} \div \frac{5}{3} =$ _____

$\frac{4}{5} \div \frac{3}{3} =$ _____

$\frac{1}{4} \div 2 =$ _____

분수-나눗셈

2860

학과 :	학번 :	이름 :

다음 나눗셈을 하시오.

$2\frac{1}{4} \div \frac{1}{2} =$ ______

$1\frac{2}{3} \div \frac{5}{3} =$ ______

$2\frac{1}{3} \div 1\frac{2}{3} =$ ______

$6\frac{1}{5} \div 3\frac{7}{10} =$ ______

$2\frac{1}{3} \div 2\frac{3}{9} =$ ______

$4\frac{3}{5} \div 3\frac{5}{7} =$ ______

14 소수-개념

3010

학과 :	학번 :	이름 :

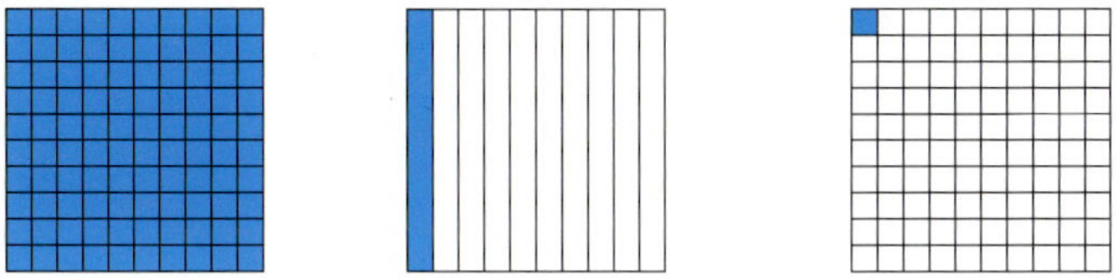

1　　　$\frac{1}{10}$ 또는 0.1　　　$\frac{1}{100}$ 또는 0.01

빈 칸에 알맞은 수를 적으시오.

A.

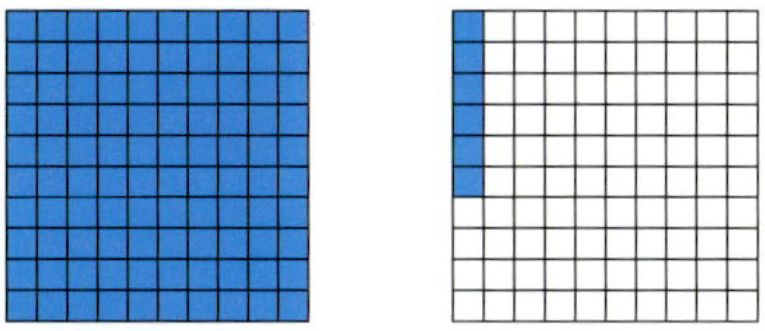

옆 그림은 1과 0.06
또는 1. _____ 을 나타낸다.

B.

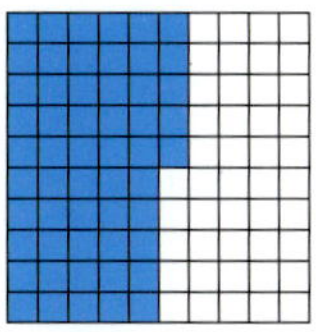

옆 그림은 0.1이 다섯, 0.01이 다섯
또는 0. _____ 을 나타낸다.

C.

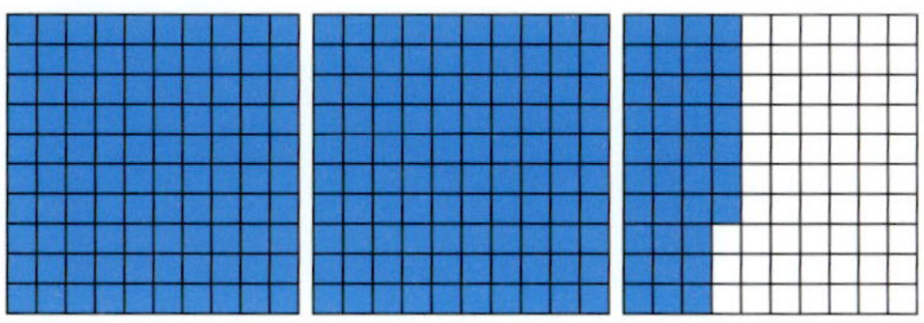

옆 그림은 2와 0.1이 3, 0.01이 7
또는 _____ . _____ 을 나타낸다.

D.

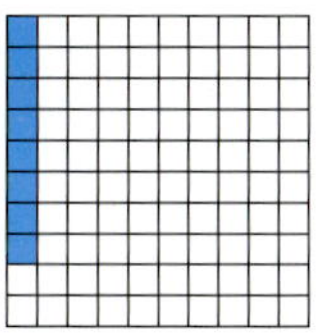

옆 그림은 0. __ 을 나타낸다.

E.

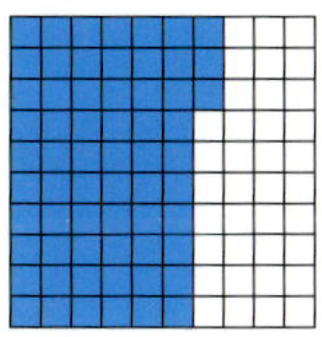

옆 그림은 0. __ 을 나타낸다.

소수–개념

3020

학과 :	학번 :	이름 :

아래의 수를 분수로 나타내시오.

A.

$0.2 =$ ______ $0.06 =$ ______ $0.48 =$ ______

아래의 수를 소수로 나타내시오.

B.

$\frac{9}{10} =$ $\frac{37}{100} =$ $\frac{10}{10} =$

C.

$\frac{100}{100} =$ $\frac{6}{100} =$ $\frac{359}{100} =$

D.

$\frac{7}{10} =$ $\frac{4}{5} =$

E.

$\frac{2}{10} =$ $\frac{1}{5} =$

소수–개념

3040

학과 :	학번 :	이름 :

보기와 같이 빈 칸에 알맞은 수를 적으시오.

A.

〈보기〉

일이 4 + 0.1 이 7 = ______

일이 4 + 0.1 이 7 + 0.01 이 6 = ______

십이 3 + 일이 3 + 0.1 이 6 + 0.01 이 5 = ______

일이 0 + 0.1 이 8 + 0.01 이 3 = ______

십이 8 + 0.01 이 4 + 0.001 이 6 = ______

문제의 뜻에 맞는 □에 ◯표 하시오.

B.

0.4는 ______ 를 뜻한다.

일이 4	십이 4	0.1 이 4

C.

0.006은 ______ 을 뜻한다.

0.1 이 6	0.001 이 6	0.01 이 6

D.

천이 7 + 0.001 이 7 = ______

7000.007	700.07	700.007

15 소수–반올림

3060

학과 :	학번 :	이름 :

소숫점 둘째 자리에서 반올림하시오.

A.

0.47 ________	0.53 ________
0.539 ________	0.587 ________
0.07 ________	0.75 ________
0.67 ________	0.638 ________

소숫점 셋째 자리에서 반올림하시오.

B.

0.348 ________	0.487 ________
0.534 ________	0.088 ________
0.076 ________	0.760 ________
0.767 ________	0.674 ________

16 분수와 소수의 관계

3080

학과 :	학번 :	이름 :

분수를 소수로 고치시오.

A.	B.
$\frac{1}{2}$ = ______	$\frac{1}{4}$ = ______
$\frac{3}{4}$ = ______	$3\frac{1}{4}$ = ______
$\frac{1}{8}$ = ______	$\frac{2}{4}$ = ______
$\frac{3}{8}$ = ______	$\frac{3}{5}$ = ______
$\frac{1}{5}$ = ______	$\frac{8}{8}$ = ______

17 소수–덧셈

3210

학과 :	학번 :	이름 :

다음의 덧셈을 하시오.

$$\begin{array}{r} 42.6 \\ +\quad 4.3 \\ \hline \end{array}$$

$$\begin{array}{r} 204.08 \\ +\quad 39.25 \\ \hline \end{array}$$

$$\begin{array}{r} 0.76 \\ +\quad 0.8293 \\ \hline \end{array}$$

$$\begin{array}{r} 8.56 \\ +\quad 0.728 \\ \hline \end{array}$$

$0.076 + 3 =$ ________

$0.7 + 0.38 + 0.9 =$ ________

$0.30 + 8 + 0.09 =$ ________

$$\begin{array}{r} 26.79 \\ 0.64 \\ +\quad 254 \\ \hline \end{array}$$

18 소수–뺄셈

3310

학과 :	학번 :	이름 :

다음의 뺄셈을 하시오.

$$\begin{array}{r} 36.9 \\ -\ 12.4 \\ \hline \end{array}$$

$$\begin{array}{r} 20.73 \\ -\ 8.97 \\ \hline \end{array}$$

$$\begin{array}{r} 43.8 \\ -\ 0.69 \\ \hline \end{array}$$

$$\begin{array}{r} 98.5 \\ -\ 36.765 \\ \hline \end{array}$$

6 - 0.08 = ________

100 - 0.46 = ________

8.35 - 5.87 = ________

30 - 0.96 = ________

19 소수-곱셈

3410

학과 :	학번 :	이름 :

다음의 곱셈을 하시오.

$$\begin{array}{r} 0.63 \\ \times \quad 3 \\ \hline \end{array} \qquad \begin{array}{r} 4.31 \\ \times \quad 7 \\ \hline \end{array}$$

$$\begin{array}{r} 6.74 \\ \times\ 0.15 \\ \hline \end{array} \qquad \begin{array}{r} 0.3175 \\ \times \quad 45 \\ \hline \end{array}$$

$10 \times 8.29 =$ ________ $30 \times 15.72 =$ ________

$100 \times 0.165 =$ ________

$$\begin{array}{r} 3.45 \\ \times \quad 3 \\ \hline \end{array}$$

20 소수-나눗셈

3510

학과 :	학번 :	이름 :

다음의 나눗셈을 하시오.

$3\,\overline{)\,0.69}$ $4\,\overline{)\,6.8}$

$0.5\,\overline{)\,87.5}$ $2.5\,\overline{)\,75}$

$0.08\,\overline{)\,0.1072}$ $5\,\overline{)\,20.2}$

$0.08\,\overline{)\,64}$ $5\,\overline{)\,7.35}$

▣ 개념 테스트 답 ▣

해답 메모

0020, 0060 – 첫 번째 집합 – 세 개의 네모
세 번째 집합 – 6개의 빗금친 원
두 번째 집합 – 공집합
첫 번째 집합 – 5개의 별 모양
세 번째 집합 – 공집합
첫 번째 집합 – 8개의 세모

0020, 0060 – A – 8 B – 10
C – 4 D – 5
E – 0 F – 6
G – 8 4
2 1
0 9
3 7

0070 A – 18
B – 30
C – 50
D – 34
E – 32
F – 40, 78
G – 35, 6

0080 A – 154, 406, 125, 373, 925, 477
B – 모두 0

0090 A – 2560, 10095, 40030, 530074
B – 4 8 6 0 , 2 0 0 8 , 6 0 2 0
C – 3, 6

해답 메모

0100 A – 889, 506, 48
B – 380, 6041, 357
C – 10+2 , 40+8
60+6 , 200+90+7
500+4, 300+80+0
4000+0+30+8
1000+900+90+6

0110 A – 90, 60, 10
B – 260, 310, 3570
C – 300, 800, 800
D – 3600, 2800, 57300
E – 3000, 1000, 4000
F – 57000, 25000, 399000

0130 A – 4, 5, 7, 9
10, 13, 15, 17
46, 65, 79, 80
132, 139, 201, 320
B – 〉, 〈, 〈, 〉
C – 〈, 〉, 〉, 〈

0150 A – 다섯 번째 물고기
B – 여섯 번째 고양이
C – 두 번째 별
D – 여덟 번째 동그라미
E – 첫 번째 사각형
F – 열 번째 삼각형

0160 A – 6, 10　B – 14, 18
C – 0, 29　D – 19, 40
E – 34, 73, 74
F – 69, 201, 202
G – 300, 555, 78, 80
H – 48, 49, 50, 69, 70, 72, 1999, 2001

해답 메모

0170 A – 8, 10, 12, 14, 20, 22, 24, 26, 11, 13, 15
B – 20, 25, 30, 90, 95, 100, 24, 29, 34
C – 40, 50, 60, 490, 500, 510, 2090, 2100, 2110

0400 A – 2, 3, 5
B – 3, 2, 5
C – | 더하기 | | + | | 3+2=5 |

0410 A – 7, B – 8
C – 13, D – 17
E – 4, F – 5
G – 5, 8 H – 9, 18
I – 9, 10, 19

0450 A – 9, 9, 9, 7, 14, 14, 10, 10, 7, 10, 13, 12, 8, 16, 16, 16, 12, 12
B – ___, ___, 4, 5, 6, ___, 8, 9, 10, ___, 1, 3, 4, 5, 6, 7, 8, ___, 10, 11, 12, 2, 4, 5, __, 7, 8, 9, 10, ___, 12, 13, 3, ___, 6, 7, 8, 9, 10, 11, 12, 13, 14, 4, 6, 7, 8, 9, __, 11, 12, 13, 14, 15, 5, 7, 8, 9, ___, 11, 12, 13, 14, 15, ___, 6, ___, 9, 10, 11, 12, 13, 14, 15, 16, 17, 7, ___, 10, 11, 12, 13, __, 15, 16, ___, 18, 8, 10, 11, 12, 13, 14, 15, 16, 17, 18, 19, 9, 11, 12, ___, 14, 15, 16, 17, 18, 19, 20, 10

0460 A – 97, 58, 49
B – 379, 687, 59, 98
C – 96, 486, 77

0470 A – 42, 94, 229
B – 915, 446, 604
C – 1267, 3800

해답 메모

0500 A − 17, 16
B − 10, 21, 23
C − 18, 20, 25, 30

0510 A − 78, 98, 969
B − 1762, 237, 3169
C − 797, 150130

0580 A − 7 B − 5, 0, 5
C − 2, 200 D − 20, 0
E − 6, 10, 9, 11, 40
F − 7, 10, 3

0600 A − 6, 2, 4
B − 4, 2
C − [빼기] [−] [6-3=3]

0610 A − 5
B − 4
C − 9, 3
D − 14, 8
E − 9, 5, 4

0630 A − 9−3=6, 9−6=3
B − 16−7=9, 16−9=7
C − 8−0=8, 8−8=0
D − 15−8=7, 15−7=8
E − 2, 9, 15, 13
8, 7 또는 7, 8
8, 9

F − $\begin{array}{r} 15 \\ -\ \square \\ \hline 8 \end{array}$

해답 메모

0650 A – 1, 7, 9, 9, 5, 6
4, 2, 1, 4, 8, 9
10, 6, 2, 4, 4, 8
B – 6, 4, 2, 8, 1, 3, 7, 5

0660 A – 35, 74, 32
B – 620, 416, 843
C – 211, 303, 0
D – 4226, 3222

0670 A – 65, 47, 9
B – 441, 160, 919
C – 389, 303, 7
D – 7636, 1979

0780 A – 5, 20, 200, 0, 0, 20, 7, 15, 1, 1
B – 0, 13, 0, 6, 13, 9, 3, 30

0800 A – 12, 2, 8, 6, 24, 7, 5, 35
B – | 곱셈 | | × | | 2×2=4 |

0810 A – 12, 12
B – 18, 18
C – 16, 8, 16
D – 24, 4, 24
E – 27, 9, 3, 27

0820 A – 12
B – 24
C – 10, 10
D – 5, 20, 4, 20
E – 3, 10, 30, 10, 3, 30

해답 메모

0840 A – 20

B – 6, 6

C – 8, 8

D – 4, 12

E – 5, 2

F – 7, 7

G – 4, 5, 20

0870 A – 21, 36, 64, 72, 40, 32, 81, 42

B –

	15	18	21
	20	24	28
	25	30	35

	64	72	80
	72	81	90
	80	90	100

	9	15	3	6
	12	20	4	8
	3	5	1	2
	15	25	5	10

	54	42	36	48	30
	81	63	54	72	45
	63	49	42	56	35
	72	56	48	64	40
	36	28	24	32	20

0880 164, 92, 936, 639, 806, 12124, 4826, 6936

0890 72, 81, 305, 2891, 623, 4991, 3627, 4035, 2079

0900 4977, 10971, 4233

602, 18565, 2738

380212, 1228524, 183456

0910 A – 210, 390, 680, 690

720, 810, 4320, 2560

B – 120

C – 720

해답 메모

0920 A – 1600, 1600, 1600
35000, 35000, 35000
4800, 48000, 6400, 14200

B – [200×364]

0930 48, 48, 48, 48, 0, 16, 128, 252
315, 3150, 180, 18000

0990 A – 7, 1, 0, 0, 0 ,0
7065, 0
B – 22, 1
같은수, 모든수
30, 1
0, 1
9, 2
5, 5

1000 A – 3　　　B – 5, 2
C – 4, 2　　　D – 2, 4

E – [나눗셈] [÷] [$\overline{)\quad}$]

[4÷2=2] [$2\overline{)4}$ 몫 2]

1010 A – 2
B – 4, 2, 6
C – 4, 5, 3
D – 두 번째 표시한 네모

(| ●●● | ●●● |
|---|---|
| ●●● | ●●● |)

1020 A – 4
B – 4, 5

해답 메모

C – 16

16 – 8 = 8

8 – 8 = 0, 8, 3

D –

9−3−3−3	10÷5=2
12−4−4−4	12÷3=4
10−5−5	15÷5=3
12−3−3−3−3	12÷4=3
15−5−5−5	9÷3=3

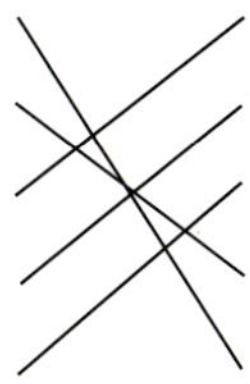

1030 A – 4

B – 3

C – 5

D – 20, 5

E – 24, 6, 4 또는 24, 4, 6

F – 3 × 7   21 ÷ 7

1050 A – 7   B – 7

C – 8, 9 또는 9, 8   D – 40

E – 8

7

63, 7, 9 또는 63, 9, 7

1070 A – 8, 9, 9, 9, 7

B – 3, 8

4, 9

9, 7

7, 9

5, 4

1080 20, 34, 211,

91, 501, 56, 308, 726

1090 7⋯3   9⋯3   11⋯3

10⋯3   61⋯2   1010⋯4

507⋯4   495⋯2

해답 메모

1100 36　　281…4
178…5　　166…58
506…3　　28…98

1110 2…4　　7…6
72　　63…8
109…4　　61
72…42　　36293

1120 3…75　　60
6　　70
5…345　　9…1560

1180 A – 1, 1, 6, 13, 1, 45
B – 1, 8, 9, 9
7, 1, 4, 1
3, 1, 4, 8

2020 A – (○●)
B – ▲▲△△ / △△△△
C – ●○○ / ●○○
D – $\frac{1}{6}$　　E – $\frac{1}{2}$
F – ▲▲△△△△

2040 A – $\frac{4}{6}$ 또는 $\frac{2}{3}$　　B – $\frac{2}{4}$ 또는 $\frac{1}{2}$
C – $\frac{3}{4}$

해답 메모

D – ×표 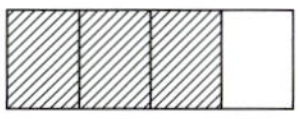

○표 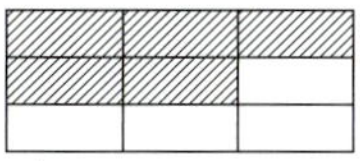

E – 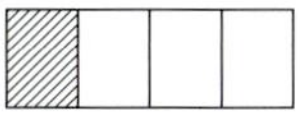

F – 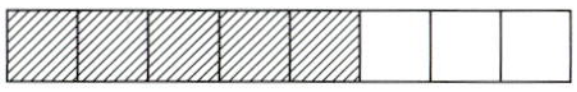

2010 A – 4, 3, 2, 4, 4, 1

B – 답은 다양하다.

C – 12

2070 A – $\frac{1}{4}$, $\frac{2}{8}$; $\frac{1}{2}$, $\frac{4}{8}$, $\frac{5}{10}$

B – 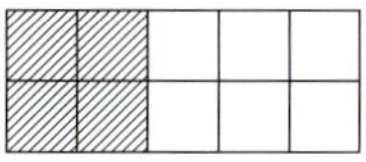

C – 2, 20, 21, 3

D – $\frac{3}{4}$, $\frac{1}{4}$, 1

2080 A – 7, 5, 5, 2

B – $1\frac{1}{4}$, $7\frac{2}{3}$, $5\frac{4}{5}$

C – $\frac{7}{2}$, $\frac{14}{3}$, $\frac{37}{4}$

2090 A – $\frac{3}{5}$

B – $2\frac{1}{2}$

C – $\frac{5}{10}$(또는 $\frac{1}{2}$)

D – $\frac{8}{8}$(또는 1)

E – $1\frac{1}{4}$

F – $\frac{1}{4}$(또는 $\frac{3}{12}$), $\frac{1}{2}$(또는 $\frac{6}{12}$)

해답 메모

2100 A − 

B − 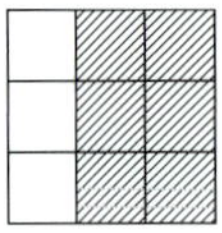

C − 〈 , 〉
= , 〉
= , 〉

2220 A − $\frac{3}{3}$(또는 1)

B − $\frac{3}{5}$

C − $\frac{3}{6}$(또는 $\frac{1}{2}$)

D − $\frac{1}{4}$, $\frac{3}{4}$

E − $\frac{2}{6}$, $\frac{3}{6}$, $\frac{5}{6}$

2240 $\frac{3}{5}$

$\frac{6}{7}$ $\frac{4}{8}$(또는 $\frac{1}{2}$)

$\frac{5}{10}$(또는 $\frac{1}{2}$), $\frac{7}{7}$(또는 1)

$\frac{11}{8}$(또는 $1\frac{3}{8}$)

2250 $3\frac{3}{4}$ $2\frac{6}{5}$(또는 $3\frac{1}{5}$)

$5\frac{5}{7}$ $8\frac{3}{4}$

$8\frac{6}{9}$(또는 $8\frac{2}{3}$)

$5\frac{4}{4}$(또는 6) $223\frac{5}{6}$

해답 메모

2260 $\frac{13}{12}$(또는 $1\frac{1}{12}$)

$\frac{8}{15}$ $\frac{19}{40}$

$\frac{8}{8}$(또는 1)

$1\frac{22}{45}$ $1\frac{3}{24}$(또는 $1\frac{1}{8}$)

2270 $5\frac{3}{4}$, $17\frac{43}{72}$

$5\frac{5}{6}$, $8\frac{8}{8}$(또는 9)

$18\frac{11}{8}$(또는 $19\frac{3}{8}$)

2420 A – 4
B – 2
C – 3, 7
D – 1
E – 1, 14

2450 $\frac{3}{5}$

$\frac{6}{9}$(또는 $\frac{2}{3}$) $\frac{4}{7}$

$\frac{3}{13}$ $\frac{5}{10}$(또는 $\frac{1}{2}$)

0

2460 $2\frac{2}{4}$(또는 $2\frac{1}{2}$), $5\frac{1}{7}$

2, $\frac{4}{6}$(또는 $\frac{2}{3}$)

$\frac{2}{4}$(또는 $\frac{1}{2}$), $3\frac{1}{2}$

2470 $\frac{1}{12}$

$\frac{19}{40}$ $\frac{4}{8}$(또는 $\frac{1}{2}$)

해답 메모

$\frac{4}{8}$(또는 $\frac{1}{2}$) $\frac{3}{8}$

0

2480 $1\frac{1}{12}$

$\frac{3}{5}$ $6\frac{1}{6}$

$1\frac{17}{30}$ $4\frac{9}{20}$

0

$203\frac{8}{12}$(또는 $203\frac{2}{3}$)

2630 A – $\frac{1}{4}$ B – $\frac{1}{8}$

C – $\frac{1}{6}$ D – $\frac{3}{8}$

E – $\frac{6}{15}$(또는 $\frac{2}{5}$)

2650 7, $\frac{2}{20}$(또는 $\frac{1}{10}$)

$\frac{1}{9}$, $\frac{15}{24}$(또는 $\frac{5}{8}$)

$\frac{18}{3}$(또는 6)

$\frac{12}{3}$(또는 4)

$\frac{75}{60}$(또는 $1\frac{15}{60}$ 또는 $1\frac{1}{4}$)

2660 $\frac{42}{2}$(또는 21)

$\frac{110}{18}$(또는 $6\frac{1}{9}$)

$\frac{31}{24}$(또는 $1\frac{7}{24}$)

$\frac{88}{20}$(또는 $4\frac{4}{10}$ 또는 $4\frac{2}{5}$)

$\frac{144}{10}$(또는 $14\frac{2}{5}$)

해답 메모

2820 A – 3 B – 2

C – 2 D – $\frac{2}{6}$, 2

E – $\frac{4}{6}$, $\frac{1}{3}$, 2 F – 1

2850 $\frac{6}{4}$(또는 $1\frac{2}{4}$ 또는 $1\frac{1}{2}$)

$\frac{4}{16}$(또는 $\frac{1}{4}$)

$\frac{15}{16}$

$\frac{15}{30}$(또는 $\frac{1}{2}$)

$\frac{12}{15}$(또는 $\frac{4}{5}$)

$\frac{1}{8}$

2860 $\frac{18}{4}$(또는 $4\frac{2}{4}$ 또는 $4\frac{1}{2}$)

1

$\frac{21}{15}$(또는 $1\frac{6}{15}$ 또는 $1\frac{2}{5}$)

$\frac{310}{185}$(또는 $1\frac{125}{185}$ 또는 $1\frac{25}{37}$)

1

$\frac{161}{130}$(또는 $1\frac{31}{130}$)

3010 A – 06 B – 55

C – 2.37 D – 08

E – 63

3020 A – $\frac{2}{10}$, $\frac{6}{100}$, $\frac{48}{100}$

B – 0.9, 0.37, 1

C – 1, 0.06, 3.59

D – 0.7, 0.8

E – 0.2, 0.2

해답 메모

3040 A – 4.76 33.65
0.83 80.046
B – 0.1 이 4
C – 0.001 이 6
D – 7000.007

3060 A – 0.5 0.5
0.5 0.6
0.1 0.8
0.7 0.6
B – 0.35 0.49
0.53 0.09
0.08 0.76
0.77 0.67

3080 A – 0.5 B – 0.25
0.75 3.25
0.125 0.5
0.375 0.6
0.2 1

3210 46.9 243.33
1.5893 9.288
3.076 1.98
8.39 281.43

3310 24.5 11.76
43.11 61.735
5.92 99.54
2.48 29.04
3410 1.89 30.17
1.011 14.2875
82.9 471.6
16.5 10.35

3510 0.23 1.7
175 30
1.34 4.04
800 1.47

제4장 오류 유형

다음은 계산할 때 오류를 범하는 아동들의 풀이과정을 보여주고 있다. 아동들이 사용했던 풀이과정이 어떤 것이었는지를 잘 알아본 다음, 그 뒤에 제시되어 있는 문제를 같은 풀이과정을 사용해서 답하시오.

〈자연수 - 기초 개념〉

01 하나씩 증가하는 자연수의 수열

승철 : 187, 188, 189, 1810

498, 499, 4910, 4911

① 승철이가 사용한 방법으로 다음을 완성하시오.

256, 257, 258, ..., ..., ...

② 오류를 교정하기 위한 면담 중에 어떤 질문을 할 것인가?

③ 어떤 방법으로 지도할 것인가?

02 자연수의 크기 비교(자연수를 순서대로 나열하기)

지연 : 49, 17, 31 → *31, 17, 49*

78, 45, 80, 63 → *80, 45, 63, 78*

① 지연이가 사용한 방법으로 다음을 완성하시오.

131, 202, 129, 310 → ...., ..., ..., ...

② 면담 중에 어떤 질문을 할 것인가?

③ 어떤 방법으로 지도할 것인가?

〈자연수 – 사칙연산〉

03 받아 올림이 있는 자연수의 덧셈

영호

$$\begin{array}{r} 107 \\ +\ 85 \\ \hline 1812 \end{array} \qquad \begin{array}{r} 485 \\ +\ 925 \\ \hline 131010 \end{array}$$

① 영호가 사용한 방법으로 다음을 완성하시오.

$$\begin{array}{r} 206 \\ +\ 137 \\ \hline \end{array} \qquad \begin{array}{r} 645 \\ +\ 488 \\ \hline \end{array}$$

② 오류 유형은 무엇인가?

③ 어떤 방법으로 지도할 것인가?

미숙

$$\begin{array}{r} {\scriptstyle 1} \\ 107 \\ +\ 85 \\ \hline 192 \end{array} \qquad \begin{array}{r} {\scriptstyle 1} \\ 485 \\ +\ 925 \\ \hline 1330 \end{array} \qquad \begin{array}{r} {\scriptstyle 1} \\ 394 \\ +227 \\ \hline 531 \end{array}$$

① 미숙이가 사용한 방법으로 다음을 완성하시오.

$$\begin{array}{r} 206 \\ +\ 139 \\ \hline \end{array} \qquad \begin{array}{r} 478 \\ +\ 164 \\ \hline \end{array}$$

② 미숙이는 왜 이런 실수를 범했나?

③ 미숙이를 어떤 방법으로 지도할 것인가?

04 받아 내림이 있는 뺄셈

민수

$$\begin{array}{r} {\scriptstyle 3\ 10\ 10} \\ 400 \\ -\ 238 \\ \hline 172 \end{array} \qquad \begin{array}{r} {\scriptstyle 4\ 10\ 15} \\ 505 \\ -\ 108 \\ \hline 307 \end{array} \qquad \begin{array}{r} 352 \\ -\ 66 \\ \hline \end{array}$$

① 민수는 어떤 오류형태를 가지고 있으며 어떤 방법으로 가르쳐야하나?

미영

$$\begin{array}{r} {}^{14} \\ 564 \\ -\ 366 \\ \hline 208 \end{array} \qquad \begin{array}{r} {}^{11} \\ 362 \\ -\ 56 \\ \hline 96 \end{array}$$

② 미영이는 어떤 오류형태를 가지고 있으며 어떤 방법으로 가르쳐야하나?

철수

$$\begin{array}{r} 51 \\ -\ 8 \\ \hline 57 \end{array} \qquad \begin{array}{r} 83 \\ -\ 47 \\ \hline 44 \end{array} \qquad \begin{array}{r} 400 \\ -\ 238 \\ \hline 238 \end{array} \qquad \begin{array}{r} 505 \\ -\ 108 \\ \hline 403 \end{array} \qquad \begin{array}{r} 352 \\ -\ 66 \\ \hline \end{array}$$

③ 철수는 어떤 오류형태를 가지고 있으며 어떤 방법으로 가르쳐야하나?

영옥

$$\begin{array}{r} {}^{81} \\ 693 \\ -\ 248 \\ \hline 445 \end{array} \qquad \begin{array}{r} {}^{21} \\ 325 \\ -\ 151 \\ \hline 174 \end{array} \qquad \begin{array}{r} {}^{511} \\ 726 \\ -\ 349 \\ \hline 287 \end{array} \qquad \begin{array}{r} {}^{211} \\ 434 \\ -\ 276 \\ \hline 68 \end{array}$$

④ 영옥이의 방법을 이용하여 다음을 완성하시오.

$$\begin{array}{r} 436 \\ -\ 172 \\ \hline \end{array} \qquad \begin{array}{r} 625 \\ -\ 348 \\ \hline \end{array}$$

05 자연수의 곱셈

병민

$$\begin{array}{r} {}^{7} \\ 209 \\ \times\ 48 \\ \hline 872 \end{array} \qquad \begin{array}{r} 15 \\ \times\ 30 \\ \hline 30 \end{array} \qquad \begin{array}{r} 136 \\ \times\ 200 \\ \hline 200 \end{array} \qquad \begin{array}{r} {}^{2} \\ 234 \\ \times\ 106 \\ \hline 224 \end{array}$$

① 병민이의 방법을 이용하여 다음을 완성하시오.

$$\begin{array}{r} 279 \\ \times\ 100 \\ \hline \end{array} \qquad \begin{array}{r} 501 \\ \times\ 94 \\ \hline \end{array} \qquad \begin{array}{r} 403 \\ \times\ 20 \\ \hline \end{array}$$

② 병민이를 어떤 방법으로 가르쳐야 오류를 고칠 것인가?

06 자연수의 나눗셈(나머지가 있는 경우)

경원

$$\begin{array}{r} 93 \\ \hline 3\,)\;36 \\ 27 \\ \hline 9 \\ 9 \\ \hline 0 \end{array} \qquad \begin{array}{r} 42 \\ \hline 2\,)\;864 \\ 86 \\ \hline 04 \end{array} \qquad \begin{array}{r} 92\ldots4 \\ \hline 5\,)\;59 \\ 45 \\ \hline 14 \\ 10 \\ \hline 4 \end{array} \qquad \begin{array}{r} \\ \hline 6\,)\;628 \\ \\ \hline \\ \\ \hline \end{array}$$

① 어떤 방법으로 지도하면 경원이의 오류를 고칠 수 있나?

〈분수 – 사칙연산〉

07 분수의 덧셈(분모가 같은 경우)

길수 $\frac{1}{3}+\frac{1}{3}=\frac{2}{6}$ $1\frac{1}{4}+\frac{1}{4}=1\frac{2}{8}$ $\frac{3}{5}+\frac{4}{5}=$

① 어떤 방법으로 지도하면 길수의 오류를 고칠 수 있나?

08 분수의 덧셈(분모가 다른 경우)

예림 $\frac{5}{6}+\frac{1}{2}=\frac{6}{12}$ $\frac{2}{3}+\frac{1}{4}=\frac{3}{12}$ $\frac{1}{6}+\frac{3}{4}=\frac{4}{24}$ $\frac{1}{2}+\frac{2}{3}=$

① 어떤 방법으로 지도하면 예림이의 오류를 고칠 수 있을까?

09 분수의 나눗셈

창수 $\frac{1}{2}\div\frac{1}{5}=\frac{1}{10}$ $\frac{1}{4}\div\frac{1}{6}=\frac{1}{24}$ $\frac{1}{3}\div\frac{1}{4}=$

① 어떤 방법으로 지도하면 위의 오류를 고칠 수 있을까?

〈소수 – 사칙연산〉

10 소수의 덧셈

우창 0.478+0.93=0.01417

$$\begin{array}{r} 1.36 \\ +\ 0.84 \\ \hline 0.0220 \end{array} \qquad \begin{array}{r} 4.3 \\ +\ \ 0.26 \\ \hline \end{array}$$

① 어떤 방법으로 지도하면 위의 오류를 고칠 수 있을까?

11 소수의 곱셈

대중

$$\begin{array}{r} 2.49 \\ \times\ 3 \\ \hline 74.7 \end{array} \qquad \begin{array}{r} 78.2 \\ \times\ 0.5 \\ \hline 39.10 \end{array} \qquad \begin{array}{r} 25.4 \\ \times\ 7 \\ \hline 1.778 \end{array}$$

① 대중이의 방법을 이용하여 다음을 완성하시오.

$$\begin{array}{r} 2.57 \\ \times\ 0.3 \\ \hline \end{array} \qquad \begin{array}{r} 706 \\ \times\ 0.7 \\ \hline \end{array}$$

② 어떤 방법으로 지도하면 위의 오류를 고칠 수 있을까?

12 소수의 나눗셈

병채 4.8÷0.6=0.08 72÷0.3=2.4 56÷0.08=

① 어떤 방법으로 지도하면 위의 오류를 고칠 수 있을까?

❖ 메모

제 5 장 오류 처방 이론

아동이 오류는 범하는 이유는 다양하지만 가장 중요한 원인은 수학의 개념 자체에 기인하는 인식론적 장애이다. 따라서 이 장에서는 심리학적인 인식론적 장애 요인과 고대로부터의 수학의 인식론적인 장애를 설명하고 그 장애를 극복하는 데 필요한 역사 발생적 원리, 교수현상학, 피아제의 이론 등의 수학 교수-학습 이론을 소개한다. 또한 오류 교정 처방에 필요한 수와 연산의 역사 발생과 처방에 필요한 교구와 교구의 활용 방안을 설명하고자 한다.

01 역사 발생적 원리

과학적 탐구 방법과 자연스런 교수 방법을 결합시킨 것으로 이해되는 발생적 방법을 크게 진작시킨 이는 16세기 영국의 철학자 베이컨(Bacon)이며, 수학 특히 기하학의 발생적인 교재 구성에서 개척자적인 역할을 한 사람은 17~18세기 불란서의 수학교사 아놀드(Arnauld)와 끌레로(Clairaut)이었다. 아놀드의 ≪새 기하학 원론≫은 시각적인 사물을 참조하는 접근방법을 통하여 개념과 정리의 재배열을 시도한 발생적 방법에 의해, 끌레로의 ≪기하학의 원론≫은 수학의 역사적 발달을 내용과 학습 활동의 조직에 이용한 역사 발생적 방법에 의해 구성이 시도된 첫 번째의 수학 교과서이다.

가. 끌레로

역사 발생적 원리는 수학은 완성된 생산품으로서가 아니라 역사적 발생과정 곧, '수학화' 과정을 되밟게 함으로써 바르게 이해되고 적용될 수 있다는 생각을 바탕으로 한 것이다.

나. 해켈(Haekel)

역사 발생적 원리의 인식론적 바탕은 개체발생이 계통발생을 단축된 형태로 반복한다는 생물학적 원리 곧, 다윈주의자인 해켈이 제기한 '재현의 원리'이다. 곧, 개인의 수학적 사고의 발달은 수학이 역사 자체를 따른다는 것으로 오늘날 역사 발생적 원리는 여러 학자들에 의하여 여러 가지로 형식화되어 옹호되고 있다.

다. 프로이덴탈(Freudenthal)

그가 제안한 '안내된 재발명' 방법은 수학이 역사적 발달 과정의 통찰에 의해서 획득된 지식이 점진적으로 형식화되면서 보다 고도의 기능과 통찰이 획득되어 간 과정이며, 수학 교육학의 주요 문제의 하나는 그러한 '점진적인 형식화 과정'을 수학 교육에 이용하는 방법에 관한 연구라고 말하고 있다.

수학교과의 각 단원 도입부분의 '생활에서 알아보기'는 프로이덴탈의 이론에 따른 것이다. 어떤 내용을 역사 발생적으로 지도한다는 것은 그 내용이 발생된 순서대로 교재가 구성되어야 한다는 뜻이 아니라 수학이 훌륭한 교사의 지도 아래 어떻게 발생되는가를 역사에서 미루어 찾고 그러한 방법에 따라서 지도하고자 하는 것이다. 발명가의 발자국을 따라가는 것이 아니라 실제의 발명 과정보다 개선되고 잘 인도된 과정을 따라야 한다는 것이다.

역사적으로 여러 세기 동안 물리적, 사회적, 정신적, 수학적 세계에서 변하는 것으로 지각되고 상상되고 가정된 변수, 다가이름으로 사용된 문자, 일반적인 법칙에서 나타나는 부정소나 방정식에서의 미지수 등이 한 가지 이름인 변수로 총괄되어 사용되면서 변수의 본질인 운동학적인 측면이 배제되어 왔고 변수는 학교수학에서 대입을 위한 자리지기로서 형식적으로 규정되고 있다.

이러한 현상에 대해 재발명 방법은 수학교육에서 변수 개념이 여러 가지로 생각되는 이유, 변수 개념이 변하여 온 이유를 의식해야 할 필요성을 제기한다. 고도로 형식화된 언어에서는 변화 가능한 수학적 대상에 대한 생각이 잊혀 질 수 있지만 보다 덜 형식화된 학교수학의 수준에서는 실세계에서 수학을 이해하고 실세계에 수학을 응용하기 위해 변하는 대상과 교수학적으로 불가결하게 연결될 수밖에 없다. 교사는 학생들이 형식적인 언어를 잘 이해할 수 없다는 것을 알고 있고, 변수는 변할 수 있는 대상으로부터 이해되어야 하고 또 그렇게 이해시킬 수 있다는 생각을 하면서도, 실제로 변수를 가르칠 때 그것을 단순한 자리지기로 지도하고 있는 것은 잘못이다.

프로이덴탈에 따르면 수학적 활동은 경험의 세계를 조직하는 활동이며, 실제 세계에서 상식 수준의 이해와 경험에 그 근원을 둔다. 그리고 이러한 상식적인 경험은 법칙(예를 들면 덧셈의 교환 법칙)으로 발견되고 이러한 여러 가지 법칙은 학습자의 통찰에 의해 다시 보다 높은 수준의 상식이 되며 그 다음 수준의 수학의 기초가 된다.

수학은 이러한 내용과 형식의 상호 교대작용을 통하여 발달해 간다. 그리고 상식으로부터 시작된 수학적 활동은 보다 상위 수준으로 진행됨에 따라 점진적으로 추상화되며 형식화되어 간다. 그는 수학적 개념, 아이디어의 형성 과정을 다음과 같이 점진적인 스키마화(schematization)로 보고 있다.

- 교수현상학적 접근

  종래 교육의 문제점을 찾는 과정에서 생긴 교과의 구조에 대한 인식은 단순히 본질을 인식하는 것에 있는 것이 아니라 교과의 구조를 학생의 심리에 어떻게 통합시킬 것인가에 있음이 드러났다. 프로이덴탈의 교수학적 현상학은 수학적 구조의 본질을 그것이 조직 수단으로 작용하는 수학 내적, 외적 현상과 관련시켜서 파악함으로서 교과의 논리를 그 지적 성격을 손상시키지 않고 학생의 심리로 통합시키는 방안을 모색하고 있다고 보여 진다.

- 교수학적 현상학의 정의

  프로이덴탈은 수학을 완성된 결과 내지 형식으로 보고 그것의 전달, 주입으로 인한 수학교육의 당면 문제를 해결하기 위해 재발명 방법을 제시하고 있다. 그것은 수학이 완성된 결과이기도 하지만 그 결과를 있게 한 것은 끊임없는 사고와 탐구 활동이기 때문에 수학의 학습-지도에서 본질은 바로 이와 같은 과정으로서의 수학으로 재회복되어 학습되어야 한다는 것이다.

  프로이덴탈은 수학적 구조(개념, 아이디어 등)는 물리적 사회적 그리고 정신적 세계의 여러 '현상'을 조직하는 수단으로 '발명'되어진 결과라는 사실로부터 수학의 학습-지도과정에서도 '조직될 필요가 있는 현상'으로 부터 시작하여 학습자로 하여금 조직의 수단에 숙달하도록 해주어야 한다는 관점에서 교수현상학을 도입하고 있다.

  수학적 개념, 수학적 구조 또는 수학적 아이디어의 현상학이란, 본질(nooumenon)을 그 본질이 조직의 수단이 되는 어떤 현상(phainomenon)과 관련하여 기술하는 것으로, 그 본질이 어떤 현상을 조직하기 위해 창조되었는지 그리고 그것이 어디까지 확장될 수 있는지 그 본질이 조직의 수단으로 이러한 현상에 어떻게 작용하는지 그리고 그 본질이 이러한 현상에 미치는 어떤 힘을 우리에게 주는지를 나타내는 것이다.

만약 본질과 현상의 이러한 관계에서 교수학적 요소를 강조한다면 즉 교수-학습 과정에서 그 관계가 어떻게 획득되는지에 주목한다면, 이러한 현상의 교수학적 현상학에 대해 말하는 것이다. 프로이덴탈이 사용하는 '구조'는 '개념' '아이디어' 등과 교환 가능한 용어이지만 그것은 연역적 체계 안에서의 구조의 의미보다는 조직화 과정에서 본질로 작용하는 구조의 의미에 가깝다고 할 수 있다. 프로이덴탈에 따르면 본질은 우선적으로는 '심상'으로 구성되어야 한다.

그리하여 어떤 현상을 조하는 수단은 1차적으로는 바로 이 심상 자체라는 것이다. 예컨대 탁자, 신문지, 책, 침대 등의 현상-이때 이러한 현상은 직사각형이라는 개념을 구체화한 것이 아니다.- 이 있을 때, 이러한 현상은 직사각형의 모양을 하고 있고, 그리고 아동들은 이러한 현상으로부터 심상으로서의 직사각형을 형성하게 된다. 즉 아동이 분명하게 그리고 정확하게 표현하지는 못한다고 하더라도 아동의 뇌리에는 어렴풋하나마 '무엇'인가가 형성되고 있는 것이다. 이 '무엇'에 해당하는 것이 바로 직사각형의 본질인 심상이라고 할 수 있다. 또 이와 같이 직사각형의 심상이 형성되어 있다는 것은 '이것을 직사각형이라고 한다' 는 것을 받아들일 수 있는 준비가 되어있다는 것을 의미한다고도 볼 수 있다. 본질은 또 다른 한편으로는 심상의 형성 후에 획득된 개념 그 자체를 의미할 수도 있다.

이런 의미로 사용할 때 구조, 개념, 본질은 모두 교환 가능한 용어라고 할 수 있다. 그러나 어떤 경우에든 '본질'이라고 할 때는 심상의 형성을 전제로 하며, 프로이덴탈은 이 심상의 형성이 개념 획득보다도 우선되어야 하다고 주장하는 것이다. 이는 인지가 개념으로부터 시작되는 것이 아니라 개념이 인지 과정의 결과라는 인식에서 나온 것이며 그 개념의 의미를 받아들일 수 있도록 아동의 심리 안에서의 인지 과정 즉 심상의 구성이 우선해야 한다는 것이다. 수학적 개념, 구조는 그 본질이 수학의 조직화 과정 안에서 경험되어야 할 뿐 아니라 그것이 학생의 심리로부터 유리되지 않도록 심상의 구성이 개념이 획득보다 우선해야 한다는 것이다.

한편 프로이덴탈의 '현상'과 '본질'은 절대적인 것이 아닌 상대적인 것으로 현상이 본질로 조직되고 나면 다시 그 본질은 현상이 되어, 새로운 본질로 조직되게 된다. 예를 들면 '양'이라는 현상은 '수'라는 본질로 조직되고, 다시 '수'라는 현상은 '십진법'이라는 본질로 조직되는 것이다. 현상이 본질로 조직되고, 그 본질이 다시 현상이 되어 새로운 본질로 조직된다는 것은 수준이 있어, 수학이 형성되어 온 과정은 어느 한 수준에서 다른 수준으로의 도약이 있어 왔다는 것은 의미한다.

이 계속적인 도약의 과정이 '수학화(mathematization)'이며, 학생들은 수학의 학습-지도에서 바로 이러한 수학화를 학습해야 한다는 것이 프로이덴탈의 주장이다.

- 교수현상학에서의 수학관과 수학화

교수학적 현상학의 기초가 되는 중요한 토대는 수학 그 자체를 인간의 활동으로 보아야 한다는 수학관이다. 아동의 활동과 건전한 교육과의 불가분의 관련성에 대한 통찰은 매우 오랜 인류의 학습 결과로서 동서고금을 막론하고 받아들여져 왔으며 격언화되어 있을 정도이다(I hear, I forget - I see, I remember - I do, I understand). 그러나, 프로이덴탈이 지적하였듯이 수학자들은 무의식적으로는 기성 수학(ready-made mathematics) 이외에 실행 수학(acted out mathematics)이 존재한다는 것을 알고 있지만, 그러한 사실은 거의 강조되고 있지 않으며, 또 비수학자들은 그것을 전혀 깨닫고 있지 못하다.

결국 수학은 일반적으로 단지 기성 산물로만 인식되어져 왔으며 형식화된 종합은 분석에 잇따른 것임에도 불구하고, 결과는 항상 기성 수학으로 제시되어 왔다. 이러한 기성 수학에 의한 교재의 구성은 수학자들이 수학의 어떤 결과를 얻기 위해 밟아 온 그 일련의 과정을 학습자의 관점에서 探究하게 하는 방식이 아닌, 소위 '현대적인' 수학적 지식을 단순히 학생들이 接近할 수 있는 언어로 바꾸어 제시하는 것일 뿐이다. 그러나 이와 같이 학습된 수학은 학생에 의해 활동으로 경험되지 않았기 때문에 그에게 새로운 사실, 현상, 탐구의 이해로 나아가게 하는 개념적 도구가 되기 어려운 것이다.

프로이덴탈에 따르면 수학은 실제의 부분을 구조화하고 수학화시키는 하나의 인지적 도구이기 때문에, 이런 조직화, 구조화, 수학화되었던 과정을 재발명해봄으로써 각 개인은 수학을 자신의 자산으로 만들 수 있다. 즉, 수학적 구조, 아이디어, 개념 등은 수학화하는 활동을 통하여 학생의 심리에 통합되어 개념적 도구로 유용하게 쓰일 수 있음을 다음과 같이 언급하고 있다. 체계화는 수학의 커다란 장점이며, 가능하면 학생은 이러한 가치를 배워야 한다.

그러나 여기에서 나오는 체계화시키는 활동을 의미하는 것이지, 그 결과를 의미하는 것이 아니다. 그 결과는 체계이며 아름답게 완결된 체계이며, 완결되었으며 입구도 출구도 없다. 인간이 배워야 하는 것은 완결된 체계로서의 수학이 아니라, 활동으로서의 수학이며 이는 실제를 수학화하는 과정이며 가능하면 수학을 수학화하는 것이다. 이는 학생들이 수학자에 의해 이전에 이미 발명된 수학을 발명되던 그 방식 그대로로 다시 한 번 발명하게 해야 한다는 것, 즉, 재발명하게 해야 한다는 것을 의미하고 있는 것이다.

여기에서 중요한 점은 수학의 발달이 '통찰에서 더 높은 통찰로의 계속적인 변형'의 메카니즘을 따라 이루어져 왔으며, 개인의 학습 또한 '한 수준에서 다른 수준으로의 계속적인 비약'으로 이루어진다는 역사발생적 메카니즘과 개인의 학습의 메카니즘 간의 동형성의 파악이다. 프로이덴탈은 이 두 메카니즘 간의 동형성을 관찰했으며 이것으로 수학이 발달한 수학화의 메카니즘을 개인의 학습에서로 단축시켜서 동형적으로 반복시키는 재발명이 가능하다고 주장하였다. 그렇게 해 줄 수 있기 위해서는 무엇보다도, 교수 제재가 실행 수학의 모습으로 주어져야 한다는 것이 중요하다. 사실상 수학의 구조는 그것이 수학자에 의해 기성 산물로서 그 모습을 드러내기 전에는 모두 실행 수학적인 모습으로 존재했던 것이기 때문에, 학생들이 어떤 구조를 재발명할 수 있게 되기 위해서는 먼저 그 구조의 실행 수학적인 모습을 재현해 주어야 한다.

이와 같이 재발명에 의해 획득된 수학적 지식과 능력은, 보다 덜 활동적인 방법으로 획득된 것보다 더 잘 이해되고 그리고 더 쉽게 보존된다. 이에 비해 완결된 수학의 체계는 빈약한 구조에서 풍부한 구조를 지향하는 어떤 계층을 보여주며 교과의 조직 또한 이런 방향을 보여준다. 그러나 수학을 교수화할 때, 즉, 주어진 교과 내용에 적합한 수학 교육을 고안할 때, 완성된 기성 수학의 구조를 출발점으로 택해서는 안된다. 왜냐하면 그것은 빈약한 구조이고 반면에 과거의 수학은 풍부한 구조와 시행착오를 통해서 그러한 빈약한 구조에 이르게 되었기 때문이다. 빈약한 구조는 완전히 추상적이기 때문에 그대로 이해시킬 수 없으며 추상적인 형식을 구체화하고 살을 붙임으로써 이해시키고자 시도한다.

그러나 이는 실제로 조직화의 특성이나 본질이 사라진 인위적인, 때로는 거짓이기도 한 구체화라고 프로이덴탈은 지적하고 있다. 수학적 구조는 풍부한 문맥에서 생겨나며, 그것들이 생겨난 것에, 그리고 그것을 능가하여 적용되기 위하여 창조되며, 이러한 '발전적 조작 가능성'을 갖도록 교수되어야 한다는 것이 그의 주장이다.

그러므로 수학적 구조의 학습-지도는 그것이 생겨나는 현실에서의 풍부한 문맥 - 이것은 구조를 구체화하거나 예시한 것이 아니다 – 근본적인 현실로부터 시작되어야 할 것을 그는 강조하고 있다. 프로이덴탈이 지적하였듯이 일반적으로 새롭게 발명된 수학은 공개되자마자 그것이 만들어지기까지의 소음이 곧 제거된다.

그리고 특히 기본적인 능력과 개념을 가르칠 때 될 수 있는 한 소음을 피하는 것이 교수 원리였다. 그러나 그 수학이 적용되어야 할 때 그 소음은 더 이상 제거되지 않기 때문에, 학생에게 수학적 구조, 내용이 그의 '안목'이 되기 위해서는 근본적인 현실로부터 본질적인 것을 찾고 소음 내에서 메시지를 감지하면서 그것이 만들어지기까지의 수학화 과정이 재발명되어야 한다는 것이다.

02 발달심리학

가. 피아제의 약력

피아제는 1896년 스위스의 뉴샤텔에서 태어났다. 피아제는 11세에 학자다운 논문을 발표하는 등 어린 나이에 이미 꼬마 과학자였다. 일생동안 60권의 책과 수백편의 논문을 저술하였다. 피아제는 통상 심리학자로 불리지만 실제로는 지식의 근원과 본질을 연구하는 인식론자였다. 이 부분의 연구로 피아제를 교육심리학의 초석을 세운 사람이라고 한다. 다른 연구자는 아동이 무엇을 알고 언제 아는가에 관심을 갖지만 피아제는 아동이 지식을 알게 되는 방법에 관심이 있었다.

우리와 마찬가지로 그는 아동을 대상으로 연구할 계획을 가진 것은 아니었다. 그는 생물학 박사 학위를 받았으나 그 후로는 생물학 연구를 한 적이 없고, 대신에 심리학으로 전향하였다. 1919년에 그는 파리에 있는 알프레드 비네 실험학교에서 일자리를 얻어 연구하였다. 그의 일은 영국의 지능검사를 프랑스판으로 표준화하는 일이었다. 그는 그 동안에 특정 연령에 주어지는 질문에 대한 아동의 오답유형을 발견하였고 아동이 사용하는 사고과정에 대한 연구를 하기 시작하였다. 이것이 그의 일생에 걸친 연구의 화두가 되어서 1980년 임종 시까지 아동의 사고과정에 관하여 연구하였다. 아동에 관한 몇몇의 피아제 이론이 우리의 생각과는 다르겠지만 그의 기본 개념은 여전히 어린 아동의 정신을 도야시킬 교육과정을 계획하는데 도움이 되고 있다.

나. 피아제 이론

피아제 당대의 학자들은 학습은 (아동 자신에서 생기는) 내재적 또는 (환경이나 어른의 지도에서 얻어지는) 외재적인 것으로 논의되었으나 피아제는 그 어느 것도 아니고 다만 아동의 환경과의 상호작용으로 학습을 창안한다고 했다. 그는 아동이 세상의 사람, 장소, 물건에 의미를 부여함으로써 자신만의 지식을 구성한다고 주장하였다. 그는 구성은 지도보다 우위에 있다는 표현을 선호하였다. 이것은 어른의 설명으로 주어지는 것이 아니라 아동 스스로 노력해서 사물의 이치에 대한 이해의 창조를 의미한다.

그는 몬테소리의 제자로서 그녀의 이론 위에 유의미 학습이 아동의 인지 발달에 중요하다는 이론을 설립했다. 또한 듀이와 마찬가지로, 아동은 호기심을 충족시키지 못할 때에만 학습한다는 사실을 피아제도 믿었다. 그는 학습의 주요한 방법으로 놀이의 중요성을 강조하였다. 피아제는 지식은 아동들에 의해 구성되는 조작적 구성주의를 제시하였다. 즉, 수학적인 개념은 초기에 감각-운동의 구조로 나타나고, 다시 그것에 바탕을 둔 행동의 변화조정이 이루어지면서 반영적 추상화가 일어나 구성이 된다는 것이다.

다시 말하면 수학적 사고를 내면화된 행동(조작)으로 보고, 활동 가운데 그 형성적 근원을 찾는다. 이와 같이 아동의 능동적 역할을 강조하는 피아제의 발달 심리는 그 이론의 기저가 되는 실험 관찰이 수학적 수 공간 개념의 발달에서 얻어진 관계로 교사에게는 의미가 있다. 피아제는 모든 학습의 근본은 아동이 물리적 사회적 접촉을 통하여 얻게 되는 자신의 활동에 있다고 주장한다. 아동들의 정신활동은 구조화되고 분리된 정신활동 하나하나는 서로 관련이 되어 scheme -행위의 패턴-의 무리에 묶어진다. 정신활동은 적응과정으로 이 과정에는 두 개의 분리될 수 없는 과정인 동화와 조절을 포함한다.

(i) 동화

인간이 자기의 기관을 통하여 자연을 자기 속으로 끌어들이는 기능을 말한다. 환경 속에서 자료를 어떤 인과적이나 기계적인 의미가 아니라 그 자신의 성격으로 인해 환경으로부터 잠재 재료를 내면으로 끌어넣는 것이다. 예를 들면, 자연수의 덧셈을 배운 어린이는 정수의 덧셈을 배울 때 이미 내적으로 형성되어 있는 도식(자연수의 덧셈)에 맞추려고 한다.

(ii)조절

동화와는 반대로 자기가 잠재적으로 가지고 있는 기능을 작용시켜서 자기 자신을 여러 가지로 통제하면서 적응해 가는 것을 말한다. 예를 들면, 자연수 4칙 계산을 숙달한 학생은 정수의 4칙 계산을 조절하게 된다.

지적 성장은 사회적 과정으로 아동들은 물리적 환경을 접촉한다. 수학시간에 좌표의 뜻은 혼자서 이해하는 것이 아니고 동료들과 대화, 놀이를 통하여 알게 된다. 즉, 다른 아동과 접촉은 자기만의 고집을 수정할 수 있고, 자신의 관점을 다른 사람의 아이디어를 통해 고쳐 나간다. 조절은 기존 scheme을 연속적으로 수정하게 되는데 어른이 될 때까지 몇 번의 수정을 거쳐 새로운 정신 구조를 만들게 된다. Piaget는 지적 성장을 감각 운동단계, 전 조작 단계, 구체적 조작 단계, 형식적 조작 단계의 4단계로 구분 하였다. 이러한 발달 단계에 도달하는 아동의 연령은 변할 수 있기 때문에 피아제의 발달 단계는 약간씩 다를 수 있다.

피아제의 인지 발달 단계

연령	단계	행동 특성
0-18개월	감각운동기	• 감각을 통한 학습 • 반사 • 구체적 조작물을 다룬다
18개월-6세	전조작기	• 인식에 기반하여 개념 형성 • 한 번에 한 변수에 집중 • 제한된 경험에 기반한 일반화
6-12세	구체적 조작기	• 추론에 기반한 개념형성 • 사물과 친숙한 사건에 제한된 사고
12세-	형식적 조작기	• 개념적 사고 • 가정적 사고

다. 조작기

(i) 감각 운동 단계

태어나서 18개월까지 정도로 본능적 행동이 경험에 의해 수정이 되면서 복합적인 행위 패턴을 가지게 된다. 이 기간은 대상을 지각하고 식별하며, 그것의 불변성을 인식하기 시작한다. 대상을 다루는 데 원인과 결과의 관계를 인식하고, 자연스럽게 대상은 자기와 관계없이 존재한다는 사실을 느끼며 점차 보이지 않는 대상까지 생각한다. 예를 들면, 출근하는 부모의 발소리를 듣고 손을 흔들며 직장이 끝나면 돌아온다는 사실을 느낀다.

초등학교 학생의 연령을 대체로 전조작기와 구체적 조작기에 해당한다.

(ii) 전조작 단계

피아제에 의하면, 감각운동단계 후에 아동의 인지발달은 전조작단계에 들어서게 되는데 7,8세경에 새로운 인생을 걷게 된다. 전조작단계는 아동의 사고가 어른의 사고양식과는 다른 시기이다. 피아제는 전조작단계에서는 아동은 모든 것이 자신과 관련되게끔 사고하는 자아중심적이 되고, 단어를 자신만의 생각대로 받아들이는 등, 사물이나 사람에 대한 한 번에 한 특징만을 고집하고, 들은 것보다는 직접 경험한 정보를 수집하고 자신의 경험을 과대 일반화한다. 자아중심이란 세상을 자신만의 관점에서 바라보는 것이다. 취학이전의 아동을 관찰해 보면, 다음과 같은 대화를 들을 수 있다.

대화

교사 : 파랑전시회를 열겠습니다. 파랑색 날이니까 이젤에는 파랑 잉크가 있고, 파랑색 광시곡을 들었어요.
아동 1 : 엄마 차는 파랑색입니다.
아동 2 : 엄마 차가 고장 났어요.
아동 3 : TV가 고장 났어요.
교사가 아동 1에게 : 엄마 차가 파랑색이니?
아동 1 : TV에서 모피쥐를 봤어요.

전조작기 아동은 본 것만을 믿으려는 성향이 있기 때문에 그들은 사물의 정확한 성질을 파악하지 못한다. 이 시기의 아동은 자신의 직접 경험에 의존하기 때문에 부적절한 일반화 경향을 갖는다. 또한 단 한가지의 경험으로 사물에 대한 전체적인 신념을 갖기 때문에 잘못된 결론을 내리기도 한다. 전조작기 아동은 사물이나 사람의 속성을 한 번에 한 가지씩 생각하려하기 때문에 엄마를 외할머니의 따로 생각하기 힘들다.

예를 들어 보자. 식견 있는 교사가 수업시간에 동생이 신생아인 여학생 이야기를 하였다. 교사는 책에 있는 아기 사진을 보여 주었고, 아동들은 아기가 태어나면 쭈글쭈글하고 우스꽝스럽게 생겼다고 이야기했다. 교사는 어떤 아동이 그 아기를 다리미질해야 한다고 엄마에게 한 이야기를 아동들에게 해 주었다.

이 이야기를 듣고 어떤 아동도 웃거나 놀라지 않았다. "무서워, 아기가 다칠거야" 라고 말하는 아동도 없었다. 그러기는 고사하고, 히터는 "큰 언니는 다리미로 머리에 컬을 주대요"라고 말했고, 여수아는 "다리미에는 그런데 쓰는 게 아니고, 옷에 주름 잡을 때 쓰는 거야" 라고 했다. 아이들은 다리미는 머리에 컬을 주거나 옷을 다리는 데는 유용하지만 아기에게는 그러하지 못하다는 점을 꼬집지는 못했다.

(iii) 구체적 조작 단계

7살에서 11살까지 시기로 양과 수의 보존이 이루어지는 단계이다. 두 집합의 포함 관계인식과 순서관계의 추이성을 이해한다. 이때 조작(operation)은 schme는 언어의 기능에 의해 내면화되고 동화와 조절을 통해 가역성을 획득 할 때, 그 scheme을 말한다. 아동이 진흙을 길게 하거나 짧게 하더라도 양이 같다는 것을 인식했을 때, 진흙의 사용한 조작이 시작된다. 연산 개념에서 정수 덧셈을 주고 군(group)을 만드는데 이 체계를 군성체(groupement)[2)]라 하며 이 시기의 대표적인 특징이다. 즉, 전 조작기에서 분리되고 통합되지 못한 정신활동이 마침내 군과 같은 구조를 통합 조직이 되면서 구체적 조작단계에 들어오게 된다. Piaget가 구체적이라는 용어를 강조한 것은 이 시기에는 구체물의 출현과 이것에서 얻는 직관적 감각을 중요시했기 때문이다.

(iv) 형식적 조작 단계

11살에서 12살 사이에 시작되는 것으로 눈에 보이지 않는 대상에 사고할 수 있으며 조합적인(예를 들면, 순열, 조합) 사고를 할 수 있다. 가설을 세워서 결론을 이끌어 낼 수 있으며 연역적 추론(증명)을 할 수 있다.

03 인식론적 장애(바슐라르, 1884~1962)

과학의 진보를 방해할 뿐만 아니라 과학의 퇴보와 일탈을 초래하는 주요 요인은 무엇인가? 바슐라르에 따르면 그런 방해 요인은 과학이 다루는 대상의 복잡성이나 난해성에 있는 것이 아니다. 인간 정신의 취약성에 있는 것도 아니다. 그것은 무엇보다 인식 행위 자체 안에 숨어있는 어떤 무의식적 요소이다. 그 자체로는 의식되거나 개념화되지 않으면서 개념적 사유를 일정한 테두리 안에 제한하는 심리적인 요인, 과학적 사유 속의 "반-사유," 그것이 바슐라르가 말하는 인식론적 장애이다.

바슐라르는 인식론적 장애의 주요 원천을 상식의 인식론에서 찾는다. 상식적 심성은 이미지에 의존하여 사고하는 주체이다. 헤겔의 용어로 옮기면 상식은 표상의 수준에 머물러 있다. 이미지에 의존하는 한에서 상식적 심성은 현대 과학의 순수 추상의 세계로 나아갈 수 없다. 비유클리트 기하학이나 하이젠베르크의 물리학은 "이미지 없는 사유"를 요구한다. 바슐라르의 과학철학은 "새로운 과학정신"의 인식론적 함축과 과학문

---

2) 합성가능성, 결합성, 가역성 등의 가동성

화의 형성 조건을 묻는다. 그리고 그런 물음 속에서 헤겔의 정신철학이 싸우던 동일한 적과 싸운다. 동일한 적과 싸운다는 것은 동일한 사유를 추구한다는 것과 같다.

이 두 철학자에게 학문적 사유는 언제나 "교정된 오류"이자 "극복된 장애"이다 진리는 언제나 사유를 지배하던 무의식적 가상이나 착오를 깨뜨리면서 현상한다. 그러므로 학문의 역사가 진리 발견의 역사라면, 그것은 또한 오류 발견의 역사이다. 역사 속에서 진리가 진화해왔다면, 그 만큼 오류 또한 진화해왔다. 진리는 변신하는 오류의 궤적을 따라, 그 오류의 속도를 앞지를 때야 비로소 다시 태어난다. 바슐라르의 『과학정신의 형성』은 이런 변증법적인 관점에서 과학의 역사를 바라보고 있다. 이 저작은 과학의 역사를 진리 발견의 역사가 아닌 오류 극복의 역사로 기술한다.

04 수학의 인식론적 장애의 기원

BC 5세기 파르메니데스의 제자이자 엘레아학파의 일원이었던 그리스의 철학자 제논(Zenon)이 파르메니데스의 일원론에 반대하는 어떠한 주장도 모순과 불합리에 이를 수밖에 없음을 보여주려고 내놓은 진술이 40여개의 제논의 역설이다. 그중에서 현재까지 알려진 4개의 역설은 아리스토텔레스의 설명에서 따온 이름으로 불리는 아킬레스의 역설(또는 아킬레스와 거북의 역설), 이분법의 역설, 화살의 역설, 경기장의 역설이다.

가. 아킬레스의 역설은 달리기 경주에서 보다 빨리 달리는 사람이 보다 느리게 달리는 사람을 결코 앞지를 수 없다는 것을 증명하기 위해 고안된 것이고,

나. 이분법의 역설은 어떤 물체가 결코 종착점에 도달하지 못한다는 것을 증명하기 위해 고안된 것이다. 이분법의 역설에 따르면 어떤 움직이는 물체는 종착점에 도달하기 전에 반드시 경주로의 중간 지점을 통과해야 한다. 그런데 무한한 수의 중간지점이 있기 때문에 움직이는 물체는 유한한 시간 안에는 종착점에 결코 도달하지 못한다.

다. 화살의 역설은 어떤 움직이는 물체가 실제로는 정지하고 있다는 점을 증명하려는 시도이다.

라. 경기장의 역설은 똑같은 속도로 달리는 물체들의 집합 2 개 가운데 하나가 다른 하나보다 똑같은 시간에 2배 멀리 간다는 것을 증명하려 한다. 만일 각각의 경우에서 결론이 필연적이기는 하지만 터무니없는 것처럼 보인다면, 운동이 존재하

거나 실재한다는 전제는 반박되고 운동이 존재하지 않는다는 정반대의 전제가 참인 것으로 보일 것이다. 물론 운동이 실재한다는 주장은 바로 파르메니데스가 부인했던 주장이다.

사람들이 두 줄로 서있다. 각 줄은 같은 크기의 사람들이 같은 수로 구성되어 있다. 그들은 경기장 주로에서 서로 반대방향으로 같은 속도로 지나갈 때, 서로 한 사람씩 지나간다. 한 줄은 주로의 종점에서 중점까지 나열해 있고, 다른 줄은 주로의 중점에서 출발점까지 나열해 있다. 그러면 주어진 시간의 반절은 그 반절의 두 배와 같다(주어진 시간과 같다).

마. 아리스토텔레스의 바퀴의 역설

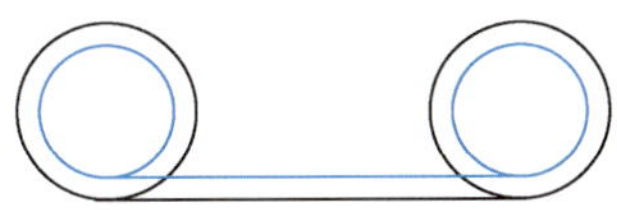

반지름이 다른 두 동심원은 한 바퀴 돌리면 같은 거리를 간다.

05 처방지도의 수학적 배경

아동이 범하는 수와 연산 영역의 오류를 처방지도하기 위해서는 먼저 자연수, 0, 분수, 소수의 역사발생을 이해하고 역사발생에 입각한 사칙연산의 본질을 이해하는 것이 중요하다.

가. 자연수

인류가 지구상에 출현하면서 사람이나 물건의 개수를 세야할 필요가 생겼다. 세는 방법은 나뭇가지로 선을 긋거나 신체의 부분(손가락이나 발가락)을 사람이나 사물 등의 온전한 개체와 일대일 대응을 시켜가면서 세기 시작하였다. 따라서 "그 개체가 무엇인가"라는 구체적인 현상은 무시하고 각각의 개체(단위)가 몇 번 있는가를 표현하는 수를 자연수라 한다.

오늘날에도 선거 때에 개표할 때에 사용하는 선 긋기(tallying)나 파푸아뉴기니아 섬의 옥삽민(Oksapmin) 부족의 신체 부분 셈법에서 그 흔적을 찾을 수 있다. 이는 교육을 받지 않은 자연 상태에서 인간이 습득하는 능력이었기 때문에 수학자 Kronecker(1823~1891)는 "자연수는 신이 인간에게 준 선물"이고 나머지 수는 인간이 필요에 의해서 만든 수라고 하였다. 따라서 자연수의 본질은 셈(counting)수이다.

또한 자연수는 순서(건물의 층수, 서열 등)를 나타내는 수이고 여러 개의 온전한 개체를 하나의 수에 대응시키는 집합수이다. 고대 그리스-로마(Greco-Roman)시대에는 자연수에 온갖 세상의 의미를 부여하고, 알파벳에 수를 대응시켜서 모든 문장을 수열로 표현하였다. 또한 전 세계적으로 국가마다 셈하는 방법(진법)이 다양하게 발전하였으나 손가락셈을 하게 된 인간은 모든 개수를 열씩 묶어서 셈할 줄도 알게 되었다.

그 후 인도에서 인도-아라비아(Hindu-Arabic)숫자 1, 2, 3, 4, 5, 6, 7, 8, 9, 0을 만들고, 유럽에서는 스테빈(Simon Stevin, 1548~1620)이 십진법으로 소수(decimal fraction)를 고안한 후로 1799년 십진법으로 표준 척관법(미터법)을 제정하였다. 그 이후로 자연수 셈은 원시상태의 하나씩 세가는 셈에서 문화인의 십진 셈(decimal system)으로 자리를 잡았다. 자연수는 사람 7명, 연필 7자루, 노트 7권 등과 같이 양의 크기를 나타내는 데 사용된다. 이것을 계량수 또는 기수(cardinal number)라고 한다. 또 어떤 집단이 있을 때, 첫 번째, 두 번째, 세 번째, … 등과 같이 순서를 나타내기 위해서도 사용된다. 이것을 순서수(ordinal number)라고 한다.

이와 같이 자연수에는 기수적 성격과 순서수적 성격의 두 가지가 있다. 이 자연수를 수로서 체계화하여 연역적으로 논하기 위해서는 자연수를 공리계에 의하여 규정지을 필요가 생기게 된다. 자연수를 규정하는 공리계는 여러 가지가 있으나, Peano의 공리를 가장 많이 사용한다.

1) Peano의 공리

① 1은 자연수이다.

② 임의의 자연수 x에 대해서 x의 후자 x'가 꼭 하나 있고, x'도 자연수이다.

③ $x'=1$되는 자연수는 존재하지 않는다.

④ $x'=y'$이면 $x=y$이다.

⑤ (귀납공리) M을 다음 조건을 만족시키는 공집합이 아닌 자연수의 집합이라고 한다.

(ⅰ) 1은 M에 속한다.

(ⅱ) x가 M에 속하면 x'도 M에 속한다.

이 때, 모든 자연수는 M에 속한다.

이것은 자연수의 순서수적 성격을 주장하여 공리계로서 정리한 것이다. 여기서 사용되고 있는 1, 자연수, 후자는 무정의용어이다.

우리들이 지금까지 알고 있었던 자연수 집합 ‒1, 2, 3, ⋯"을 ℕ라고 하면 ℕ는 위의 공리를 만족시킨다. 위의 공리계를 만족시키는 원소들의 집합을 그 내용이 무엇이든 간에 자연수의 집합이라고 한다. 자연수의 본질은 셈수이다. 또한 순서수, 집합수, 수비주의 등의 특징이 있다.

2) 수 세기

원시인들은 신체부분과 선 긋기(tallying)를 이용하여 온전한 개체의 수를 셈하였다. 이러한 인간의 능력은 본능적인 것으로, 그 후에는 교육에 의해서 십진법을 사용하게 되었다. 이 사실에 대하여 수학자 크로네커는 이러한 사실을 "자연수는 신이 인간에게 준 선물이고, 나머지 수는 인간의 필요에 의해서 만들어진 것이다"라고 설명하였다.

3) 수비주의(mysticism)

그레코로만(Greco-Roman) 시대에 문자를 자연수로 치환(게마트리아 방식)하여 사용하면서 자연수 1은 이성, 2는 여성, 3은 남성, 4는 정의, 5는 결혼 등의 아주 심각한 의미를 부여하였고, 자연수가 아닌 수는 사용을 금하였다. 그리고 모든 사람은 그의 이름에 대응하는 수를 가지고 있었다.

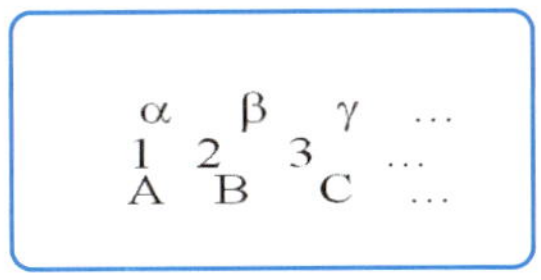

예) Amen = 99, Nero Caesar = 666 등.

4) 자연수의 지도

자연수의 본질이 셈수이므로 단위의 첨가로 지도해야 한다.

예) 3의 지도 : 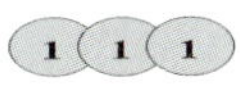

① 수모형

십진법으로서의 자연수와 그들의 사칙연산을 지도하는 데에 가장 적절한 교구는 수모형(base ten blocks)이다.

나. 0(영)

1) 0의 발생

① 0은 인도에서 처음으로 사용한 수로 처음에 점·으로써 나타냈고, 계산판에서 빈자

리를 표시로 0을 고안했다. 그러나 이것은 그리스 시대에는 수로 인정하지 않았다. 영을 최초로 인정한 사람은 인도의 브라마굽타(Brahmagupta, 598?)이다. 현재 사용하고 있는 0의 정확한 기록은 서기 876년 인도에서 쓰인 것이 처음이다.

② 0을 도입하게 되어 인도-아라비아 (Hindu-Arabic) 자는 십진법이 완성되었다. 그리고 당시에 유럽에서 사용하던 5진법으로 구성된 숫자보다 월등하게 계산속도가 빨랐기 때문에 인도-아라비아숫자를 이용하기 위하여 학교교육에서 모든 나라가 십진법을 택하게 되었다.

③ 0은 0이외의 모든 수로 나누어지고 몫은 언제나 0자신이다. 0 이외의 모든 수는 0으로 나눌 수가 없고(불능), 0을 0으로 나누는 것은 무의미하다. 즉 0은 다음과 같은 성질이 있다.

- 양의 크기가 없는 공집합을 나타내는 0
- 수의 자리 잡기를 나타내는 0
- 수직선상에서 기준 점을 나타내는 0

④ 미터법의 도입

- 미터(meter)

  1미터는 원래 북극점에서 적도까지의 거리의 100만분의 1로 정하였다가, 1973년에는 적도길이의 4000만분의 1로써 정의되었다. 1889년 미터는 백금-이리듐 막대의 두 지점사이의 거리로써 고정되었다. 그러나 과학자는 이와 같은 정의가 백만분의 1보다 더 정확할 수 없기 때문에 만족하지 못했다. 1983년 미터는 또 다시 시간과 길이와 연관시키는 방법으로 재정의 되었다. 즉, 공간에서 빛이 1초 동안 진행한 거리의 299,792,458분의 1로 미터를 정의하였다.

- 그램(gram)

  섭씨 3.98도 상태에서의 순수한 물 1cc(cubic centimeter)의 무게를 1g으로 정하여 1799년에 열린 파리조약 때부터 유럽전체의 공통척관법으로 채택하였다. 길이와 무게의 더 큰 단위와 더 작은 단위는 10진법으로 정하였다.

- 10진수 : 사회적 약속으로서의 자연수이다.
- 0이 도입된 이후에 3×0과 $\frac{3}{0}$, $\frac{0}{0}$ 등의 의미를 이해하는 문제가 발생하였다.

다. 분수(유리수)의 역사발생

원시시대부터 인류는 어떤 물건의 길이나 무게 등을 측정할 때, 신체의 일부분을 단위로 사용하였다. 그런데 그 물건의 길이나 무게가 주어진 단위의 정수배로 측정되지 않는 경우에는 더 작은 단위를 새로 정하여 사용하게 되면서 자연수를 포함하는 수의 확장이 필요하게 되었다. 따라서 분수는 4대 문명의 발상지에서 모두 사용되었지만 문헌에 나타나 있는 것은 고대 이집트의 린드 파피루스(Rhind Mathematical Papirus)에 쐐기문자로 기록된 단위 분수($\frac{2}{3}$를 포함)가 최초의 분수이다. 화폐가 없던 청동기시대(B.C. 3000년경)에 물물교환을 하면서 물건의 값을 나타내기 위해서 단위 분수가 사용되었다. 즉, 자연수끼리의 비(ratio)의 값을 나타내고자한 것이다. 또한 이집트인들은 모든 분수는 서로 다른 단위 분수 몇 개의 합으로 표현될 수 있다고 추정하였다. 예를 들면 $\frac{2}{5}$는 $\frac{1}{3}+\frac{1}{15}$로, $\frac{7}{29}$는 $\frac{1}{6}+\frac{1}{24}+\frac{1}{58}+\frac{1}{87}+\frac{1}{232}$로 표현된다(Gillings, 1972). 그러나 이러한 추정을 뒷받침하는 당시의 기록은 발견되지 않았고, 1202년에 이르러 피보나치가 "0과 1 사이의 모든 분수는 서로 다른 단위분수의 합으로 표현될 수 있다" 라고 증명하였다. 고대 이집트에서는 피라미드의 기울기를 분수를 이용하여 결정하였기 때문에 사방의 기울기를 똑같게 피라미드를 축조할 수 있었다. 그 후에는 정수계수 일차방정식$ax=b,\ a \neq 0$의 해를 표현하기 위해서 오늘날과 같은 기호인 분수 $\frac{b}{a}$를 도입하였다.

1) 분수의 본질

- 분수의 본질은 역사발생에 나타난 바와 같이 자연수의 비(比, ratio)이다.
  또한 $\frac{\text{정수}}{\text{0이 아닌 정수}}$ 꼴로 나타낼 수 있는 수이다(Freudenthal, 1983).
- 유리수는 개념이고 분수는 수임과 동시에 유리수를 나타내는 기호이다.
- 또한 등분할의 분수, 몫의 분수, 전체 부분의 분수의 의미가 있다.

2) 분수와 유리수의 지도 방법

0과 자연수는 단위나 대상이 더 작은 부분으로 쪼갤 수 없는 개수를 세는 수이다. 지구는 달을 하나 가지고 있고, 화성은 두 개의 위성을 가지고 있지만 어느 행성도 1과 2사이에 위성의 수를 가질 수 없다. 지구의 달이 두 개의 부분으로 쪼개어졌다면 두 개의 달을 가지게 될 것이다. 그러나 여러 가지 상황에서 양은 세분되는 경우가 있다. 예를 들면, 한 개의 빵이 남았을 때 두 명의 어린이는 빵의 반이 나타내는 것은 과연 수학에서는 무엇으로 인식하는가? 분수는 전체 단위보다 작은 양을 표현하는 측정문제에서 언급하였다. 실제로, 분수라는 단어는 '조각으로 쪼개는 활동'이라는 fractio라는 라틴 단어에서 유래된 말이다. 분수는 용량, 길이, 무게, 면적이나 같은 크기의 부분의 개수로 측정의 기본 단위를 나눌 수 있는 양을 나타내는 데 사용된다. 또한 피아제와 프로이덴탈은 분수지도에 가장 적절한 교구로서 퀴즈네어 색막대를 추천하였다.

① 분수 $\frac{a}{b}$의 뜻은 다음과 같이 해석할 수 있다.

- 단위 정하기(예를 들면, 한 컵, 1m, 패턴블럭의 육각형의 넓이, 피자 한판)
- 단위를 일정한 크기로 b개로 쪼개어짐을 이해하기
- a는 단위에 대한 부분의 개수임을 이해하기

이때 정수 b를 분수의 분모라 하며 명명자라는 뜻의 라틴어 denominare라는 말에서 유래되었다. 정수 a는 분자라 하며 '수'라는 뜻의 라틴어 numeros에서 유래되었다.

② 분수의 정의

분수는 b≠0이 아니고 $\frac{a}{b}$로 표현되는 정수 a와 b의 순서쌍이다. 정수 a는 분수의 분자이고 정수 b는 분수의 분모라고 한다. 이 정의는 분자와 분모가 음수의 범위까지 허용됨을 나타낸다. 예를 들어 $\frac{-3}{-8}$, $\frac{-4}{-12}$, $\frac{31}{-4}$, …, $\frac{0}{1}$과 같은 모두 분수이다. 임의의 정수 m을 분수 $\frac{m}{1}$으로 인식하고, 대개의 경우, 분모 1은 생략한다.

③ 분수의 모델

초등학교에서 활동적이고 시각적인 표현을 활용하여 분수개념을 설명하기 위해서는 색칠된 영역, 집합 모델, 분수 막대, 수직선 모델, 퀴즈네어 색막대를 활용한 표현 등이 있다.

- 색영역

  선택된 도형은 1을 나타내고 같은 크기의 부분영역으로 세분된다. 부분 영역의 몇 부분을 색칠하면서 분수를 이해한다. 색영역 모델은 넓이 모델이라고도 한다.

- 분수 타일

  분수의 기본 개념은 다양한 조작 자료를 통해 가장 잘 가르쳐진다. 이러한 것들은 교육지원 업체로부터 구입하거나 패턴을 인쇄하거나 분수카드모음(cardstock)을 잘라서 만들 수 있다. 상업적으로 만든 조작 자료는 주로 2, 3, 4, 6, 8, 12의 분모로 다양하게 세분할 수 있는 정사각형, 원, 직사각형, 몇 가지의 다른 도형을 단위원으로 한 색칠된 플라스틱이 있다. 보통 이 도형은 OHP 프로젝터에 투영하기 위하여 반투명 플라스틱을 사용할 수 있다. 아래 활동에서, 분수 타일 세트를 만들어서 사용하면 된다.

〈지도방법〉

예를 들면, B 타일을 1로 잡으면 D 타일이 분수 $\frac{1}{2}$을 나타내는데 이는 2개의 D 타일과 1개의 B 타일을 비교를 통해 증명할 수 있다. 같은 방법으로 1개의 A 타일은 2를 나타내고 $\frac{2}{3}$는 2개의 E 타일이나 1개의 C 타일로 나타낼 수 있다.

발문

1. A 타일이 1이라면 $\frac{1}{3}$, $\frac{3}{3}$, $\frac{4}{3}$, $\frac{2}{6}$, $\frac{5}{12}$를 나타내는 타일을 찾아라.
2. C 타일이 $\frac{1}{6}$이라면 나머지 타일은 분수로 얼마인가?
3. B 타일이 $\frac{3}{2}$이라면 $\frac{1}{2}$, $\frac{1}{1}$, $\frac{1}{4}$, $\frac{3}{1}$, $\frac{3}{4}$을 타일로 나타내어라.

- 집합모델

  분수의 단위는 유한집합인 U이다. U의 원소의 개수를 $n(U)$로 나타낸다. U의 부분집합 A를 분수로 표현하면 $\frac{n(A)}{n(U)}$이다. 예를 들면, 사과 10개의 집합에 3개의 벌레 먹은 사과가 포함되어 있다. 따라서 우리는 사과의 $\frac{3}{10}$이 벌레 먹었다고 말할 수 있다. 분수의 집합모델은 확률에서 특히 유용하다는 것을 알 수 있을 것이다. 10개의 사과에서 사과를 무작위로 꺼내면 벌레 먹은 사과의 확률은 $\frac{3}{10}$이다. 집합모델은 이산모델이라고도 불린다.

- 수직선 모델

  0과 1사이의 길이가 결정되면 수직선상에 모든 점과 정수가 대응된다. 0에서부터 1사이의 선분의 길이가 단위이며 또한 연속된 두 정수 점의 사이의 거리가 1이다. 그 수직선상에 각 단위를 2, 3, 4, … 등으로 등분하여 분수를 표현한다.

- 동치분수의 정의

  모든 분수$\frac{a}{b}$ $(b \neq 0)$에 대하여, $\frac{a}{b}=\frac{a\times n}{b\times n}$이다, 단 n은 0이 아닌 정수이다.

  거꾸로, 동치분수는 공약수로 분자와 분모 모두를 나눔으로서 얻을 수 있다. 예를 들어 $\frac{35}{21}$의 분자와 분모에 공약수인 7로 각각을 나누면, $\frac{5}{3}$가 된다. 만일 두 분수 $\frac{3}{12}$, $\frac{2}{8}$가 동치분임을 알기 위해서는, 동치분수의 정의에 의하여 $\frac{3}{12}=\frac{24}{96}$이고 $\frac{2}{8}=\frac{24}{96}$인 것을 확인하면 된다. 일반적으로, 두 분수 $\frac{a}{b}$ $(b \neq 0)$와 $\frac{c}{d}(d \neq 0)$를 통분하여 $\frac{ad}{bd}(b,\ d \neq 0)$와 $\frac{bc}{bd}(b,\ d \neq 0)$ 분자인 ad와 bc가 같다면 동치분수이다.

- 동치 분수의 교차곱셈성질

  분수 $\frac{a}{b}$와 $\frac{c}{d}$는 $ad=bc$이면 동치이다. 거꾸로 $ad=bc$이면 $\frac{a}{b}=\frac{c}{d}$이다.

④ 기약 분수

분수의 분자와 분모를 가장 간단하게 표현하는 방법이다.

- 기약분수의 정의

  a와 b의 최대공약수가 1일 때 $\frac{a}{b}$를 기약분수라고 한다.

  분수 $\frac{a}{b}$의 기약분수를 여러 가지 방법으로 구할 수 있다.

(방법 1) 공약수로 연속하여 나누기

$\frac{560}{960}$을 기약분수로 고치려면 분자와 분모를 공약수로 연속하여 나눈다.

(방법 2) 최대공약수에 의해서 a와 b를 나누기

560과 960의 최대공약수 80을 구하여, 분모와 분자를 80으로 나눈다.

라. 소수의 역사발생

고대 그리스의 목수는 직각을 만들기 위하여 삼각형의 세 변의 길이가 각각 3엘(ell, 어른의 팔꿈치에서 손끝까지의 거리, 약 45cm), 4엘, 5엘이 되도록 하여 직각삼각형을 만들었다. (피타고라스학파를 중심으로 한) 수학자들은 더 정확하게 만들 수 있는 직각이등변삼각형에서도 이와 유사한 변들끼리의 정수비를 알아내고자 하였다. 이등변을 5등분하고 그 단위로 빗변의 길이를 측정하였더니 7배보다 조금 더 컸고, 이등변을 12등분하였더니 빗변은 그 단위의 거의 17배정도가 되고 훨씬 정확해졌으나 여전히 완전하지 못하였다. 정사각형의 한 변과 빗변의 공통된 측도를 찾으려는 이러한 모든 노력은 성과 없이 끝나고 마침내 "공통척도는 없다(현대적인 표현으로는 무리수)"는 인식을 하게 되었다. 이러한 통약불가능한 수가 현재의 무리수이며 무리수의 성질에 관한 연구의 결과로 인하여 미분적분학이 도래하게 되었고 무리수를 표현하기 위해서 소수가 도입되었다.

1) 유리수가 아닌 수의 필요성

유리수 보다 더 큰 수의 체계가 없다면 '한 변의 길이가 1인 정사각형의 대각선의 길이는 얼마인가?'와 같은 간단한 질문에 답할 수 없을 것이다. 잘 알려진 피타고라스 정리에 의해서 대각선의 길이 d는 $d^2=2$인 수이다. 그런데 d는 유리수가 아니다. 따라서 수의 체계를 한 단계 더 확장시켜야 할 필요가 생기게 되었다.

2) 현대에서의 소수의 역사발생

소수의 발생은 고대 중국에서 측정의 산물이라고 전해온다.

① '소수'는 분수가 활용된 지 약 3000년이 지나서야 사용되기 시작했다. 소수는 1584년 네덜란드 수학자 스테빈(Stevin, 1548~1620)에 의해 처음으로 사용되었다. 그가 소수를 발표할 당시에는 자연수보다 작은 단위를 10진법으로 만들기 위해서 10진 분수를 사용하여 4.321을 $4\times(\frac{1}{10})^0+3\times(\frac{1}{10})^1+2\times(\frac{1}{10})^2+1\times(\frac{1}{10})^3$로 표현고, $\frac{1}{10}$의 지수를 원수자로 치환하여 4⓪3①2②1③과 같이 현재와는 다른 모습으로 표현하였다. 자리를 표현하기 위해 점을 이용한 사람은 스위스의 뷔르기(Burgi, 1522~1632)가 처음이었고, 지금과 같은 소수점 방식을 이용한 사람은 존 네이피어(John Napier, 1550~1612)였다. 미터법이 완성되고 프랑스 문화가 독일에 전달되어 독일에서도 1809년 법령이 공포되면서 소수가 공식적으로 채용되게 된다.(Boyer, 1968).

② 따라서 소수는 십진분수이고, 모든 실수를 표현하는 가장 실제적인 기호이다. 또한 분수도 소수로 표현할 수 있기 때문에, 소수는 이중표기(1=0.999⋯=1.000⋯)를 동일시한다면 실수를 표현하는 가장 실제적인 기호이다.

③ 수모형으로 소수 표현하기

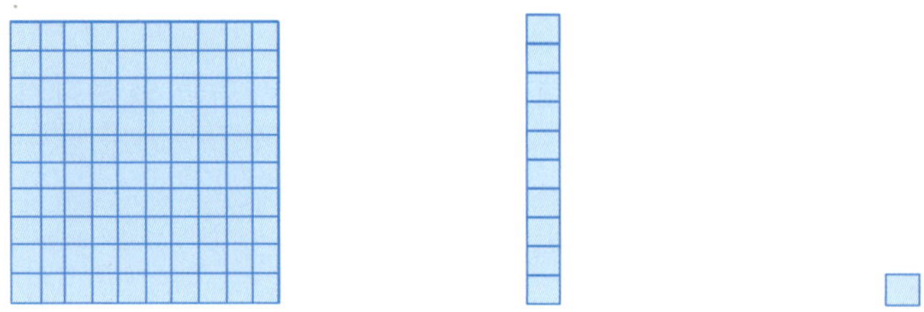

1	$\frac{1}{10}$	$\frac{1}{100}$
백모형	십모형	일모형

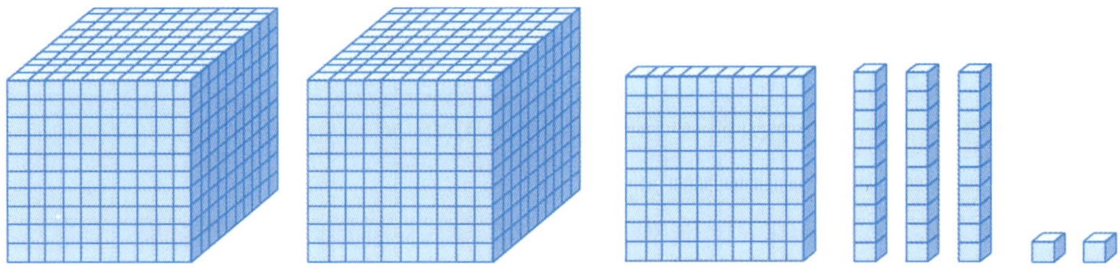

$$2 \cdot 1 + 1 \cdot \frac{1}{10} + 3 \cdot \frac{1}{100} + 2 \cdot \frac{1}{1000} = 2.132$$

〈그림 〉 21.132의 표현

〈그림 〉과 같이 하나의 백 모형을 1이라고 약속하면, 십 모형은 $\frac{1}{10}$을 나타내고, 일 모형은 $\frac{1}{100}$을 나타낸다. 따라서 3개의 백 모형과 2개의 십 모형, 5개의 일 모형을 이용하여 $3 \cdot 1 + 2 \cdot \frac{1}{10} + 5 \cdot \frac{1}{100} = 3 + \frac{2}{10} + \frac{5}{100} = \frac{325}{100}$으로 표현되고 간략한 표현으로 3.25를 사용하여 쓸 수 있다. 소수점은 정수부분으로부터 소수부분을 분리하는데 사용된다.

참 고

교구 제작 방법

진단과 처방 수학에서 사용되는 수모형, 분수 막대, 소수판 등은 이 책의 맨 뒤에 있는 '복사용 교구'란에서 복사해서 사용할 수 있다.

수모형를 만들기 위해서는 십진모눈종이를 충분히 복사해서 이를 일 모형(1), 십 모형(10),

백 모형(100)로 잘라서 사용하면 된다('복사용 교구' 중 '은행놀이를 위한 서랍' 참고). 종이가 너무 얇아서 사용이 불편하면 복사한 종이에 두꺼운 마분지를 붙여서 풀이 마른 후 위와 같은 요령으로 자르면 된다. 큰 천 모형 (1000)는 10×10×10의 입방체 이므로 가로, 세로, 높이가 각각 10이 되도록 십진종이를 사용해서 입방체를 만들면 된다.

분수 막대 역시 '복사용 교구'란에 있는 것을 복사해서 사용하면 된다. 각각의 분수 막대를 충분히 복사해서 나올 수 있는 경우를 모두 만들면 된다. 예를 들어, 3등분한 분수 막대를 가지고 네 가지의 분수를 만들 수 있는데 이는 다음과 같다.

전혀 칠하지 않은 막대, 한 부분만 칠한 막대,
두 부분만 칠한 막대, 모두 다 칠한 막대

소수판도 '복사용 교구'에 나와 있다. 10등분한 소수판과 100등분한 소수판을 충분히 복사한 후에 빗금을 쳐서 0.1 -0.9, 그리고 0.01 -0.99에 해당하는 소수를 만들 수 있다. 물론 0.0, 0.00과 1.0, 1.00도 빗금을 치지 않거나 모두 빗금을 쳐서 만들 수 있다.

마. 분수와 소수의 비교

분수와 소수는 기호체계와 쓰이는 용도가 다른 경우가 많기 때문에, 본 절에서는 그들의 공통점과 차이점, 장점과 단점을 설명하기로 한다.

〈표 〉 세 수 체계의 표기체계 비교

0과 자연수	분수	소수	분수 관점에서 본 소수
1. 수의 형태 abc	1. 수의 형태 $\frac{a}{b}$	1. 수의 형태 ab.c	1. 수의 형태 ab.c
2. 자릿값은 10을 밑으로 단위 위치는 오른쪽 마지막자리	2. 분모는 단위의 등분 갯수이고 단위는 암묵적이다	2. 자릿값은 10을 밑으로 단위 위치는 소수점 바로 왼쪽	2. 소수점 오른쪽자리수는 단위가 등분된 개수에 대응된 값 0.1 등
3. 각수의 값은 자리수와 자릿값의 곱	3. 분자는 등분된 부분의 갯수	3. 각수의 값은 자리수와 자릿값의 곱	3. 소수점 오른쪽 수는 등분된 소단위의 개수
4. 수의 값은 각수의 값의 합		4. 수의 값은 각수의 값의 합	4. 수의 값은 각수의 값의 합

표에서 보는 바와 같이 소수를 분수 관점에서 보면 소수점 오른쪽 자리의 개수는 분수의 분모를 지정한다. 0.32는 $\frac{3}{10}+\frac{2}{100}$라기 보다는 $\frac{32}{100}$으로 보게 된다. 자연수와 소수에 대한 규칙 사이의 많은 유사점이 존재하는데 이것은 두 체계의 표기상의 유사점 때문이다. 표면적으로 0과 자연수의 덧셈, 뺄셈에 관한 절차적 규칙은 맨 오른쪽 끝자리수를 맞추는 것이고, 소수의 덧셈, 뺄셈의 절차적 규칙은 소수점을 맞추는 것이다. 내면적 수준에서 보면 덧셈, 뺄셈 규칙은 같은 자릿값의 수를 합하거나 없애는데 덧셈, 뺄셈에 관한한 이 수준은 0과 자연수와 소수에 동일하다. 또한 같은 단위 항끼리 합하거나 없애는 것은 세 체계 모두 유사하다.

〈표 〉 세 체계의 기호 조작 비교

0과 자연수	분수	소수	분수 관점에서 본 소수
1. 같은 자릿값의 수끼리 덧셈, 뺄셈하고 이때 필요하면 받아 올림과 받아 내림을 한다.	1. 통분하여 덧셈과 뺄셈을 한다. 즉 동치인 분수를 만들어 수를 묶는다.	1. 공통분모를 찾아서 수의 덧셈, 뺄셈을 한다. 동치분수로 대치하여 분자를 묶고 분모는 밝히지 않는다.	1. 공통분모를 찾아서 수의 덧셈, 뺄셈을 한다. 동치분수로 대치하여 분자를 묶고 분모는 밝히지 않는다.
2. 가장 큰 자릿값의 수부터 차례로 비교하면서 가장 큰 수에서 가장 작은수까지 순서를 준다.	2. 동치 분수를 찾아 통분한 뒤 분자를 0과 자연수처럼 비교하여 가장 큰 수에서 가장 작은 수까지 순서를 준다.	2. 가장 큰 자릿값의 수부터 차례로 비교하면서 가장 큰 수에서 가장 작은 수까지 순서를 준다.	2. 공통분모를 찾고 수를 비교하여 가장 큰 수부터 가장 작은 수까지 순서를 정한다. 분모는 밝히지 않는다.

소수를 분수로 볼 때는 덧셈, 뺄셈을 할 때 공통분모를 갖게 해야 하는데 그 결과는 소수의 소수점아래 마지막 수의 오른쪽에 0을 끼워 넣든지, 없애든 지하여 가수나 감수 또는 피감수가 같은 분모를 갖도록 한다. 예를 들면 4.3+2.546을 $4\frac{3}{10}+2\frac{546}{1000}$으로 보면 공통분모가 1000이 되고, $4\frac{3}{10}$은 $4\frac{300}{1000}$으로 만든 결과가 되고 2.546은 분모가 1000이므로 그대로 남아있게 된다. 즉 소수를 분수로 보면 기호 조작 규칙의 원리는 실제적으로 분수나 소수에서 똑같다. 표에서 0과 자연수가 표시하는 양은 이산적이지만 분수나 소수는 이산량과 연속량(근사값으로) 모두를 표현한다.

〈표 〉 세 수 체계의 비교

0과 자연수	분수	소수
1. 이산량; 단위의 가산집합	1. 이산량과 연속량;임의의 정확도까지 측정 가능	1. 이산량과 연속량;임의의 정확도까지 측정 가능

소수 체계는 분수와 유사한 양을 표현하기 위해서 0과 자연수와 유사한 표기체계를 사용한다. 결국 소수의 이해를 위해서는 실제로는 분수량을 나타내면서 0과 자연수와 같이 보이는 기호 사이의 연결이 반드시 이루어져야 한다. 표 에서 본 바와 같이 분수와 소수의 기호 조작과정은 분명한 관계가 있다. 그런데 전통적인 교실 수업에서는 오히려 분수와 소수의 차이점을 부각시키려 한다는 문제점이 있다.

소수의 개념 이해를 위한 지도 방법으로 소수를 수모형으로 도입하고, 기호 표현과 수모형 사이의 연결고리를 창조하도록 한다. 그래서 아동이 수모형으로 0.1, 0.01을 표현한 소수 기호를 적게 한 다음 소수의 덧셈, 뺄셈을 하도록 한다. 기호의 의미의 이해와 소수의 덧셈, 뺄셈에 초점을 두고 수모형을 사용하여 아동이 구체적인 이산물리량의 표현과 소수 표기간의 연결을 하도록 한다. 그리고 소수의 덧셈과 뺄셈의 절차적 기능의 개발에 초점을 두고, 수모형 조작 활동과 소수의 덧셈, 뺄셈 활동 사이의 연결이 이루어지도록 한다. 계산 문제를 기호로 풀고 수모형으로 검증하도록 한다. 그 결과 아동들은 구체물과 기호조작간의 연결을 잘 시키게 된다.

바. 이항연산의 지도

- 이항연산이란 항이 둘 있는 계산 방법
- $+$, $-$, $\times$, $\div$: 가장 기본적인 이항연산 → 사칙연산
- 사칙연산의 상호 관계

역연산

$a+b=c$ ⟷ $c-b=a$

동수누가 ↓　　　　↓ 동수누감

$2\times3=2+2+2=6$ ⟷ $6\div2 \Rightarrow (6-2-2-2) \Rightarrow 3$

역연산

1) 덧셈과 뺄셈은 같은 단위끼리만 가능

2) 곱셈

곱셈의 본질은 직사각형 모델이다.

- 고대 이집트인들은 3×2을 가로가 3이고 세로가 2인 직사각형의 넓이와 같은 것으로 생각하였다. 그런 이유로 고대 이집트인들은 8×7을 다음과 같이 계산하였다. 10-8=2, 10-7=3 이므로 8×7의 일의 자리 수는 3×2=6이고 십의 자리 수는 10-3-2=5이므로 8×7=56으로 계산하였다.

① 아이디어

아래에 있는 한 변이 10인 정사각형에 그들의 계산방법을 그리고 설명하여 보시오.

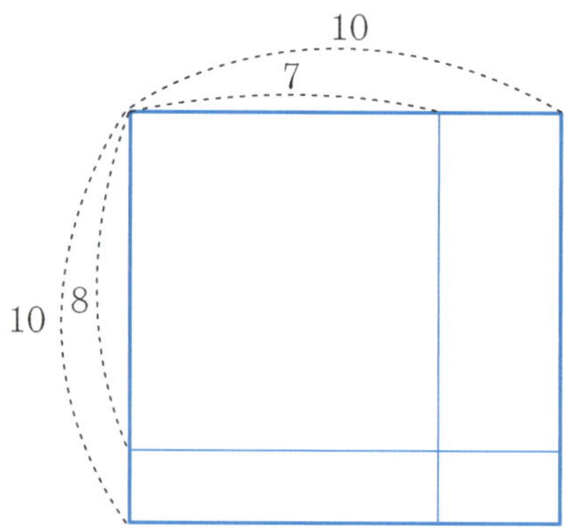

② 4천 년 전의 인간의 지능과 현재의 인간의 지능이 거의 대등소이하다. 따라서 수학 개념이 발생할 당시의 아이디어를 현재에도 재발견하도록 해야 한다.

③ 2,300년 전의 아이디어

수= 막대의 길이

두 수의 곱 = 직사각형의 넓이

같은 수의 곱(제곱) = 정 사각형의 넓이

- 이 아이디어는 0과 자연수만을 배우는 전조작기와 구체적 조작기의 아동에게 적합하다.
- 예 : 13 × 12

  (도형의 면적은 곱셈을 배운 직후 도입한다. 간접 측정을 위해...)

  – 수모형을 이용하여 조작활동을 한다.(대체 – 모눈종이)

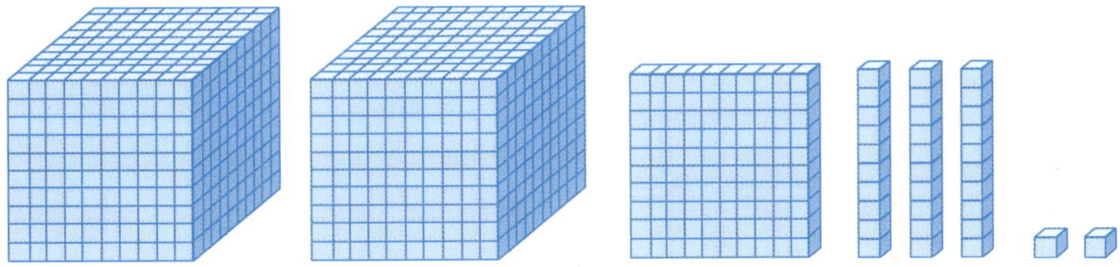

천모형 백모형 십모형 일모형

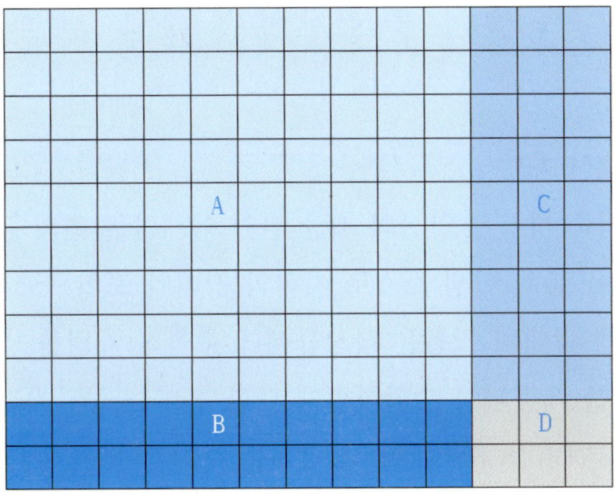

13×12
$6(2 \times 3) - D$
$20(2 \times 10) - C$
$30(10 \times 3) - B$
$100(10 \times 10) - A$
156

이것은 $13 \times 12 = (10 + 3) \times (10 + 2)$

$$= (2 \times 3) + (2 \times 10) + (10 \times 3) + (10 \times 10)$$

이 되는 배분법칙을 그림으로 설명한 것이다.

이러한 내용을 관계적으로 이해한 후 연산 알고리즘을 자동화되게 한다.

* 자연수×소수, 소수×소수 : 배의 개념과 비율의 개념로 지도한다.
  (볼록렌즈, 오목렌즈 이용)

3) 나눗셈

자연수의 나눗셈과 분수 지도에는 퀴즈네어 색막대가 유용하다.

가) 자연수의 나눗셈

퀴즈네어 색 막대를 활용하여 3학년 아동에게 포함제 맥락으로 자연수의 나눗셈을 지도할 수 있다.

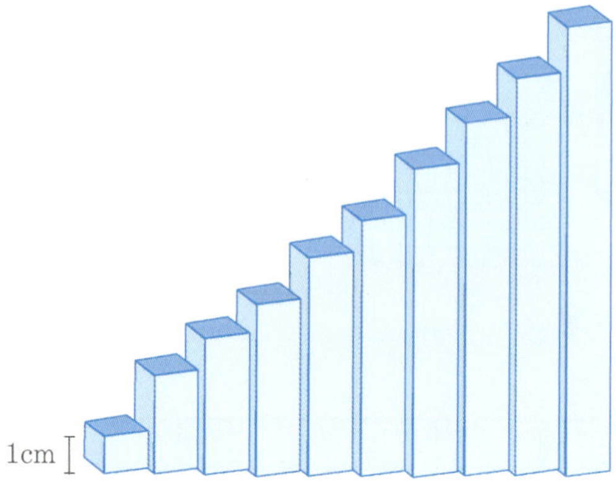

나) 퀴즈네어 색 막대를 활용한 지도

분수의 연산지도의 알고리즘 형성은 연산의 계산 원리 이해와 일련의 규칙성과 절차의 파악이 구체물 조작활동을 통해 학생 스스로 지식의 정리와 조합으로 연결될 때 가능하다고 볼 때, 퀴즈네어 색 막대의 활용은 학생들에게 수학적 개념을 발달시키고 수학적인 사고와 추론의 기회를 제공하여 수학학습에 대한 흥미와 공간지각능력을 향상시키는데 많은 도움이 된다. 이처럼 퀴즈네어 색 막대는 수학과 모든 영역에 적용되나, 특히 다양한 조작 교구 중 퀴즈네어 색 막대로 활용했을 때 효과가 있는 영역별 학습 주제를 정리하였다.

〈표 〉 퀴즈네어 색 막대 활용이 가능한 학습 내용

학습 내용	영역	해당 학년
자연수의 덧셈과 뺄셈, 수 개념지도(수 가르기와 모으기)	수와 연산	1~2학년
긴 것과 짧은 것 비교하기, 막대를 이용해 주어진 공간 채우기	측정	1~2학년
곱셈의 기초(묶어세기), 곱셈구구	수와 연산	2학년
길이재기 및 어림하기, 쌓기나무	측정, 도형	2학년
자연수의 곱셈과 나눗셈, 분수로 나타내기	수와 연산	3학년
규칙 찾기	규칙성과 함수	1~3학년
동치분수 찾기, 동분모 분수의 덧셈과 뺄셈	수와 연산	4학년
분수의 크기 비교, 분수의 곱셈과 나눗셈, 약분과 통분 이분모 분수의 덧셈과 뺄셈, 분수의 곱셈	수와 연산	5학년
선대칭 도형 익히기	도형	5학년
직사각형, 정사각형 넓이 구하기	측정	5학년
평균의 이해와 구하기, 확률의 이해	확률과 통계	5~6학년
직육면체의 부피 구하기, 비와 비율	측정, 규칙성과 함수	6학년

1) 자연수의 덧셈과 뺄셈

(가) 2 + 4 = 6의 덧셈인 경우

녹색(6)	
빨강(2)	보라(4)

(나) 4 + 2 = 2 + 4(교환 법칙인 경우)

보라(4)	빨강(2)
빨강(2)	보라(4)

(다) 6 - 2 = 4인 뺄셈인 경우

녹색(6)	
보라(4)	
	빨강(2)

→ 녹색(6) - 빨강(2) = 보라(4)

(라) (5 + 4) + 3 = 5 + (4 + 3)결합 법칙인 경우

노랑(5)	보라(4)	
파랑(9)		연두(3)

	보라(4)	연두(3)
노랑(5)	검정(7)	

(마) 자연수의 곱셈과 나눗셈(6 × 5 = 30의 곱셈인 경우)

×	녹색(6)					
노랑(5)	노랑	노랑	노랑	노랑	노랑	노랑

×	녹색(6)
노랑(5)	녹색
	녹색
	녹색
	녹색
	녹색

×	녹색(6)					
노랑(5)	흰	흰	흰	흰	흰	흰
	흰	흰	흰	흰	흰	흰
	흰	흰	흰	흰	흰	흰
	흰	흰	흰	흰	흰	흰
	흰	흰	흰	흰	흰	흰

〈그림 〉 자연수의 사칙연산 구하기

2) 약수 구하기

- 활용시기 및 학년 : 5학년 1학기
- 목표 : 퀴즈네어 막대를 이용하여 주어진 수의 약수를 구한다.
- 활용의 예 : 12의 약수 구하기

- 12가 되도록 막대를 놓고, 같은 색 막대로 12를 채울 수 있는 막대들을 찾는다.

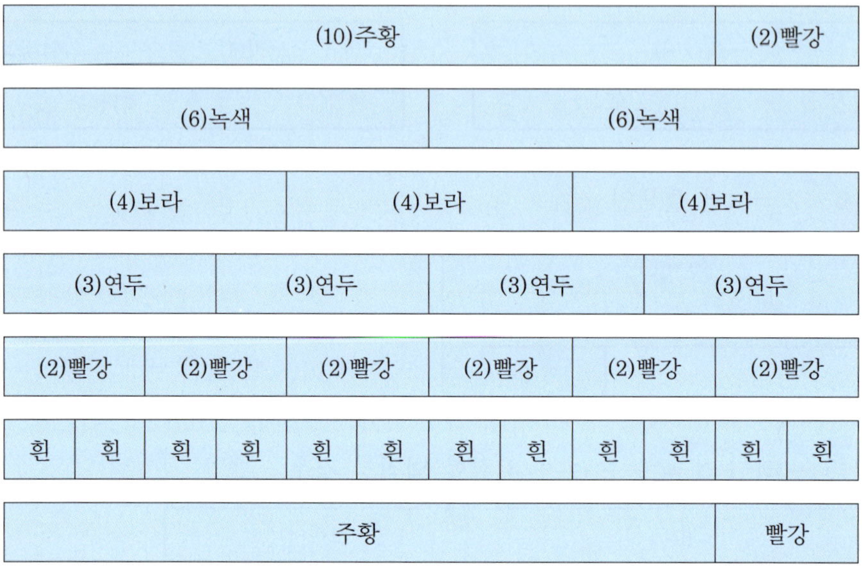

〈그림 〉 퀴즈네어 막대로 약수 구하기

3) 최소공배수 구하기

- 활용시기 및 학년 : 5학년 1학기
- 목표 : 퀴즈네어 막대를 이용하여 두 수의 최소공배수를 구할 수 있다.
- 활용의 예 : 2와 5의 최소공배수 구하기
  - 흰 막대를 1로 하였을 때, 2에 해당하는 빨간 막대와 5에 해당하는 노란 막대를 각각 나란히 늘어놓아 맞추어 모았을 때 첫 번째로 길이가 같아질 때의 흰 막대의 수를 센다.

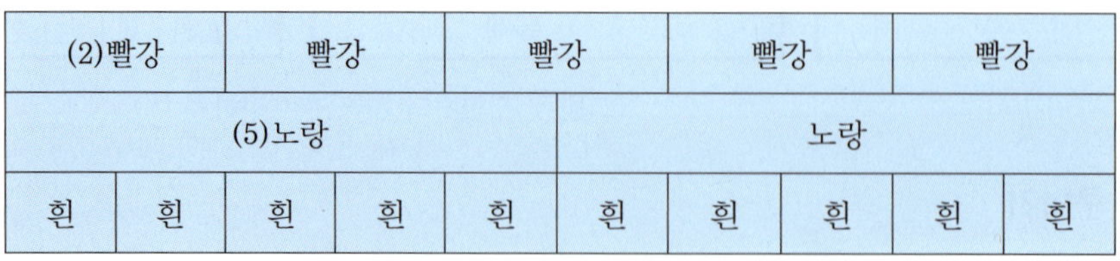

〈그림 〉 퀴즈네어 막대로 최소공배수 구하기

4) 분수 나타내기

- 활용시기 및 학년 : 2~3 학년
- 목표 : 퀴즈네어 막대로 분수를 나타낼 수 있다.
- 활용의 예 : $\frac{3}{7}$ 나타내기
  - 분수를 표현하기 위해서는 먼저 단위가 되는 막대를 정해야 한다. 즉, 빨간색 막대가 1이면 흰색 막대는 $\frac{1}{2}$이 되며, 검정색 막대가 1이면 보라색 막대는 $\frac{4}{7}$가 된다. 그러므로 $\frac{3}{7}$을 나타내기 위해서는 검정색 막대를 단위로 정하고 그 때 연두색 막대가 $\frac{3}{7}$이 된다.

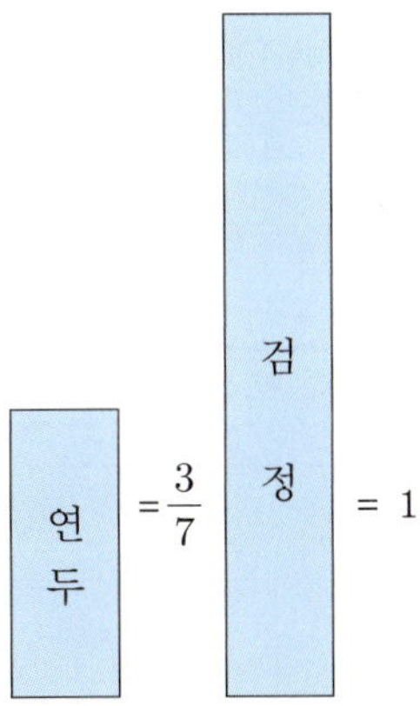

〈그림 〉 퀴즈네어 막대로 $\frac{3}{7}$ 나타내기

5) 동치 분수 찾기

- 활용시기 및 학년 : 4~5학년
- 목표 : 퀴즈네어 막대를 이용하여 동치 분수를 찾을 수 있다.
- 활용의 예 : 주황색과 빨간 색을 합친 것을 단위로 할 경우 $\frac{2}{3}$와 동치분수를 찾으면 다음 그림과 같이 구할 수 있다.

<table>
<tr><td colspan="5">주황</td><td>빨강</td><td>$= 1$</td></tr>
</table>

<table>
<tr><td colspan="8">갈색</td><td>$\frac{2}{3}$</td></tr>
<tr><td colspan="2">빨강</td><td colspan="2">빨강</td><td colspan="2">빨강</td><td colspan="2">빨강</td><td>$\frac{4}{6}$</td></tr>
<tr><td>흰색</td><td>흰색</td><td>흰색</td><td>흰색</td><td>흰색</td><td>흰색</td><td>흰색</td><td>흰색</td><td>$\frac{8}{12}$</td></tr>
</table>

〈그림 〉 퀴즈네어 막대로 동치 분수 구하기

6) 이분모 분수의 덧셈, 뺄셈

- $\frac{1}{3}+\frac{1}{4}$의 경우

다시 말하자면 (보라=흰색 4개) + (연두=흰색 3개) = 7개의 흰색이므로

$\frac{1}{3}+\frac{1}{4}=\frac{4}{12}+\frac{3}{12}=\frac{7}{12}$이다.

<table>
<tr><td colspan="10">주황(10)</td><td colspan="2">빨강(2)</td></tr>
<tr><td colspan="3">연두(3)</td><td colspan="3">연두</td><td colspan="3">연두</td><td colspan="3">연두</td></tr>
<tr><td colspan="4">보라(4)</td><td colspan="4">보라</td><td colspan="4">보라</td></tr>
<tr><td>흰(1)</td><td>흰</td><td>흰</td><td>흰</td><td>흰</td><td>흰</td><td>흰</td><td>흰</td><td>흰</td><td>흰</td><td>흰</td><td>흰</td></tr>
</table>

연두 $\frac{1}{4}=\frac{3}{12}$

보라 $\frac{1}{3}=\frac{4}{12}$

$\frac{1}{3}+\frac{1}{4}=\frac{4}{12}+\frac{3}{12}=\frac{7}{12}$

〈그림 〉 분수의 덧셈

- $\frac{1}{3}-\frac{1}{4}$의 경우

(보라= 흰색 4개) - (연두= 흰색 3개)= 1개의 흰색이므로 $\frac{1}{3}-\frac{1}{4}=\frac{4}{12}-\frac{3}{12}=\frac{1}{12}$ 임을 퀴즈네어 조작교구의 활동을 통하여 이분모 분수의 뺄셈에 대한 계산 원리를 발견할 수 있다. 분수의 뺄셈은 덧셈의 역연산으로 지도할 수 있다.

7) 포함제 맥락에서의 분수의 나눗셈

피제수가 제수보다 큰 분수의 나눗셈은 위에서와 같이 포함제로 지도될 수 있다. 피제수가 제수보다 큰 분수의 나눗셈의 의미를 이해하기 위해서는 우선 '피제수가 1인 나눗셈', 즉 1÷(자연수 또는 분수)의 의미를 이해해야한다.

① 활동 I

- $1\div\frac{1}{2}$의 곱셈 표현

  먼저 기준 막대를 정하고 기준막대의 $\frac{1}{2}$인 막대를 찾는다.

  예: 기준막대는 붉은막대, $\frac{1}{2}$인 막대는 흰 막대

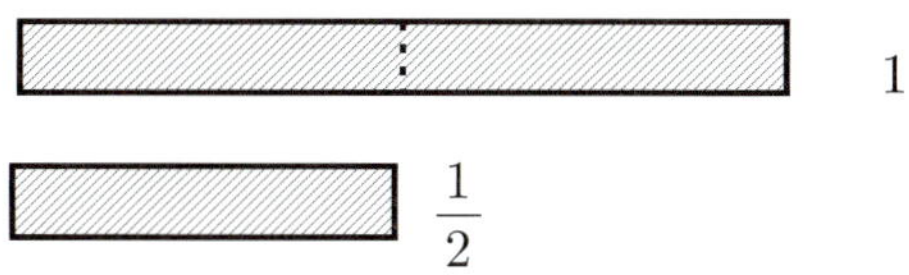

〈그림 〉 표현-1

$1\div\frac{1}{2}$는 1속에 $\frac{1}{2}$이 2번 들어있다(1은 $\frac{1}{2}$의 2배이다). 따라서 $1\div\frac{1}{2}=2$이다.

그런데 $1\times2=2$ 임을 안다. 다시 말하면 $1\div\frac{1}{2}=1\times2$이다.

여기에서 $\frac{1}{2}\times2=1$인 관계가 있음을 확인한다.

- $1\div\frac{1}{3}$의 곱셈 표현

  먼저 기준 막대를 정하고 기준막대의 $\frac{1}{3}$인 막대를 찾는다.

  예: 기준막대는 초록막대, $\frac{1}{3}$인 막대는 빨강막대

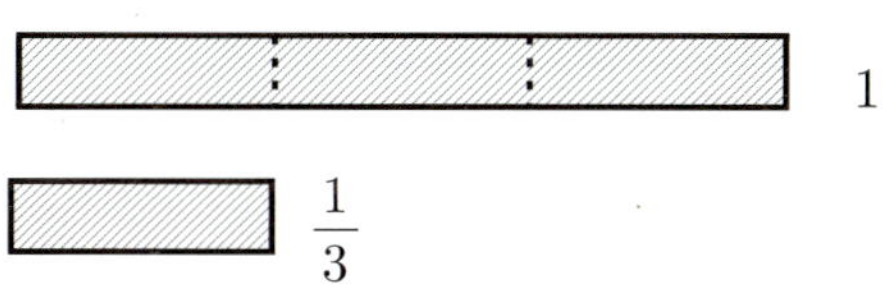

〈그림 〉 표현-2

$1 \div \frac{1}{3}$ 는 1속에 $\frac{1}{3}$ 이 3번 들어있다(1은 $\frac{1}{3}$ 의 3배이다). 따라서 $1 \div \frac{1}{3} = 3$이다.

그런데 $1 \times 3 = 3$임을 안다. 다시 말하면 $1 \div \frac{1}{3} = 1 \times 3$이다.

여기에서 $\frac{1}{3} \times 3 = 1$인 관계가 있음을 확인한다.

- $1 \div \frac{1}{4}$ 의 곱셈 표현

먼저 기준 막대를 정하고 기준막대의 $\frac{1}{4}$ 인 막대를 찾는다.

예: 기준막대는 갈색막대, $\frac{1}{4}$ 인 막대는 빨강막대

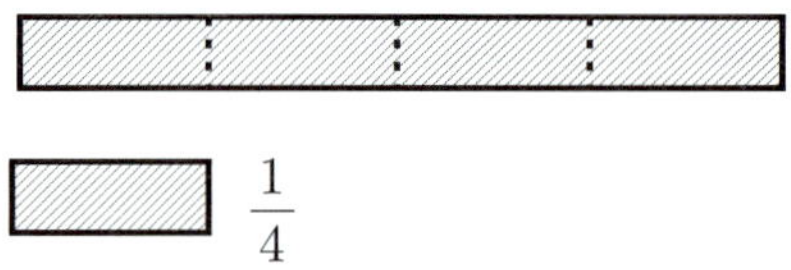

〈그림 〉 표현-3

$1 \div \frac{1}{4}$ 는 1속에 $\frac{1}{4}$ 이 4번 들어있다(1은 $\frac{1}{4}$ 의 4배이다). 따라서 $1 \div \frac{1}{4} = 4$이다.

그런데 $1 \times 4 = 4$ 임을 안다. 다시 말하면 $1 \div \frac{1}{4} = 1 \times 4$ 이다.

여기에서 $\frac{1}{4} \times 4 = 1$ 인 관계가 있음을 확인한다.

- $1 \div \frac{2}{3}$ 의 곱셈 표현

먼저 기준 막대를 정하고 기준막대의 $\frac{2}{3}$ 인 막대를 찾는다.

예: 기준막대는 연두색막대, $\frac{2}{3}$ 인 막대는 빨강막대

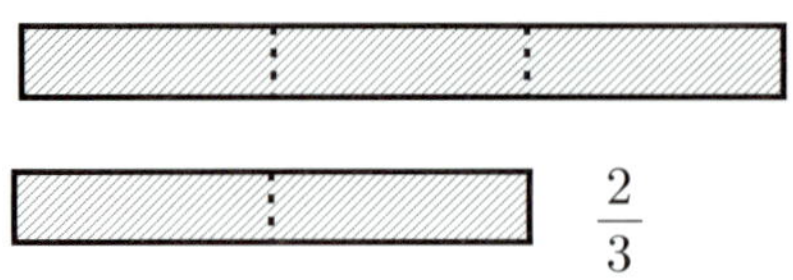

〈그림 〉 표현-4

$1 \div \frac{2}{3}$ 는 1속에 $\frac{2}{3}$ 가 1번 반이 들어있다(1은 $\frac{2}{3}$ 의 1과 $\frac{1}{2}$ 배이다).

따라서 $1 \div \frac{2}{3} = 1 + \frac{1}{2} = \frac{3}{2}$ 이다.

그런데 $1 \times \frac{3}{2} = \frac{3}{2}$ 임을 안다. 다시 말하면 $1 \div \frac{2}{3} = 1 \times \frac{3}{2}$ 이다.

여기에서 $\frac{2}{3} \times \frac{3}{2} = 1$ 인 관계가 있음을 확인한다.

- 유추에 의한 활동 I의 논리적 의미

0이 아닌 두 자연수 a, ba, b에 대하여, $1 \div \frac{a}{b}$ 는 1 안에 $\frac{a}{b}$ 가 포함되는 횟수이다

(1은 $\frac{a}{b}$ 의 배이다). 그러므로 $\frac{a}{b} \times$(횟수)는 1이다. 그런데 횟수$= \frac{b}{a}$ 가 됨을 알았다.

따라서 $1 \div \frac{a}{b} = 1 \times \frac{b}{a}$ 이다. 이 때 $\frac{a}{b} \times \frac{b}{a} = 1$ 이다.

즉, 1÷(0이 아닌 분수)=1×(분수의 역수)이다.

② 활동 II

- $2 \div \frac{2}{3}$ 의 곱셈 표현

기준막대는 연두색막대, $\frac{2}{3}$ 인 막대는 빨강막대.

연두색막대 두개를 잇는다. 그 안에 빨강 막대가 포함되는 횟수를 센다.

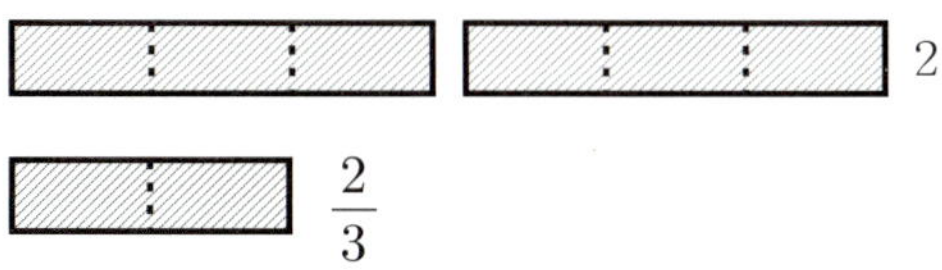

〈그림 〉 표현-5

$2 \div \frac{2}{3}$ 는 2속에 $\frac{2}{3}$ 가 3번 들어있다. 따라서 $2 \div \frac{2}{3} = 3$ 이다.

그런데 $2 \times \frac{3}{2} = 3$ 임을 안다. 다시 말하면 $2 \div \frac{2}{3} = 2 \times \frac{2}{3}$ 이다.

그 이유는 다음과 같다.

$2 \div \frac{2}{3} = (2 \times 1) \div \frac{2}{3} = 2 \times (1 \div \frac{2}{3}) = 2 \times \frac{3}{2} = 3.$

여기에서 $\frac{2}{3}\times\frac{3}{2}$ =1인 관계가 있음을 확인한다. $2\div\frac{2}{3}=2\times\frac{3}{2}$ 이다.

- $3\div\frac{3}{4}$ 의 곱셈 표현

$3\div\frac{3}{4}$ 는 3속에 $\frac{3}{4}$ 이 4번 들어있다. 따라서 $3\div\frac{3}{4}=4$이다.

그런데 $3\times\frac{3}{4}=4$임을 안다.

그 이유는 다음과 같다.

$3\div\frac{3}{4}=(3\times1)\div\frac{3}{4}=3\times(1\div\frac{3}{4})=3\times\frac{3}{4}=3.$

다시 말하면 $3\div\frac{3}{4}=3\times\frac{4}{3}$ 이다.

여기에서 $\frac{3}{4}\times\frac{4}{3}$ =1인 관계가 있음을 확인한다.

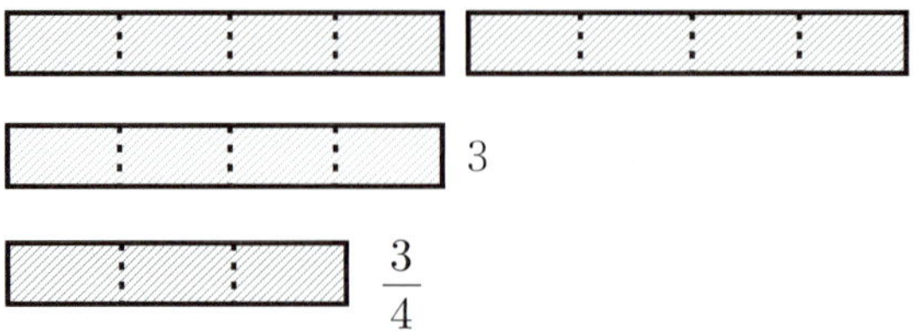

〈그림〉 표현-6

- 유추에 의한 활동 II의 논리적 의미

(1) 활동 I과 마찬가지로

(자연수)÷(0이 아닌 분수)=(자연수) ×(분수의 역수)

또는

(2) (자연수)÷(0이 아닌 분수)=(자연수) ×(1안에 분수가 포함되는 횟수)로 이해한다.

이러한 사실에서 다음과 같이 유추할 수 있다.

$\frac{2}{3}\div\frac{3}{4}=(\frac{2}{3}\times1)\div\frac{3}{4}=\frac{2}{3}\times(1\div\frac{3}{4})=\frac{2}{3}\times\frac{4}{3}=\frac{8}{9}.$

일반적으로

(3) (분수$_1$)÷(0이 아닌 분수$_2$)=(분수$_1$) ×(1안에 분수$_2$가 포함되는 횟수)로 이해하면 결과적으로 (분수$_1$)÷(0이 아닌 분수$_2$)= (분수$_1$)×(분수$_2$의 역수)로 된다.

8) 고대 이집트인들의 자연수와 분수의 사칙연산

고대 이집트의 파라오시대에는 자연수와 분수의 사칙연산을 아래와 같이 실행하였다.

① 자연수의 곱셈

- 8×7의 계산 방법

  8+8=16=8×2, 16+16=32=8×4, 32+32=64=8×8, 7=1+2+4이므로 8×7=8×(1+2+4)이다. 그런데 8×(1+2+4)=8×1+8×2+8×4=8+16+32=56.

  이러한 관념으로 그들은 아래와 같이 계산하였다.

\ 1	8
\ 2	16
\ 4	32
7	56

- 13×7의 계산 방법

\ 1	13
\ 2	26
\ 4	52
7	91

② 자연수의 나눗셈

- 8+16+32+128=184인 사실을 이용하여 다음과 같이 184÷8의 계산을 하였다.

1	8/
2	16/
4	32/
8	64/
16	128/
23	184

따라서 184÷8=1+2+4+16=23

③ $(\frac{1}{2}+\frac{1}{14})\times(1+\frac{1}{2}+\frac{1}{4})=$?

$\backslash\ 1$	$\backslash\ \frac{1}{2}$	$\frac{1}{14}$
$\backslash\ \frac{1}{2}$	$\backslash\ \frac{1}{4}$	$\frac{1}{28}$
$\backslash\ \frac{1}{4}$	$\backslash\ \frac{1}{8}$	$\frac{1}{56}$
$1+\frac{1}{2}+\frac{1}{4}$,	$\frac{1}{2}+\frac{1}{4}+\frac{1}{8}+\frac{1}{14}+\frac{1}{28}+\frac{1}{56}$	$=1$

또한 $a\times x=b$이면 $\frac{1}{b}\times x=\frac{1}{a}$의 관계식을 이용하여 다음과 같이 곱셈을 하였다.

ⓐ $4\times(1+\frac{1}{2}+\frac{1}{4})=7$이므로 $\frac{1}{7}\times(1+\frac{1}{2}+\frac{1}{4})=\frac{1}{4}$이다.

ⓑ $(1+\frac{1}{3}+\frac{1}{4})\times 144=228$이므로 $\frac{1}{228}\times(1+\frac{1}{3}+\frac{1}{4})=\frac{1}{144}$이다.

④ G－규칙

고대 이집트인들의 분수사칙연산 방법에 쓰인 규칙을 G-규칙이라고 하자.

ⓐ G-규칙

두 개의 단위분수를 더할 때, 한 분수의 분모가 다른 분수의 분모의 두 배가 되면, 큰 수를 3으로 나눈 몫의 역수가 두 분수의 합이 된다.

ⓑ 예제

$\frac{1}{9}+\frac{1}{18}$은 18이 9의 두 배이므로 $18\div3=6$이다. 따라서

$\frac{1}{9}+\frac{1}{18}=\frac{1}{6}$이다.

주의

$\frac{1}{5}+\frac{1}{10}$은 10이 5의 두 배이지만 $10\div3=3+\frac{1}{3}$이므로 단위분수로 나타낼 수 없다. 즉, 한 분수의 분모가 다른 분수의 분모의 두 배가 되는 경우에 큰수가 3의 배수가 아닌 경우에는 이 규칙을 적용할 수 없다.

⑤ G2 – 규칙

G–규칙을 일반화해 보기로 한다.

ⓐ G2–규칙

두 개의 단위분수의 분모 중에서 하나가 다른 분모의 k배가 되는 경우에는 두 단위분수의 합은, 큰 분모를 $(k+1)$로 나눈 수의 역수이다. 단, 큰 분모가 $(k+1)$의 배수인 경우에만 이 규칙이 적용된다.

〈이유〉 $\frac{1}{n}+\frac{1}{kn}=\frac{k+1}{kn}=\frac{1}{kn\div(k+1)}$이기 때문이다.

ⓑ 예제

- $\frac{1}{4}+\frac{1}{12}$은 12가 4의 3배이다. 따라서 $12\div(3+1)=3$이므로 $\frac{1}{4}+\frac{1}{12}=\frac{1}{3}$이다.
- $\frac{1}{10}+\frac{1}{40}=\frac{1}{8}$

  40은 10의 4배이다. 따라서 $40\div(4+1)=8$이므로 $\frac{1}{10}+\frac{1}{40}=\frac{1}{8}$이다.
- $\frac{1}{5}+\frac{1}{20}=\frac{1}{4}$

⑥ G3 – 규칙

단위분수의 뺄셈규칙을 알아본다.

ⓐ G3–규칙

두 개의 단위분수의 분모 중에서 하나가 다른 분모의 k배가 되는 경우에는 두 단위분수의 차는, 큰 분모를 $(k\text{-}1)$로 나눈 수의 역수이다.

〈이유〉 $\frac{1}{n}-\frac{1}{kn}=\frac{k-1}{kn}=\frac{1}{kn\div(k-1)}$이기 때문이다.

단, 큰 분모가 $(k-1)$의 배수인 경우에만 이 규칙이 적용된다.

또한 뺄셈은 덧셈의 역연산으로 답을 구할 수 있다.

ⓑ 예제

- $\frac{1}{2}-\frac{1}{6}$은 6이 2의 3배이므로 $6\div(3-1)=3$을 분모로 하는 단위분수가 답이 된다.

  즉, $\frac{1}{2}-\frac{1}{6}=\frac{1}{3}$이다.

  한편, 덧셈식 $\frac{1}{3}+\frac{1}{6}=\frac{1}{2}$에서 $\frac{1}{2}-\frac{1}{6}=\frac{1}{3}$을 얻을 수도 있다.

- $\frac{1}{6}+\frac{1}{12}=\frac{1}{4}$ 에서 $\frac{1}{4}-\frac{1}{12}=\frac{1}{6}$, $\frac{1}{9}+\frac{1}{18}=\frac{1}{6}$ 에서 $\frac{1}{6}-\frac{1}{18}=\frac{1}{9}$
  두 가지 방법으로 다음을 구할 수 있다.
- $\frac{1}{4}-\frac{1}{20}=\frac{1}{5}$, $\frac{1}{8}-\frac{1}{40}=\frac{1}{10}$, $\frac{1}{12}-\frac{1}{60}=\frac{1}{15}$.

⑦ 자연수의 나눗셈

ⓐ $2\div45=\frac{2}{45}=\frac{1}{30}+\frac{1}{90}$

ⓑ $2\div15=\frac{2}{15}=\frac{1}{10}+\frac{1}{30}$

ⓒ $2\div9=\frac{2}{9}=\frac{1}{6}+\frac{1}{18}$

ⓓ $2\div51=\frac{2}{51}=\frac{1}{34}+\frac{1}{102}$

사. 수와 연산 영역의 문제해결의 예

1) 수학자 가우스가 열 살 때에 다음과 같은 계산을 하였다.

$$1+2+3+\cdots+100=\frac{100\times(100+1)}{2}=5050$$

이 문제를 어린 가우스는 다음과 같은 계단을 보면서 해결했다고 전해진다.

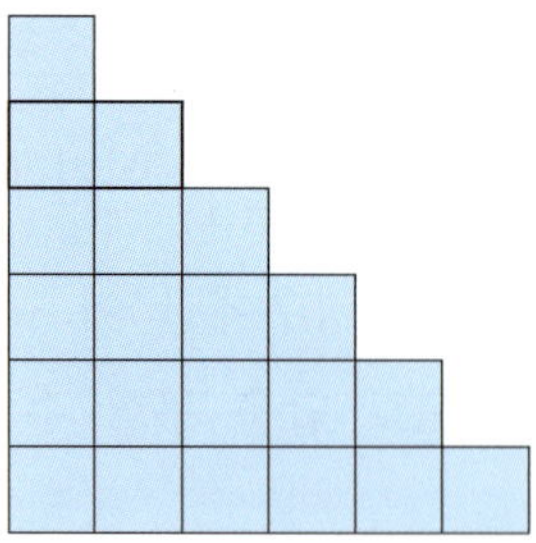

- 이 사실은 다음과 같이 지도할 수도 있다.
  1+2+3+4+5 의 합은 다음과 같이 늘어놓은 점(또는 바둑알)의 전체 수와 같다.

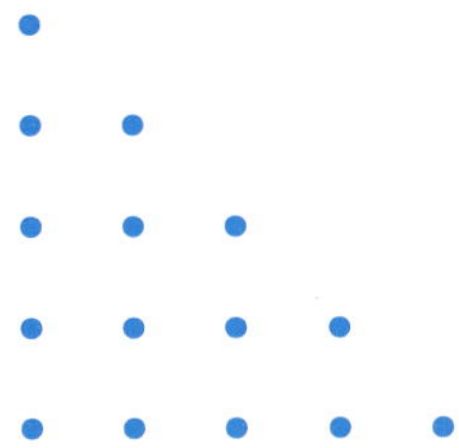

이 모양을 뒤집어서 붙이면 언제나 직사각형 모양이 된다. 즉,

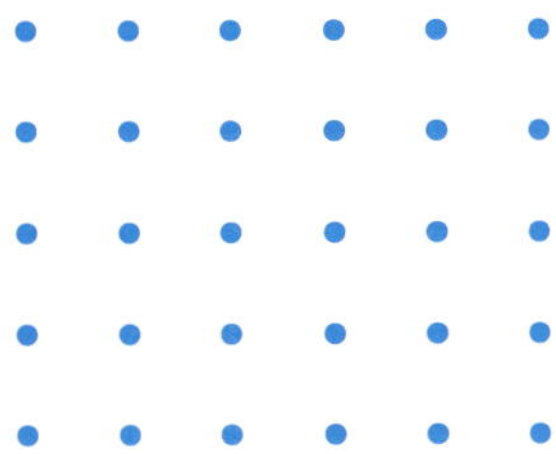

원래의 개수는 위의 직사각형에 있는 점의 개수의 반이므로

$\frac{(5+1)\times 5}{2}=15$ 이다. 즉, $\frac{(\text{초항}+\text{끝항})\times \text{항의 수}}{2}$ 이다.

이것을 등차수열의 합에 대한 가우스 공식이라고 한다.

2) 파스칼 삼각형

1

1 1

1 2 1

1 3 3 1

1 4 5 4 1

1 5 10 10 5 1

1 … 1

〈질문 1〉 어떤 게임을 할 때에 파스칼삼각형과 같은 수의 배열이 나타나는가?
동전 던지기와 같이 한번 시행으로 일어날 수 있는 가능성이 두 개인 게임

〈질문 2〉 파스칼삼각형에서 대각선 위에 있는 수의 규칙과 다각형을 이루는 점의 개수의 규칙성과의 관계를 알아보자.

① 삼각수

(답) Triangle number : T_n : 1, 3, 6, 10, $\cdots$, $\dfrac{n(n+1)}{2}$

② 직사각형수

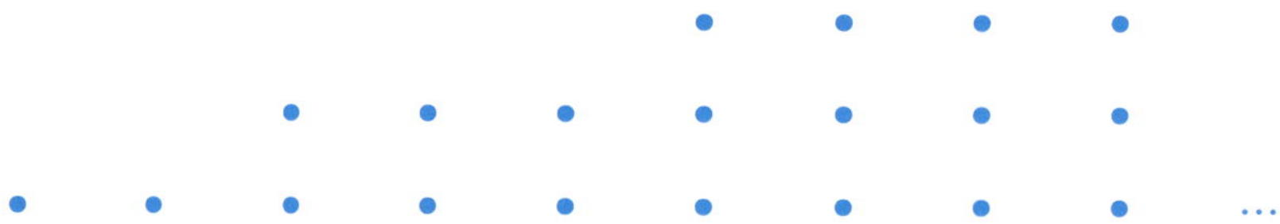

(답) Oblong number : O_n : 2, 6, 12, 20, 30, 42, 56, 72, 90, 110, 132, $\cdots$, $n(n+1)$.

즉, $O_n = 2T_n$

③ 사각수 : Square number : 1, 4, 9, 16, 25, $\cdots$, n^2.

④ 오각수(Pentagon number) : P_n; 1, 5, 12, 22, 35, 51, 70, 92, 117, 145,

$$P_n = 1+4+7+\cdots+(3n-2) = T_n + 2T_{n-1} = \frac{n(n+1)}{2} + n(n-1) = \frac{n(3n-1)}{2}.$$

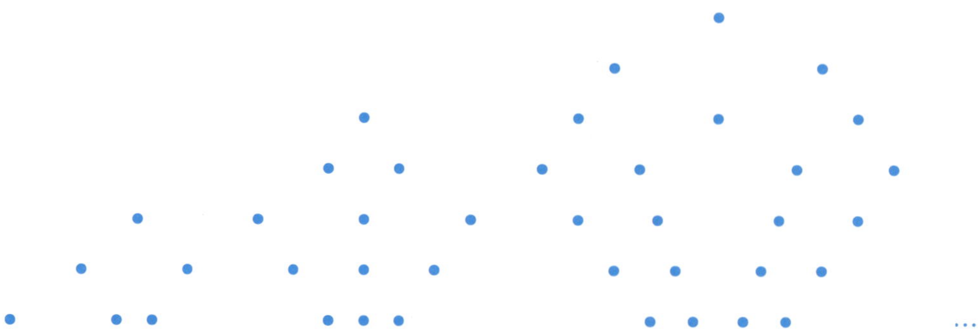

참 고

다음은 파스칼삼각형의 형성과정을 보여주는 동시에 이항계수의 극한은 정규분포를 이루는 사실을 보여주는 그림이다.

〈Galton 관 웹 사이트〉

http://teacherlink.org/content/math/interactive/flash/quincunx/quincunx.html

❖ 메모

제6장 오류 처방지도의 실제

이 장에서는 앞에서 열거한 오류유형을 중심으로 면담을 통하여 오류를 처방하는 방안을 논의하기로 한다.

01 처방지도의 목적

처방지도의 목적은 진단평가를 바탕으로 각각의 학생을 개별적으로 지도하는데 있으며, 학급전체를 지도하는 것과 강도에 있어 차이가 있다. 처방지도의 이차적인 목적은, 더 중요한 목적일 수도 있지만, 정상적인 교실에서의 학습지도와 점차 연합될 수 있는 처방지도의 방법을 보여주는 것이다. 그러나 이 과정의 처음 단계는 교사가 학생에게서 얻은 진단 결과를 근거로 하여 어떤 방법을 사용해서 학생이 가지고 있는 오류를 교정할 수 있는지를 계획하는 것이고, 그 다음 단계는 조작교구를 활용한 면담을 통하여 처방지도가 완성되도록 하는 것이다.

02 처방지도의 과정

처방지도의 필수적인 요소는 적절한 시기에 적합한 교구를 사용하는 것이다. 따라서 학생의 오류를 처방하는 모든 과정에서 교사가 수학개념과 기능을 지도하는데 가장 유용하다고 생각되는 학습 보조 자료의 사용법을 설명하고자 한다. 또한 면담과정에서는 학생의 사고과정과 수학적 개념발달 상황을 알아 볼 수 있으며 다음과 같은 정보를 얻을 수 있다.

- 학생들이 생각하고 있는 내용
- 사고과정의 다양성
- 학생들이 문제를 해결하는 데 사용하는 고유의 전략

이 전략은 주로 일반적인 수학적 풀이법과 학생 자신만의 고유한 방법이 합성된 형태로 나타난다.

- 선호하는 구체적인 수학적 모델
- 학생의 수학적 능력과 성숙의 수준

그리고 보조 자료를 사용하여 면담을 통한 처방의 과정은 다음의 과정을 포함해야 한다.

- 아동과 면담을 시행한다.
- 면담과정에서 반드시 조작교구를 사용한다.
- 아동이 오류를 범하게 된 인식론적 장애를 찾는다.
- 인식론적 장애를 일으킨 개념의 역사발생을 찾는다.
- 그 개념의 역사발생에 적절한 조작교구를 투여한다.

03 처방지도의 실제

◆ 십진법의 지도 ◆

가. 내용

자연수의 십진법 이해하기

나. 목표

100까지의 자연수를 십진법으로 정확하게 표현하기

다. 학습보조자료

바둑알, 수모형, 자릿값 판

활동판(B4, 사이즈가 적당함)

조작활동판			수의 세계		
백의 나라	십의 나라	일의 나라	백의 나라	십의 나라	일의 나라

〈활동판의 예시- 백의자리까지의 연산〉

라. 도입/발전

① 1학년 아동에게는 동화책에 등장하는 난쟁이와 거인, 마법 등을 소재로 일의 자리와 십의 자리의 개념을 도입한다.

- 난쟁이 열 명이 모이면 마법이 걸려서 거인이 된다. 또한 난쟁이는 난쟁이 나라에서만 살아야 하며 거인은 거인 나라에서만 살아야만 하는 이유를 설명해준다.
- 난쟁이 8명이 살고 있는 곳에 난쟁이 5명이 놀러오게 되면 난쟁이 열 명은 거인으로 "펑" 소리와 함께 변하여 그 거인은 거인나라로 가고 남은 난쟁이 3명은 난쟁이 나라에서 살게 된다.
- 스머프, 백설공주와 난쟁이 등의 난쟁이 사진을 활용한다.

거인 나라	난쟁이 나라

〈그림 출처 : 인터넷〉

② IV장 1절의 승철이가 수를 읽는 것을 경청한다. 승철이는 자리 값을 생략하고 수를 한 개씩 읽을 수 있다. 즉, “백 팔십 칠” 대신 “일 팔 칠”로 읽을 수 있다.

③ 승훈이가 하나씩 증가하는 자연수의 수열을 완성하도록 한다.

④ 승훈이가 외우거나 수직선의 수를 짚어가면서 100까지 세도록 한다.

마. 연습/적용

① 은행놀이를 하면서 낱 개 열개가 모이면 십 모형 한 개와 바꾸는 구체적인 활동을 하도록 한다.

② 승철이가 100까지 수를 읽는 데에 능숙해진 후에는 수모형과 자릿값 판을 사용하여 100이상의 수를 표현하도록 한다.

③ 천 단위 이상의 수를 읽고 세도록 한다. 즉, 997, 998, 999, ⋯, ⋯

◆ 자연수의 비교 ◆

가. 내용

자연수를 순서대로 나열하기. ... 보다 큰 수, ... 보다 작은 수

나. 목표

1000 미만의 두 수가 주어졌을 때, 어느 쪽이 더 크거나 작은지 식별할 수 있어야 한다.

다. 학습보조자료

수모형, 숫자 카드 0-9, 수(數)직선, 게임카드

라. 도입/발전

① 아동들에게 더 많은 (혹은 더 적은)것을 선택하는 실제 상황을 보여준다.

- 우리는 오늘 아침에 국어책을 35분 읽었고 수학을 38분 동안 공부를 하였다. 우리는 어떤 과목을 공부하는데 더 적은 시간을 보냈을까?

② 아동들에게 수모형을 사용하여 두 개의 두 자릿수를 비교하도록 한다.

- 각각의 수를 수모형으로 나타내게 한다.

- 어느 수가 더 크지(작지)?
- 그 이유를 설명해 보겠니?

③ 수직선을 이용하여 두 수를 비교한다.

- 수직선에 수를 찍어보도록 한다.
- 어느 수가 더 크지(작지)?
- 그 이유를 설명해 보겠니?

④ 아동들에게 수의 크기를 비교하는 체계적인 방법 발전시킬 수 있도록 도와준다.

- 처음에는 십의 자릿수를 비교하고 그 다음에는 일의 자릿수를 비교한다.
- 수를 다음과 같이 나란히 쓰면 아동들이 자릿값을 비교하는 데에 도움이 될 것이다.

예 : 37 84 128 270

39 60 137 275

⑤ "나는 어떤 수를 생각하고 있어요"라는 놀이를 한다.

- 한 아동이 두 자릿수를 고른다.
- 다른 아동들은 "그 수가 ... 보다 큽니까?" 또는 "그 수가 ... 보다 작습니까?" 만의 질문으로 그 수를 찾도록 한다.
- 누구든지 맞출 때까지 "예" 혹은 "아니오" 로만 답해야 한다.

⑥ 2-4 단계와 같은 과정으로 세 자릿값도 비교하도록 한다.

마. 연습/적용

① 모든 아동들에게 숫자 카드를 한 묶음씩 나누어 준다.

- 아동들에게 특정한 수를 세 개씩 고르게 한다.
- 가장 큰 수 또는 가장 작은 수를 만들도록 카드를 배열한다.

예 : 3, 0, 8을 고른다면 가장 큰 수는 803이고 가장 작은 수는 038이다.

② 아동들에게 자신이 고안한 카드 게임을 하도록 한다.

◆ 자연수의 자릿값 ◆

가. 내용

네 자리 또는 그 이상의 수, 자릿값

나. 목표

- 십만까지 한글로 나타낸 수를 인도-아라비아 숫자로 나타내기
- 십만 자리까지의 숫자를 보고 해당하는 자릿수를 알아 맞추기

다. 학습보조자료

만의 단위				일의 단위			
천	백	십	일	천	백	십	일

자릿값 판, 숫자카드 0-9, 종이, 연필, 수모형

〈자릿값 판〉

라. 도입/발전

① 칠판이나 화면에 자릿값 판을 그리고, 네 자릿수를 적는다. 수모형을 사용하여 각각의 수의 자릿값을 다시 확인한다.

② 다음과 같은 질문을 통하여 자릿값 판을 확장해간다.

- 만의 자리 왼쪽에 쓰여진 수의 자릿값은 무엇일까?

?	만	천	백	십	일
5	2	6	3	1	4

③ 두 개의 자릿값 판을 나란히 붙여 놓고, 판의 왼쪽 영역에는 "만의 단위" 로, 오른쪽에는 "일의 단위"를 써 넣는다.

만의 단위				일의 단위			
천	백	십	일	천	백	십	일

④ 아동들에게 자릿값 판의 주어진 위치에 정해진 숫자를 쓰도록 한다.

예 : 만의 자리에 9를 적으시오.

⑤ 화면이나 칠판에 7자릿수를 적는다. 아동들에게 정해준 수의 자릿값을 말하도록 한다. 필요하다면 자릿값 판을 사용하도록 한다.

예 : 5468712에서 4가 의미하는 것은? (4십만)

8이 나타내는 것은? (8천)

⑥ 위의 자릿값 판을 사용하여 6자릿수와 7자릿수의 읽는 법을 설명한다.
처음에는 5자릿수 읽는 법을 복습한다.

⑦ 두 명이 한조가 되어서 서로의 자릿값 판을 번갈아가면서 수를 적도록 지시한다.
그들이 교대로 수를 읽고 서로의 답을 확인하도록 한다.

⑧ 한글로 적힌 수를 인도-아라비아 숫자로 표현하도록 한다.
예 : 사십만 팔천 육백 육

만의 단위				일의 단위			
천	백	십	일	천	백	십	일
		4	0	8	6	0	6

※ "0"을 정확한 자릿값에 적는지를 주의해서 본다.

마. 연습/적용

① 신문이나 잡지에서 사건이나 과학 또는 사회적인 연구 발표 등에서 큰 수를 읽는 연습문제를 내어준다.

② 두 학생이 한조가 되어 한 학생이 수를 말하고 다른 학생이 숫자나 한글로 이를 받아 적도록 한다. 답을 확인하기 위해 자릿값 판을 사용한다.

③ 숫자카드 0-9를 나누어 준다. 아동들에게 0-7 카드를 고르게 한 뒤, 지정된 자릿값에 특정한 숫자를 특정한 숫자가 갖는 수가 어떤 수인지를 답하도록 한다.

◆ 자연수의 덧셈 ◆

가. 내용

받아 올림이 있는 수의 덧셈이다.

나. 목표

두 개의 세 자릿수가 주어졌을 때, 두 수의 합을 해결하는 경우에 받아 올림을 사용한다.

다. 학습보조자료

수모형, 칩 한 세트, 자릿값 판

라. 도입/발전

① 일 단위에서 십 단위로 받아 올림이 있는 세 자리 수의 덧셈을 예로 든다.

수의 덧셈				수모형, 칩			
천	백	십	일	천	백	십	일
	2	3	7		◆◆	◄◄◄	○○○○ ○○○
+	1	2	5		◆	◄◄	○○○○○

- 덧셈은 모으기임을 상기시킨다.
- ○ 열개와 ◄ 한 개를 바꾼다.

수의 덧셈				수모형, 칩			
천	백	십	일	천	백	십	일
		1				◄	
	2	3	7		◆◆	◄◄◄	
+	1	2	5		◆	◄◄	
			2				○○

수의 덧셈				수모형, 칩			
천	백	십	일	천	백	십	일
		1					
	2	3	7				
+	1	2	5				
	3	6	2		◆◆◆	◄◄◄◄◄◄	○○

- 수모형 또는 칩을 옮기는 즉시 그에 맞는 수의 변화를 적도록 한다.
- 받아 올림이 서투른 아동에게는 "십진법의 지도"를 상기시킨다.

② 십 단위에서 백 단위로 받아 올림이 있는 세 자리 수의 덧셈을 예로 든다.

수의 덧셈				수모형, 칩			
천	백	십	일	천	백	십	일
 +	3 1	6 7	2 5		◆◆◆ ◆	◄◄◄◄◄◄ ◄◄◄◄◄◄ ◄	○○ ○○○○○
						◄◄◄	

수의 덧셈				수모형, 칩			
천	백	십	일	천	백	십	일
  +	**1** 3 1	 6 7	 2 5		◆ ◆◆◆ ◆		
		3	7			◄◄◄	○○○○○ ○○

• 덧셈은 모으기임을 상기시킨다.

• ◄ 열개와 ◆ 한 개를 바꾼다.

수의 덧셈				수모형, 칩			
천	백	십	일	천	백	십	일
  +	**1** 3 1	 6 7	 2 5				
	5	3	7		◆◆◆◆◆	◄◄◄	○○○○○ ○○

- 수모형 또는 칩을 옮기는 즉시 그에 맞는 수의 변화를 적도록 한다.
- 받아 올림이 서투른 아동에게는 "십진법의 지도"를 상기시킨다.

마. 연습/적용

① 네 자릿수끼리의 문제로 확장한다.

◆ 자연수의 뺄셈 ◆

가. 내용

받아 내림이 있는 뺄셈이다.

나. 목표

두 개의 세 자릿수가 주어졌을 때, 두 수의 차를 알아내는데 받아 내림을 사용한다.

다. 학습보조자료

수모형, 칩 한 세트, 자릿값 판

라. 도입/발전

① 십 단위에서 일 단위로 받아 내림이 있는 세 자리 수의 뺄셈을 예로 든다.

수의 뺄셈				수모형, 칩			
천	백	십	일	천	백	십	일
	3	4	5		◆◆◆	◄◄◄◄	○○○○○
−	1	2	7				

수의 뺄셈				수모형, 칩 ○ ○ ○ ○ ○ ○ ○ ○ ○ ○			
천	백	십	일	천	백	십	일
		3	15				
	3	4	5		◆◆◆	◄◄◄	○ ○ ○ ○ ○
−	1	2	7				

- ◄ 한 개와 ○ 열개를 바꾼다.
- ○ 열개는 일의 나라 밖에서 대기하도록 한다.
- 수모형 또는 칩을 옮기는 즉시 그에 맞는 수의 변화를 적도록 한다.

수의 뺄셈				수모형, 칩			
천	백	십	일	천	백	십	일
		3	15				
	3	4	5		◆◆	◄	○ ○ ○ ○ ○ ○ ○ ○
−	1	2	7				
	2	1	8				

② 백 단위에서 십 단위로 받아 내림이 있는 세 자리 수의 뺄셈을 예로 든다.

수의 뺄셈				수모형, 칩			
천	백	십	일	천	백	십	일
	4	2	5		◆◆◆◆	◄◄	○ ○ ○ ○ ○
−	1	4	3				

수의 뺄셈				수모형, 칩 ◄◄◄◄◄ ◄◄◄◄◄			
천	백	십	일	천	백	십	일
	3	12					
	4	2	5		◆◆◆	◄◄	○ ○ ○ ○ ○
−	1	4	3				

- ◆ 한 개와 ◄ 열개를 바꾼다.
- ◄ 열개는 십의 나라 밖에서 대기하도록 한다.
- 수모형 또는 칩을 옮기는 즉시 그에 맞는 수의 변화를 적도록 한다.

수의 뺄셈				수모형, 칩			
천	백	십	일	천	백	십	일
	3	12					
	4	2	5		◆◆	◄◄◄◄◄ ◄◄◄	○ ○
−	1	4	3				
	2	8	2				

마. 연습/적용

① 503−156 = ? 과 같이 일의 자리와 십의자리에서 동시에 받아 내림이 있는 문제를 풀도록 한다.

수의 뺄셈				수모형, 칩			
천	백	십	일	천	백	십	일
	5	0	3		◆◆◆◆◆		○ ○ ○
−	1	5	6				

수의 뺄셈				수모형, 칩 ◄◄◄◄ ○○○○○ ◄◄◄◄◄ ○○○○○			
천	백	십	일	천	백	십	일
		9					
	4	10	13				
	5	0	3		◆◆◆◆		○ ○ ○
−	1	5	6				

- ◆ 한 개와 ◄ 열개, ◄ 한 개와 ○ 열개를 바꾼다.
- ◄ 열개와 ○ 열개는 각각 십의 나라와 일의 나라 밖에서 대기하도록 한다.
- 수모형 또는 칩을 옮기는 즉시 그에 맞는 수의 변화를 적도록 한다.

수의 뺄셈				수모형,칩			
천	백	십	일	천	백	십	일
−	4 5 1	9 10 0 5	13 3 6		◆◆◆	◄◄◄◄	○○○○○ ○○
	3	4	7				

② 네 자릿수끼리의 뺄셈 문제로 확장한다.

◆ 자연수의 곱셈 - 1 ◆

가. 내용

받아 올림이 있으며 10이상의 자연수와 9이하 의 수와의 곱셈이다.

나. 목표

세 자릿수 또는 네 자릿수 와 한 자릿수를 곱했을 때, 받아 올림을 사용한다.

다. 학습보조자료

수모형, 자릿값 판, 모눈종이, 그래프 종이

라. 도입/발전

① 문제 상황을 제시하고 이를 해결하는 방법을 토의한다.

- 예 : 차를 타고 매일 32 km 씩 3일을 가면 몇 km를 가게 되는가?

② 받아 올림이 없는, 두 자릿수와 한 자릿수를 곱하는 예를 제시한다.

- 12가 4묶음, 10이 다섯 묶음, 31이 2묶음 등.
- 자릿값 판에 수모형을 사용하여 12의 4묶음을 나타낸다.

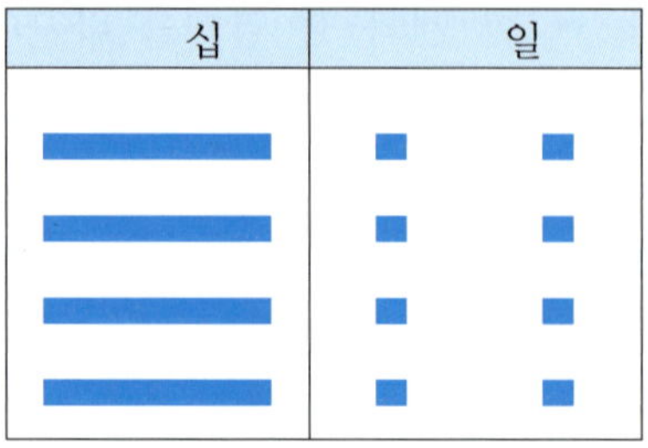

- 총 합을 구하기 위해 두 가지 방법에 대하여 설명한다.
  12+12+12+12 또는 12×4.
- 일의 자릿수를 곱한다. $2\times4=8$
- 십의 자릿수를 곱한다. $10\times4=40$
- 이를 더한다. $40+8=48$.

③ 모눈종이를 사용하여 $23\times3=?$의 답을 구하는 과정을 설명한다.

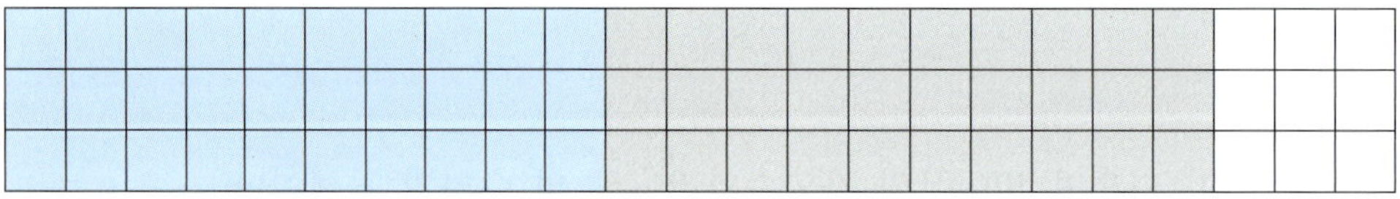

3줄　　　　　　　　십 모형이 2개　　　　　　　　일 모형이 3개

- 일이 몇 인가? 3이 세 개 $=3\times3=9$, 십이 몇인가? 6개$=10\times6=60$
- 모두 얼마인가? $60+9=69$.

④ 위의 내용을 세로 셈으로 설명한다.

$$\begin{array}{r} 12 \\ \times\ \ 4 \\ \hline 8 \\ 40 \\ \hline 48 \end{array} \qquad \begin{array}{r} 23 \\ \times\ \ 3 \\ \hline 9 \\ 60 \\ \hline 69 \end{array}$$

⑤ 위의 내용을 이용하여 분배법칙을 설명한다.

- 직사각형의 넓이를 이용하여 $3\times(4+5)=3\times4+3\times5$임을 다음 그림을 이용하여 설명한다.

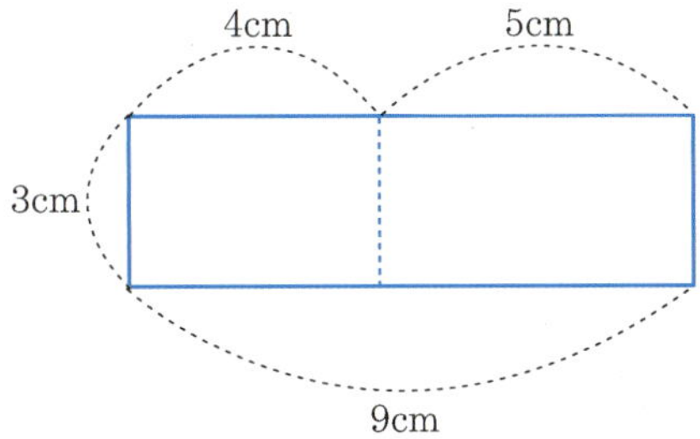

- 위의 문제를 일반화하여 다음과 같은 분배법칙을 설명한다.

  답 : $A \times (B + C) = A \times B + A \times C$

- 직사각형의 넓이를 이용하여

  $7 \times 7 = (3+4) \times (3+4) = 3 \times 3 + 2 \times 3 \times 4 + 4 \times 4$임을 설명한다.

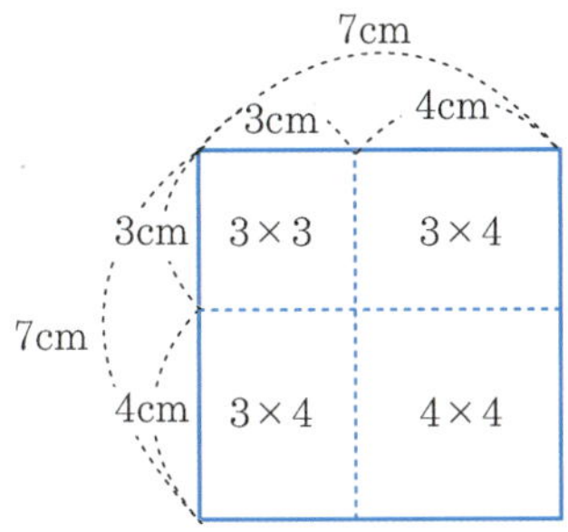

- 위의 문제를 일반화하여 다음과 같은 붑배법칙을 설명한다.

  답 : $(A + B) \times (A + B) = A \times A + 2 \times A \times B + B \times B$

- 따라서 $12 \times 4 = (10+2) \times 4 = 10 \times 4 + 2 \times 4 = 40+8 = 48$.
- $23 \times 3 = (20+3) \times 3 = 20 \times 3 + 3 \times 3 = 60+9 = 69$.

⑥ 받아 올림이 있는 두 자릿수와 한 자릿수의 곱셈을 제시한다.

- $48 \times 4 = ?$
- $48 \times 4 = (40+8) \times 4 = 40 \times 4 + 8 \times 4$ 이다.

  이와 같은, 분배법칙을 이용한 곱셈법을 그래프 종이를 사용하여 설명한다.

백	십	일
	4	8
×		4
	3	2
1	6	0
1	9	2

마. 연습/적용

① 아동들이 중간계산 과정을 제대로 할 수 있게 된 후에는, 빠른 연산방법을 소개한다. 중간계산 과정을 보여주는 것과 곱셈 알고리즘의 중간단계로서, 다음의 순서대로 설명한다.

A
$$\begin{array}{r} 29 \\ \times\ 4 \\ \hline 36 \\ 80 \\ \hline \end{array}$$

B
$$\begin{array}{r} 29 \\ \times\ 4 \\ \hline 3 \\ 116 \\ \hline \end{array}$$

C
$$\begin{array}{r} {}^{3} \\ 29 \\ \times\ 4 \\ \hline \\ 116 \\ \hline \end{array}$$

② 한 곱셈문제에서 여러 번의 받아 올림이 있는 좀 더 어려운 문제를 제시한다.

- $$\begin{array}{r} 3475 \\ \times\ 6 \\ \hline \end{array}$$

◆ 자연수의 곱셈 - 2 ◆

가. 내용

받아 올림이 없는, 두 자릿수끼리의 곱셈이다.

나. 목표

세 자릿수 또는 네 자릿수 와 두 자릿수를 곱할 때 수모형 또는 모눈종이를 사용한다.

다. 학습보조자료

수모형, 자릿값 판, 모눈종이, 그래프 종이

라. 도입/발전

① 문제 상황을 제시하고 이를 해결하는 방법을 토의한다.

- 예 : 연필 한 타스는 12개이다. 연필 13타스는 몇 개인가?

② 받아 올림이 있는, 두 자릿수끼리 곱하는 예를 제시한다.

- 연필 한 타스는 12개이다. 연필 13타스는 몇 개인가?

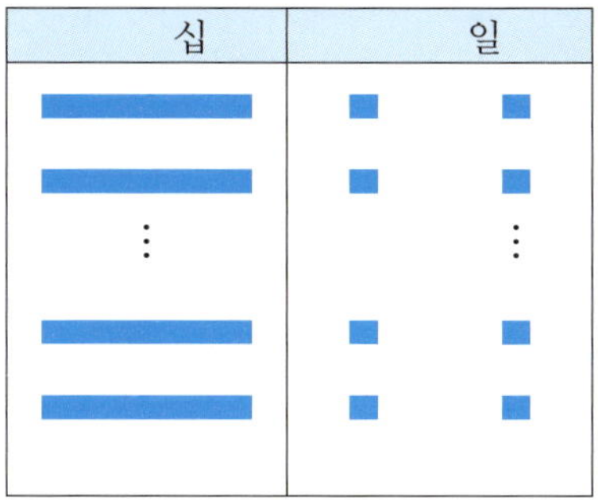

13줄

- 일 모형 10개와 십 모형 1개, 십 모형 10개와 백 모형 1개를 바꾸면 결국, 백 모형 1개, 십 모형 5개 일 모형 6개가 남는다.
- 백 모형 1개, 십 모형 5개 일 모형 6개를 사용하여 가로가 12, 세로가 13인 직사각형을 만들면 아래와 같아진다.

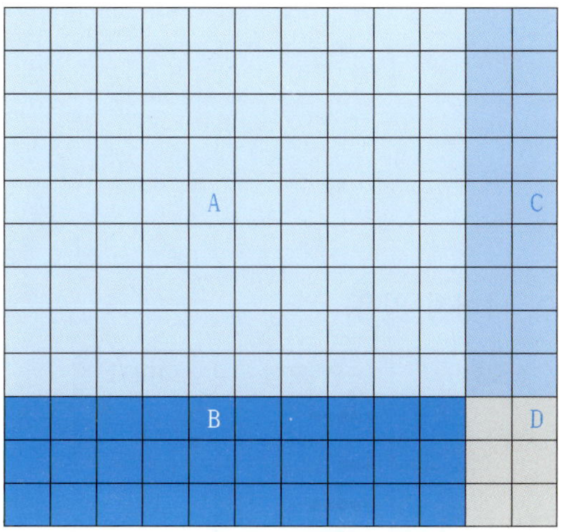

12	
× 13	
6	(2 × 3) − D
20	(2 × 10) − C
30	(10 × 3) − B
100	(10×10) − A
156	

- 이것은 분배법칙

  $12\times13 = (10+2)\times(10+3)=(2\times3)+(2\times10)+(10\times3)+(10\times10)$

  을 그림으로 설명한 것이다

마. 연습/적용

① 세 자릿수와 두 자릿수의 곱셈을 세로셈을 이용하여 구하는 예를 제시한다.

◆ 자연수의 나눗셈 ◆

가. 내용

나머지가 있는 나눗셈

나. 목표

세 자릿수를 두 자릿수로 나누어 몫과 나머지를 구한다.

다. 학습보조자료

수모형, 나눗셈 판

라. 도입/발전

① 90 이하의 피젯수, 나머지 있음.

	십모형	일 모형	나머지
답	□	●●●●● ●●●	●
3명	□□□□□□	●●●●● ●●●●	
	□□	●●●●● ●●●	
	●●●●● ●●●●● ●●●●● ●●●●●	●●●●● ●●●	

〈나눗셈 판〉

$$\begin{array}{r} 19 \;\ldots\; 1 \\ 3\,\big)\; 58 \\ -\,30 \\ \hline 28 \\ -\,27 \\ \hline 1 \end{array}$$

- 왼쪽의 나눗셈 판에서 다음과 같은 활동을 한다.
- 십 모형 5개와 일 모형 8개를 세 사람에게 똑같이 나누어 준다(등분제).
- 십 모형을 세 사람에게 한 개씩 나누어주면, 십 모형이 세 개가 없어지고 십 모형 2개와 일 모형 8개가 남는다.
- 십 모형 2개를 일 모형 20개와 바꾼다. 그러면 일 모형 28개만 남는다.
- 일 모형 28개를 세 명에게 9개씩 나누어 주면, 일 모형 1개가 남는다.
- 나눗셈 판에서 수모형이 움직이는 대로 오른쪽에 숫자를 적는다.

② 나눗셈 판을 사용하여 세 자릿수 나누기 두 자릿수를 계산한다.

◆ 크기가 같은 분수 ◆

가. 내용

크기가 같은 분수 : V장 5절 나. 참조

나. 목표

여러 가지 활동을 통하여 한 분수와 크기가 같은 분수를 표현하고, 그 사실을 기호로 표현한다.

다. 학습보조자료

퀴즈네어 색 막대, 띠, 원, 가위

라. 도입/발전

① 아동들에게 가위와 2등분되어 있는 길이가 같은 띠를 10개씩 나누어 주고, 처음에는 띠 한 장의 중앙선을 자르게 하면서 $\frac{1}{2}$ 임을 설명한다.

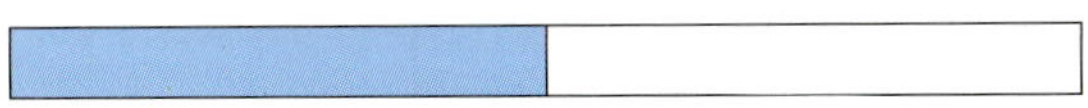

② 아동들에게 위와 같은 띠 두 장을 겹쳐서 중앙선을 자르게 하면서 $\frac{2}{4}$ 임을 설명한다.

③ 아동들에게 위와 같은 띠 세 장을 겹쳐서 중앙선을 자르게 하면서 $\frac{3}{6}$ 임을 설명한다.

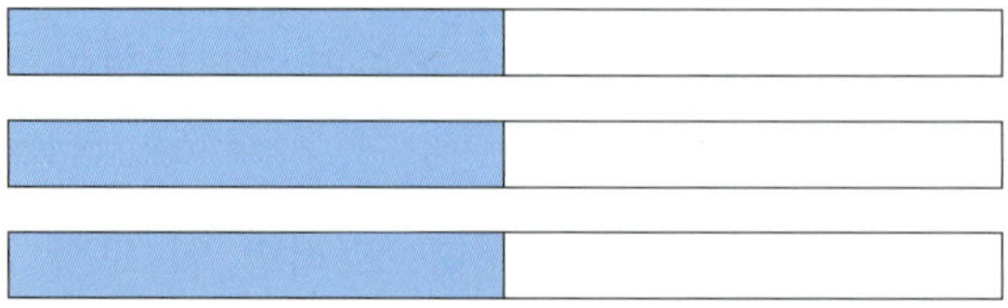

④ 위의 세 번의 활동은 모두 $\frac{1}{2}$ 을 나타낸 것이다. 따라서 $\frac{1}{2}=\frac{2}{4}=\frac{3}{6}$ 임을 설명한다.

⑤ 띠를 4장 겹쳐서 정 중앙을 자른 후 아동에게 그 상황을 분수로 나타내게 한다.

마. 연습/적용

① 아동에게 3등분되어 있는 원(둥근 케이크)을 아래 그림과 같이 자르게 한 상태에서 $\frac{1}{4}=\frac{2}{8}=\frac{3}{12}$ 임을 설명한다.

② 퀴즈네어 색 막대를 사용하여 다음과 같이 단위길이를 12로 할 때, $\frac{2}{3}$ 와 크기가 같은 분수를 설명한다.

주황	빨강	= 1

갈색								$\frac{2}{3}$
빨강		빨강		빨강		빨강		$\frac{4}{6}$
흰색	흰색	흰색	흰색	흰색	흰색	흰색	흰색	$\frac{8}{12}$

- 12cm의 $\frac{2}{3}$ 는 갈색막대(8cm)의 길이이다.

- 12cm의 $\frac{2}{3}$는 빨간색 막대(2cm) 6개 중 4개 이므로, 12cm의 $\frac{4}{6}$와 같고,
- 12cm의 $\frac{2}{3}$는 흰색 막대(1cm) 12개중 8개이므로, 12cm의 $\frac{8}{12}$과 같다.
- 위의 사실에서 $\frac{2}{3}=\frac{4}{6}=\frac{8}{12}$임을 설명한다.
- $\frac{2}{3}=\frac{4}{6}=\frac{8}{12}$에서 분모가 2배, 4배 커질 때마다 분자도 2배, 4배 커지면 크기가 같은 분수가 됨을 설명한다.

◆ 분수의 크기 비교 ◆

가. 내용

분수의 크기, 분수의 동치, 평면과 공간에서의 분수의 의미 : V장 5절 나. 참조

나. 목표

보다 더 큰 또는 보다 더 작은, 같음을 나타내는 기호와 서로 다른 분모의 두 분수가 주어졌을 때, 두 분수의 크기를 비교하고 그것을 기호로 나타낸다.

다. 학습보조자료

띠, 퀴즈네어 색 막대

라. 도입/발전

① 아동들에게 분모가 같은 두 개의 분수를 제시하고, 두 분수의 크기를 비교하도록 한다.

- $\frac{2}{4}$과 $\frac{3}{4}$를 띠로 나타내게 한다.

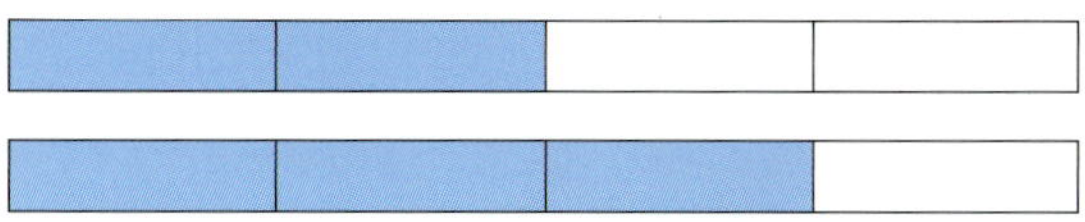

- 빨간색(2), 연두색(3), 보라색(4) 막대를 사용하여 $\frac{2}{4}$과 $\frac{3}{4}$를 퀴즈네어 색 막대

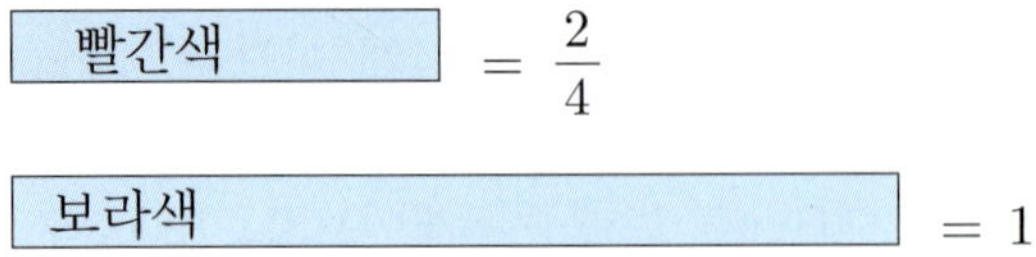

〈퀴즈네어 막대로 $\frac{2}{4}$ 나타내기〉

〈퀴즈네어 막대로 $\frac{3}{4}$ 나타내기〉

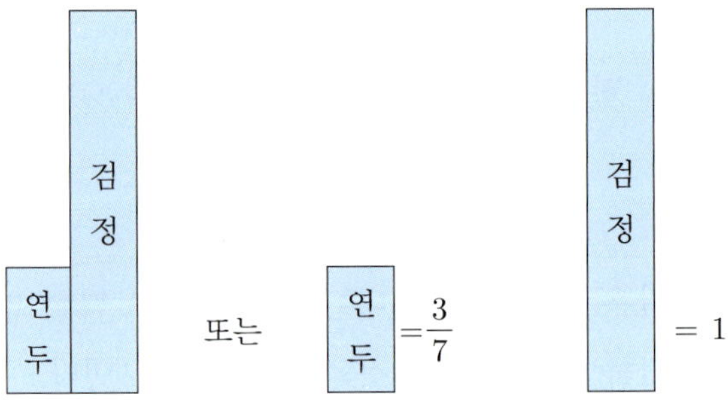

〈퀴즈네어 막대로 $\frac{3}{7}$ 나타내기〉

- 두 분수의 크기를 비교한다.
- 비교한 사실을 "〈", "〉", "="의 기호를 사용하여 표시한다.
- 같은 분모를 가진 여러 가지 분수를 제시하여 대소 관계를 설명한다.

② 분수막대를 사용하지 않고 분모가 같은 분수를 비교한다.

③ 아동들에게 분모가 같은 분수의 크기를 비교하는 규칙이 무엇인지 설명하도록 한다.

④ 2, 3, 4, 6, 12 등의 분모를 갖는 분수 중에서, 아래와 같이 띠를 사용하여 분모가 다른 분수를 제시하고 아동들이 그 분수의 크기를 비교한다.

- 예 : $\frac{2}{3}$와 $\frac{3}{4}$의 크기 비교

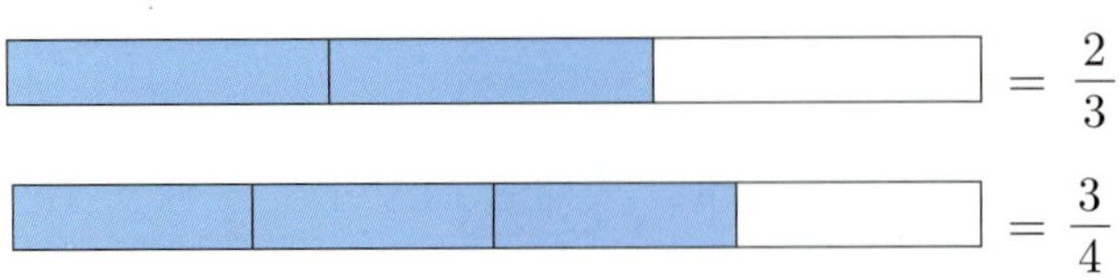

- 두 분수를 띠로 나타낸다.
- 색칠한 부분을 비교한다.
- 분모가 다른 분수의 크기를 비교하는 규칙이 무엇인지 설명하도록 한다.

⑤ 아동들에게 $\frac{1}{2}$과 $\frac{1}{3}$를 분모가 같은 분수로 통분하여 크기를 정확하게 비교하도록 지시한다.

- 퀴즈네어 색 막대를 사용하여 다음과 같이 $\frac{1}{2}$과 $\frac{1}{3}$의 공통분모를 구한다.

$\frac{1}{2}+\frac{1}{3}=$

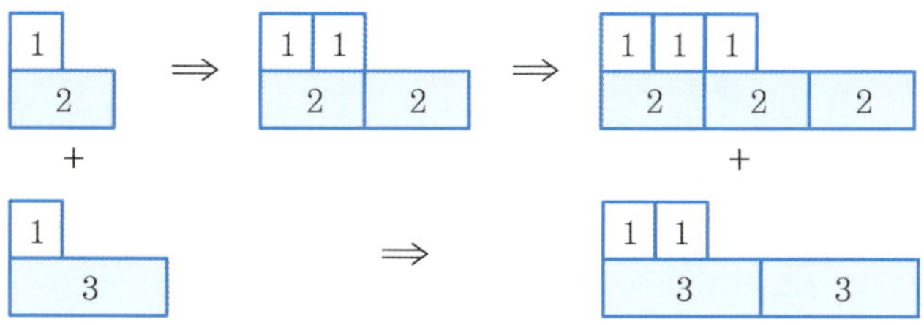

그러면 공통분모는 2와 3의 최소공배수인 6임을 알 수 있으며, $\frac{1}{2}=\frac{3}{6}$, $\frac{1}{3}=\frac{2}{6}$ 임을 알 수 있다.

- 따라서 $\frac{1}{2}>\frac{1}{3}$이 됨을 설명한다.

⑥ 아동들에게 같은 방법으로 $\frac{2}{3}$와 $\frac{3}{4}$의 크기를 비교하도록 한다.

◆ 분모가 같은 분수의 덧셈, 뺄셈 ◆

가. 내용

최소공배수, 분모가 같은 분수의 덧셈 : V장 5절 나. 참조

나. 목표

분모가 같은 1 보다 작은 두 분수의 합을 구한다.

다. 학습보조자료

띠, 원, 퀴즈네어 색 막대

라. 도입/발전

① $\frac{1}{3}+\frac{1}{3}=?$의 답을 아동에게 묻는다.

- 만일 아동이 $\frac{2}{6}$라고 대답하는 경우에는, 그 이유를 설명하게 한다.
- 만일 분수의 덧셈은 분모끼리 더해서 분모가 되고 분자끼리 더해서 분자가 된다라고 대답한다면 다음과 같은 질문을 한다.
  반절 더하기 반절은? “전체(1)이요” 그러면 그 사실을 분수로 표현하게 한다.
  즉, $\frac{1}{2}+\frac{1}{2}=1$. 그러므로 “$\frac{1}{2}+\frac{1}{2}=\frac{2}{4}$가 아닌 것”을 이해하도록 한다.
- 아래와 같이 피자 $\frac{1}{3}$쪽과 $\frac{1}{3}$쪽을 합하면 $\frac{2}{3}$쪽이 되는 것을 설명한다.
  $\frac{1}{3}+\frac{1}{3}=\frac{2}{3}$. 즉, 분모가 같은 분수는 분모는 그대로 두고 분자끼리만 더한다는 사실을 설명한다.

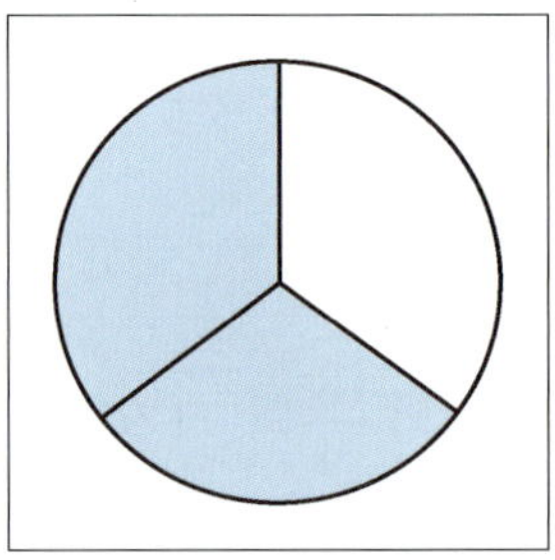

② 퀴즈네어 색 막대를 사용하여 $\frac{3}{6}+\frac{2}{6}=\frac{5}{6}$이 되는 사실을 설명한다.

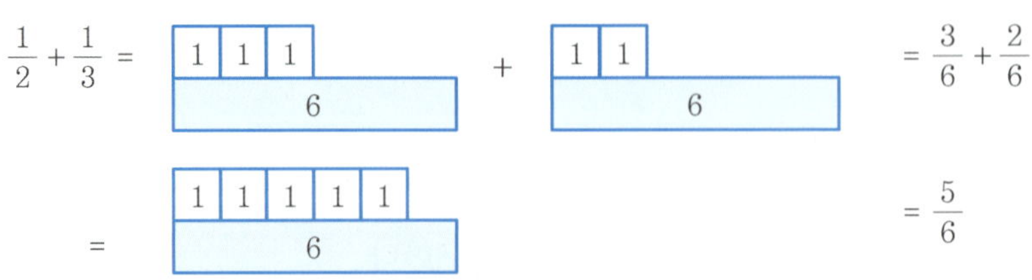

③ 분모가 같은 분수의 뺄셈은 덧셈과 마찬가지로 분모는 같고 분자끼리 뺀다는 사실을 설명해 준다.

마. 연습/적용

① 띠 또는 퀴즈네어 색 막대를 사용하여 분모가 같은 분수의 덧셈, 뺄셈을 연습하도록 문제를 제시한다.

② 가분수와 대분수의 덧셈, 뺄셈을 연습하도록 문제를 제시한다.

◆ 분모가 다른 분수의 덧셈, 뺄셈 ◆

가. 내용

- 선수 지식 : 분수의 동치
- 분모가 다른 분수의 덧셈, 뺄셈 ; V장 5절 나. 참조

나. 목표

분모가 다른 1보다 작은 두 분수의 합을 구한다.

다. 학습보조자료

띠, 원, 퀴즈네어 색 막대

라. 도입/발전

① 띠를 이용하여 분모가 다른 분수를 더한다.

- $\frac{1}{2}+\frac{1}{4}=?$

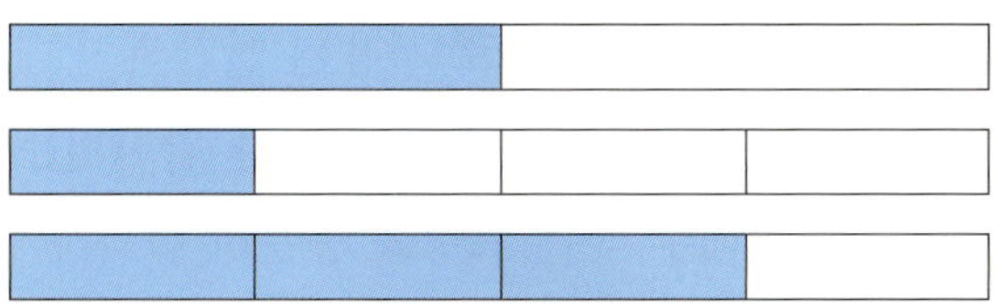

- 띠를 이용하여 $\frac{1}{2}$과 $\frac{1}{4}$을 잇대어서 합을 구한다.

그러면, $\frac{1}{2}+\frac{1}{4}=\frac{3}{4}$임을 알 수 있다.

② 퀴즈네어 색 막대를 이용하여 분모가 다른 분수의 합을 구한다.

- $\frac{1}{2}$과 $\frac{1}{3}$을 퀴즈네어 색 막대를 사용하여 표현하게 한다.
- $\frac{1}{2}$과 $\frac{1}{3}$의 분모의 크기가 같아질 때까지 분모 막대와 분자 막대를 이어 붙이면서 동치분수(크기가 같은 분수)를 각각 만들어 간다. 즉, $\frac{3}{6}$과 $\frac{2}{6}$으로 만든다.
- 이 때, 공통분모 6이 2와 3의 최소공배수가 된다는 사실을 설명한다.
- 두 분수의 분모가 같아진 사실을 확인한 다음, 분모는 그대로 하고 분자만을 더한다.

$\frac{1}{2}+\frac{1}{3}=$

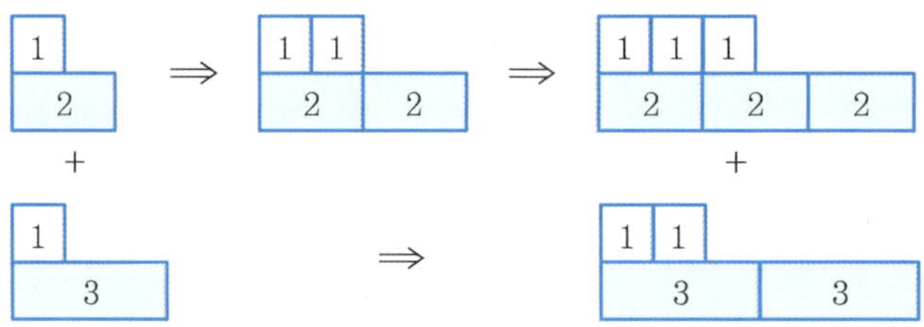

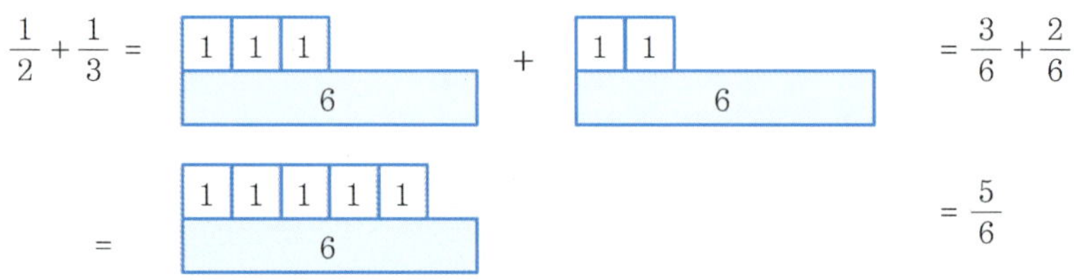

③ 아동들에게 띠 또는 퀴즈네어 색 막대를 사용하지 않고 분모가 다른 분수를 더하게 한다. 가장 작은 공통분모를 찾는 방법을 알아내도록 유도한다.

- 예를 들면 위의 그림에서 처음 분모로 사용된 빨간색 막대를 이어가고 또한 초록색 막대를 계속이어 가면서 처음으로 길이가 같아지는 수를 찾는다.
- 막대를 활용하여 최소공배수 찾는 요령을 충분히 습득하게 한 후에, 분모의 최소공배수를 찾는 방법을 설명한다.

마. 연습/적용

① 덧셈과 같은 방법으로 분모가 다른 분수의 뺄셈을 설명한다.

② 분모가 같은 분수와 분모가 다른 분수의 덧셈, 뺄셈 문제를 다양하게 제시한다.

② 가분수와 대분수의 덧셈, 뺄셈을 연습하도록 문제를 제시한다.

◆ 분수의 곱셈 ◆

가. 내용

- 두 분수의 곱셈, V장 5절 나. 참조
- 선수 지식 : 두 수의의 곱은 직사각형의 넓이

나. 목표

두 분수의 곱셈을 할 수 있다.

다. 학습보조자료

모눈종이, 퀴즈네어 색 막대

라. 도입/발전

① 모눈종이를 이용하여 분수의 곱셈을 설명한다.

- $\frac{2}{5}\times\frac{3}{4}=?$ 이것은 $\frac{2}{5}$를 먼저 정한 다음 $\frac{2}{5}$의 $\frac{3}{4}$을 구하는 것임을 설명한다.
- 아동에게 모눈종이를 나누어준 다음, 마음대로 $\frac{2}{5}$를 표현하도록 한다.
- 아동이 그린 $\frac{2}{5}$의 $\frac{3}{4}$을 표현하도록 지시한다.
- 만일 아동이 자신이 그린 $\frac{2}{5}$의 $\frac{3}{4}$을 표현하는 데에 곤란을 느낀다면, 가능한 방법을 모색하도록 한다.
- 만일 아동이 $\frac{2}{5}$를 모눈종이에 다음과 같이 표현했다고 하자. 즉, 다섯 칸을 단위(1)로 정하고 그 중 2칸에 색을 칠한 경우이다.

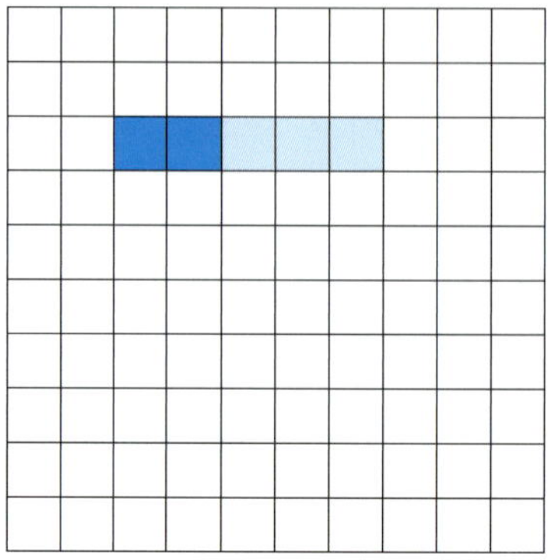

- 아동에게 $\frac{2}{5}$와 동치분수(크기가 같은 분수)를 만들어서 $\frac{2}{5}$의 $\frac{3}{4}$을 표현할 수 있는 방법을 찾게 한다. 예를 들면 $\frac{2}{5}$를 아래와 같이 표현한다면 $\frac{2}{5}$의 $\frac{3}{4}$을 표현할 수 있을 것이다.

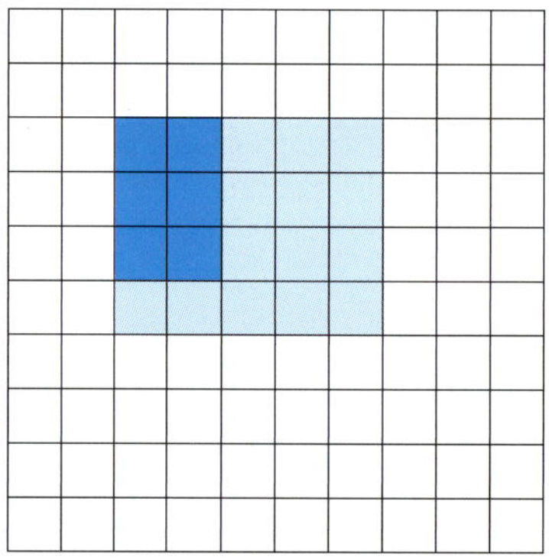

- 그러면 $\frac{2}{5}$의 $\frac{3}{4}$은 검은 부분의 $\frac{3}{4}$이 되는 사실을 설명한다. 그러면 $\frac{2}{5}$의 $\frac{3}{4}$, 즉 $\frac{2}{5}\times\frac{3}{4}$은 검은 부분의 $\frac{3}{4}$이므로 다음 그림과 같아지는 것을 설명한다. $\frac{2}{5}\times\frac{3}{4}$을 나타내는 검은 부분은 20칸 중에서 8칸이므로 답은 $\frac{6}{20}$이 된다.
- 그런데 검은 부분인 $\frac{6}{20}$은 가로가 5, 세로가 4인 직사각형 안에서 가로가 2, 세로가 3인 직사각형이다. 따라서 $\frac{6}{20}=\frac{2\times3}{5\times4}$이다. 따라서 $\frac{2}{5}\times\frac{3}{4}$의 값은 분

모끼리(5와 4) 곱해서 분모가 되고, 분자끼리(2와 3) 곱해서 분자가 되는 알고리즘을 아동에게 설명한다.

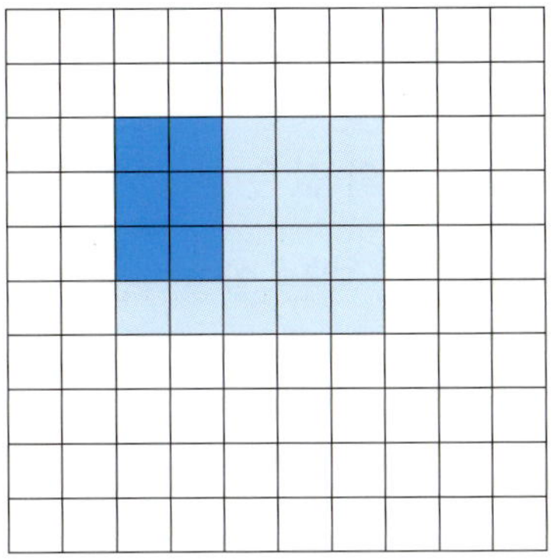

② 위의 사실을 퀴즈네어 색 막대로 표현하면 다음과 같아지는 것을 설명한다.

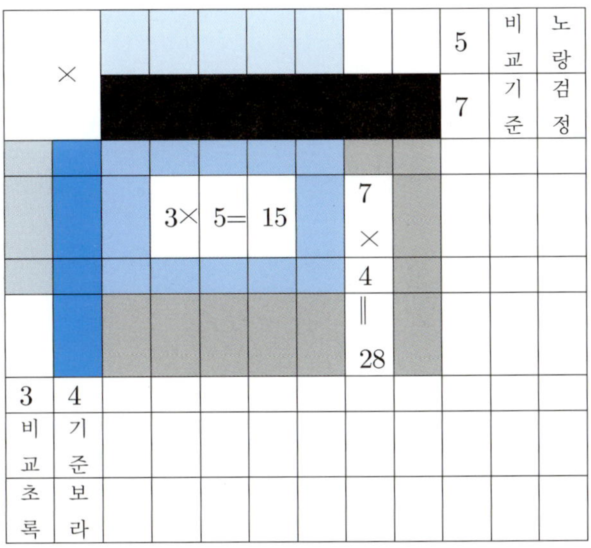

퀴즈네어 막대를 이용한 곱셈지도 ($\frac{3}{4}\times\frac{5}{7}$)

- $\frac{3}{4}$의 분모인 4막대(보라색)를 기준으로 $\frac{3}{4}$이 되는 막대인 3막대(연두색)을 세로 (또는 가로)에 배치하고, 마찬가지로 $\frac{5}{7}$의 분모인 7막대(검정색)를 기준으

로 $\frac{5}{7}$이 되는 막대인 5막대(노란색)을 가로 (또는 세로)에 배치하여 직사각형을 만들도록 지시한다.

- 세로가 보라색 막대, 가로가 검정색 막대로 이루어진 직사각형의 넓이를 계산하고, 세로가 연두색 막대로 이루어진 직사각형의 넓이를 계산하도록 지시한다.
- 모눈종이에서와 같이 $\frac{3}{4}\times\frac{5}{7}$의 값은 분모끼리(4와 7) 곱해서 분모가 되고, 분자끼리(3과 5) 곱해서 분자가 되는 알고리즘을 아동에게 설명한다.

마. 연습/적용

① 모눈종이 또는 퀴즈네어 색 막대를 사용하여 다양한 분수의 곱셈을 표현하도록 한다.

◆ 분수의 나눗셈 ◆

가. 내용

진분수끼리의 분수의 나눗셈, 일반적인 분수의 나눗셈, V장 5절 나. 참조

나. 목표

분수끼리의 나눗셈을 할 수 있다.

다. 학습보조자료

퀴즈네어 색 막대

라. 도입/발전

① 1. 비와 비례식 모델

(i) 비 모델

$$\frac{5}{6}\div\frac{3}{4}=?$$

- 두 분수를 표현할 수 있는 단위 막대를 고른다.
- 6과 4의 최소공배수인 12막대를 만든다.

주황(10) | 빨강(2) $= 1$

주황(10) $= \frac{5}{6}$

파랑(9) $= \frac{3}{4}$

그러면 $\frac{5}{6} \div \frac{3}{4} = \frac{10}{9}$.

(ii) 비례식 모델

비례식 $a:b=c:d$이 성립할 필요충분조건은 $a \times d = b \times c$이다. 즉, $a \div b = c \div d$ 또는 $\frac{a}{b} = \frac{c}{d}$이다. 그리고 비 $2:5$의 값은 $\frac{2}{5}$, 즉 $2 \div 5$이다. 마찬가지로 $\frac{5}{6} \div \frac{3}{4}$은 비 $\frac{5}{6} : \frac{3}{4}$의 값이다. 그런데 비례식의 성질에 의해서 $\frac{5}{6} : \frac{3}{4} = \frac{20}{24} : \frac{18}{24}$ $=20:18$이다. 따라서 비 $\frac{5}{6} : \frac{3}{4}$의 값은 비 $20:18$의 값인 $\frac{20}{18}$과 같다. 즉, $\frac{5}{6} \div \frac{3}{4} = \frac{20}{18} = \frac{5 \times 4}{6 \times 3} = \frac{5}{6} \times \frac{4}{3}$이다.

② 포함제 맥락에서의 역수의 곱 모델

분수의 단위(1)에 대한 정보는 분모에 있다. 또한 주어진 분수는 단위에 대한 분자의 비의 값이다. 포함제로서의 나눗셈 $1 \div \frac{3}{7}$의 의미는 1(단위) 속에 $\frac{3}{7}$이 몇 번 포함되는가? 의 문제이다. 다시 말하면 1(단위)은 $\frac{3}{7}$의 몇 배인가? 이다. 그런데 $\frac{3}{7}$의 단위는 분모인 7이다. 따라서 $1 \div \frac{3}{7}$은 단위인 7속에 3이 몇 번 들어 있는가의 문제이다. 즉, 포함제의 맥락에서 해석하면 $1 \div \frac{3}{7}$은 $7 \div 3$과 같다.

검정(7) $= 1$

연두(3) $= \frac{3}{7}$

그런데 $\frac{4}{5} \div \frac{3}{7} = (\frac{4}{5} \times 1) \div \frac{3}{7} = \frac{4}{5} \times (1 \div \frac{3}{7})$이므로 $\frac{4}{5} \div \frac{3}{7} = \frac{4}{5} \times \frac{7}{3}$이다.

마. 연습/적용

① (대분수)÷(진분수)를 계산한다.
② (대분수)÷(대분수)를 계산한다.
③ (가분수)÷(진분수)를 계산한다.
④ (가분수)÷(가분수)를 계산한다.

◆ 소수의 곱셈 ◆

가. 내용

- 소수의 곱셈
- 선수지식 : 자연수의 곱셈

나. 목표

소수끼리의 곱셈을 할 수 있다.

다. 학습보조자료

수모형, 모눈종이

라. 도입/발전

① 소수의 곱셈 (자연수의 곱셈의 유추로 지도)

- 모눈 한 칸의 길이가 0.1 로 약속

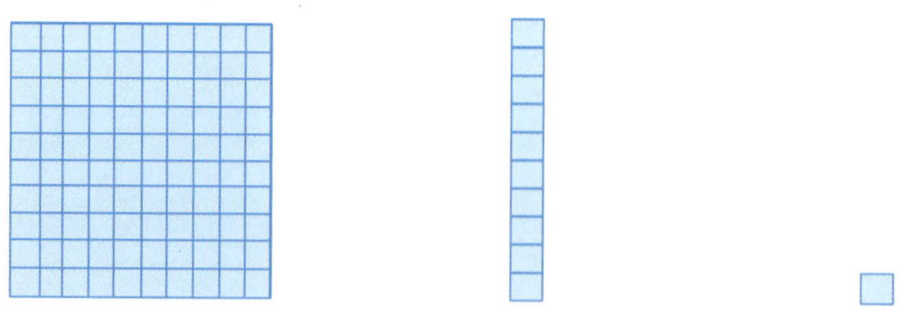

1	$\frac{1}{10}$	$\frac{1}{100}$
백모형	십모형	일모형

• 1.3 × 1.2 = ?

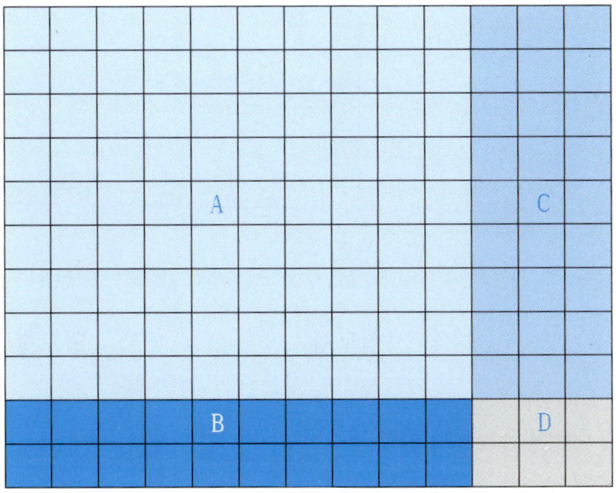

(대체-모눈종이)

$$\begin{array}{r} 1.3 \\ \times 1.2 \\ \hline 0.06(0.2\times0.3)-D \\ 0.2(0.2\times1)-C \\ 0.3(1\times0.3)-B \\ 1(1\times1)-A \\ \hline 1.56 \end{array}$$

- 위의 과정은 1.3×1.2=(1+0.3)×(1+0.2) 를 분배법칙을 이용하여 계산하는 과정을 수모형을 이용하여 그림으로 보여주는 장면이다.
- 소수점의 위치를 정하는 과정은 $1.3\times 1.2=\frac{13}{10}\times\frac{12}{10}=\frac{13\times12}{100}$ 을 계산하게 하여 소수점을 없앤 자연수의 계산을 한 후, 분모의 0의 개수만큼 맨 오른쪽에서부터 이동하여 소수점을 찍도록 지도한다.

② 소수는 자연수와 마찬가지로 십진법으로 만들어 졌음을 설명한다.

마. 연습/적용

① 여러 가지의 소수의 곱셈을 제시하고 계산하도록 한다.

② 수모형을 이용한 소수의 곱셈

- 수모형 중에서 십 모형의 길이를 단위로 정하면, 일 모형의 길이는 0.1, 백 모형과 천 모형의 한 변의 길이는 1 이 된다. 따라서 일 모형의 넓이는 $0.1\times0.1=0.01$, 십 모형의 넓이는 $1\times0.1=0.1$, 백 모형의 넓이는 $1\times1=1$ 이 된다.
- 그렇게 하면, 1.3 × 1.2 = ?를 수모형으로 표현하면 아래의 모눈종이의 A자리에 백 모형, B의 자리에는 십 모형 2개, C의 자리에는 십 모형 3개, D의 자리에는 6개의 일 모형이 놓이게 된다.
- 수모형을 이용한 소수의 표현(천 모형, 백 모형, 십 모형, 일 모형)

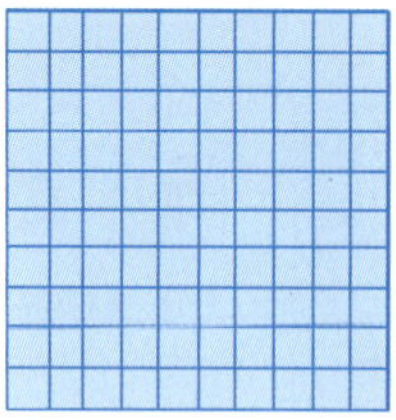

1

백모형

$\frac{1}{10}$

십모형

$\frac{1}{100}$

일모형

③ 몇 종류의 소수의 곱셈 방법을 조작활동을 통하여 지도한 후에는 기호만의 조작으로 소수의 곱셈에 익숙해지도록 지도한다.

◆ 소수의 나눗셈 ◆

가. 내용

- 소수의 나눗셈
- 선수지식 : 분수의 나눗셈

나. 목표

소수의 나눗셈을 할 수 있다.

다. 학습보조자료

수모형

라. 도입/발전

① 소수의 본질은 십진분수(분모가 10, 100, 1000, … 인 분수)임을 설명한다.

- $0.1=\frac{1}{10}$, $0.01=\frac{1}{100}$, $0.001=\frac{1}{1000}$, …
- $2.3=\frac{23}{10}$, $3.21=\frac{321}{100}$ 등을 설명한다.

② 소수의 나눗셈은 두 소수를 십진분수로 고친 다음, 분수의 나눗셈 방법을 따라 계산한다.

- $4.8 \div 0.6 = \frac{48}{10} \div \frac{6}{10} = 48 \div 6 = 8.$

③ 나머지가 있는 소수의 나눗셈은, 나머지를 제대로 계산하기 위해서 유념해야한다.

- $5.87 \div 1.6 = \frac{587}{100} \div \frac{16}{10} = \frac{587}{100} \div \frac{160}{100} = 587 \div 160 = 3 \ldots 107$ 이

  아니고, 나머지는 $\frac{107}{100}$=1.07임을 설명한다.

마. 연습/적용

① 다양한 문제를 제시하고 아동들이 소수 나눗셈에 충분히 숙달되도록 지도한다.

◆ 분수를 소수로 고치기 ◆

가. 내용

소수(십진분수)의 동치
선수지식 : 자연수의 자릿값을 확장시키는 의미에서의 소수
소수의 자릿값
분수의 동치

나. 목표

분수가 주어지면 이와 동치인 소수를 알아낼 수 있다.

다. 학습보조자료

모눈종이, 수모형

라. 도입/발전

① 아동들에게 주어진 모눈종이 또는 수모형에 대하여 서로 동치인 분수와 소숫를 표현하게 함으로서 소수의 의미를 알아본다.

- 십 모형을 1이라고 할 때, 일 모형은 얼마인가? (답 : $\frac{1}{10}$)
- 백 모형을 1이라고 할 때, 십 모형은 얼마인가? (답 : $\frac{1}{10}$)

- 천 모형을 1이라고 할 때, 백 모형은 얼마인가? (답 : $\frac{1}{10}$)
- 따라서 $0.1=\frac{1}{10}=\frac{10}{100}=\frac{100}{1000}$ 이 되는 사실을 설명한다.

② 모눈종이서 단위(1)을 정하고 색칠해가면서 위의 내용을 확인시킨다.

③ 아동에게 모눈종이 위에 여러 가지 방법으로 색칠해진 부분을 소수와 분수로 나타내게 한다.

- 예 :

답 : $\frac{7}{10}=0.7$

④ 분모가 10, 100, 1000인 부수를 제시한 다음, 그들과 동치인 소수를 적도록 한다.

⑤ 분모가 2, 4, 5인 분수를 소수로 바꾸는 방법을 설명한다.

- $\frac{1}{2}$은 $\frac{1}{10}$ 몇 개와 같은가?

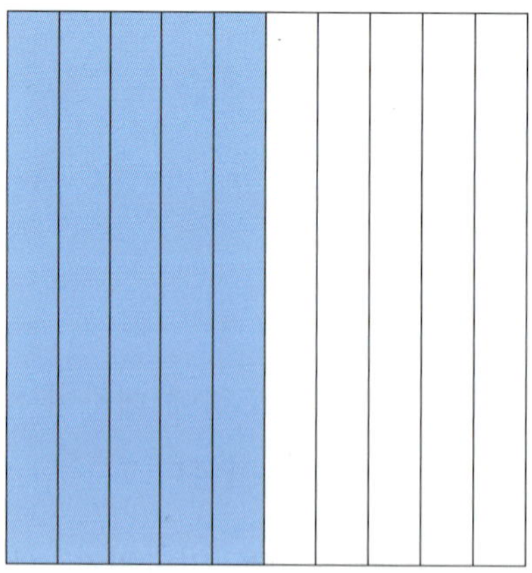

답 : $\frac{1}{2}=\frac{5}{10}=0.5$

- $\frac{1}{2}$은 $\frac{1}{100}$ 몇 개와 같은가?

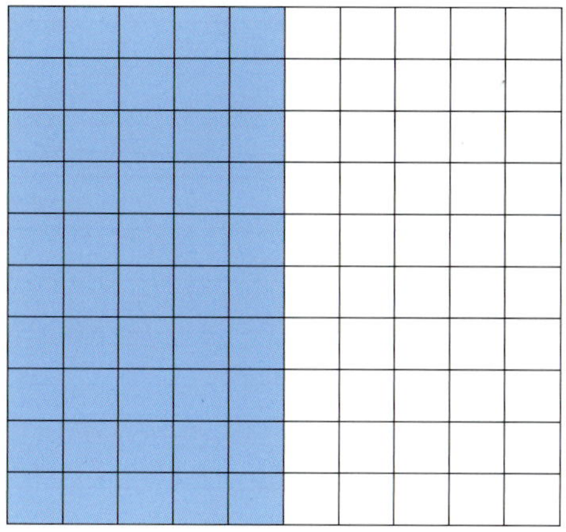

답 : $\frac{1}{2}=\frac{50}{100}=0.5$

- $\frac{1}{5}$은 $\frac{1}{10}$ 몇 개와 같은가?

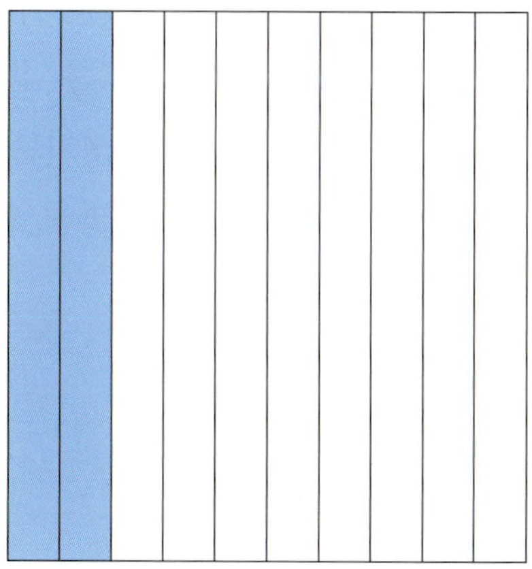

답 : $\frac{1}{5}=\frac{2}{10}=0.2$

- $\frac{1}{4}$은 $\frac{1}{100}$ 몇 개와 같은가?

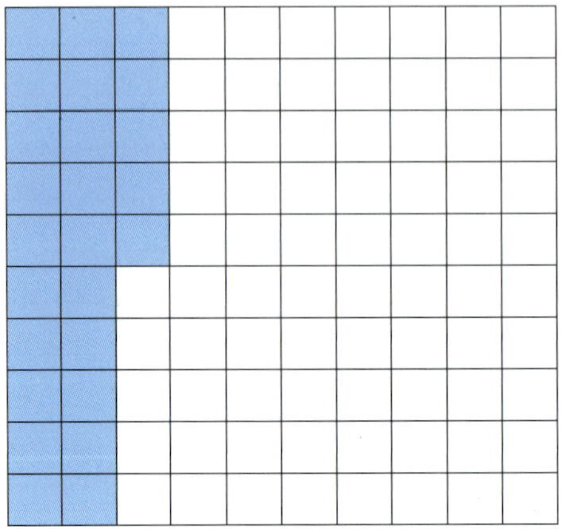

답 : $\frac{1}{4} = \frac{25}{100} = 0.25$

⑥ 아동에게 모눈종이와 수모형을 사용하지 않고 분수를 소수로 고치는 방법을 생각해 보도록 한다.

예 : 주어진 분수를 10, 100, 1000을 분모로 가지는 분수로 동치분수로 고치도록 한다. 그 다음, 그에 해당하는 소수로 적도록 한다.

⑦ 분모가 4, 5, 8인 분수를 제시하고 동치인 소수를 찾도록 한다.

- 분모가 4, 5, 8인 분수를 소수로 고칠 때에 생기는 규칙성을 찾도록 한다.

⑧ 몫의 분수 맥락에서 분수를 소수로 고치는 방법을 설명한다.

$\frac{3}{4} = 3 \div 4$ 이므로

$$\frac{3}{4} = 4 \overline{)3} \quad (0.75)$$

마. 연습/적용

① 분수를 소수로, 소수를 분수로 바꾸는 연습을 시킨다. 이때 이때 일반적으로 자주 사용하는 분수를 포함시킨다(분모가 2, 4, 8, 16, 32인 분수 등).

제 7 장 오류교정을 위한 면담 방법

이 장에서는 아동이 범하는 오류를 교정하기 위하여 시행하는 면담 방법과 면담에 필요한 게임을 설명하고자 한다.

01 0과 자연수 – 기초 개념

면담 :	코드번호 : 0020
주제 : 0과 자연수–기초 개념 개념 : 기수 0 교구 : 칩 또는 바둑알 5개	

- 아동에게 칩 5개를 주고, 그 중에서 4개의 칩을 책상 위에 놓게 한다. 나머지 칩 하나를 더 놓게 한다. 손에 쥔 것이 모두 몇 개인지 묻는다.
- 모두 몇 개인가?
- 아동에게 '0'개의 칩을 보이라고 한다.
- 만일 아동이 어려움을 느끼면, 5개의 칩에서 한 개 씩 없애 가면서 그에 해당하는 수를 말하게 한다.
- 마지막 한 개를 없애면서 지금 책상 위에 있는 칩에 해당하는 수를 무엇이라고 하는지 묻는다.

면담 :	코드번호 : 0060

주제 : 0과 자연수–기초 개념
개념 : 기수 1–10
교구 : 칩 또는 바둑알 10개, 점 카드, 숫자카드, 자릿값 판, 난쟁이와 거인 그림

- 아동에게 6개의 칩을 보여준다. 모두 몇 개지? 아동이 1개에서 10개 까지의 양을 알고 있는가?
- 아동에게 10개의 칩을 보여준다. 칩을 셀 때 하나씩 집어가면서 센다.
- 카드에 그려진 점을 세어 보게 한다.
- 숫자카드 한 장씩을 보여주면서 아동에게 숫자를 말하게 한다.
- 서로 같은 점이 그려진 카드와 숫자 카드를 나란히 놓게 한다.
- 아동에게 1이 10개인 것과 십이 1개인 것의 차이점을 아래와 같은 예를 들어서 설명한다.

거인 나라	난쟁이 나라

(그림 출처 : 인터넷)

면담 :	코드번호 : 0070–1

주제 : 0과 자연수–기초(기수 개념)
개념 : 10보다 큰 기수
교구 : 칩 또는 바둑알 30개

- 아동에게 20개의 칩을 보여준다.
- 아동에게 칩을 세도록 시키고 그 수만큼의 점을 찍게 한다.
- 아동에게 18개의 칩을 보여주고 몇 개인지 묻는다.
- 아동에게 26개의 칩을 보여주고 몇 개인지 묻는다.

면담 :	코드번호 : 0130

주제 : 0과 자연수-기초 개념
개념 : 수의 순서
교구 : 점이 그려진 카드 두 세트

- 점이 그려진 카드를 두 장 보여주고 두 카드 중에서 점이 더 많이 있는 카드와 점이 적게 있는 카드를 가리키도록 한다.
- 각각 다섯 개의 점이 있는 두 장의 카드를 보여주고, 어느 카드에 점이 더 많은지 가리키게 한다.
- 세 장의 카드를 보여준다. 점이 가장 적은 카드부터 차례로 놓게 한다.
- 다른 카드를 가지고 반복해서 해본다.
- 아동에게 세 장의 카드를 주고, 점이 가장 많은 카드부터 차례로 배열해 보도록 한다.

면담 :	코드번호 : 0150

주제 : 0과 자연수-기초 개념
개념 : 서수
교구 : 블록 9개, 손수건

- 블록을 일렬로 늘어놓는다.
- 첫 번째 블록을 가리키면서, 이것이 첫 번째 블록이면 맨 마지막 블록은 어떤 것이니? 세 번째 블록은? 여섯 번째 블록은? 등등.
- 아홉 번째 블록을 가리키면서, 이것은 몇 번째 블록이니?
- 손수건으로 다섯 번째까지의 블록을 가리고 아홉 번째의 블록을 가리키면서, 이것이 아홉 번째 블록이다. 천으로 가려진 블록은 몇 개일까? 왜 그렇지?
- 만일 아동이 맞추지 못하면, 여섯 번째 블록을 가리키면서, 이것이 여섯 번째 블록이다. 몇 개가 감추어져 있지? 왜 그러니?

면담 :	코드번호 : 0160

주제 : 0과 자연수-기초 개념
개념 : 1씩 증가하는 수열
교구 : 블록 20개

- 7개의 블록을 보이면서 몇 개지?
- 한 개를 더해서, 이제는 몇 개지?
- 한 개를 더해서, 이제는 몇 개지?
- 13개의 블록을 보이고 위와 같이 반복한다.

면담 :	코드번호 : 0170

주제 : 0과 자연수-기초 개념
개념 : 건너뛰어 세기
교구 : 칩 50개

- 두 개씩 세어보게 한다: 2, 4, 6.....
- 다섯 개씩 세어보게 한다: 5, 10, 15.......
- 열 개씩 세어보게 한다: 10, 20, 30........
- 20개의 칩을 둘씩 묶어서 세어보게 한다.
- 50개의 칩을 다섯씩 묶어서 세어보게 한다.
- 50개의 칩을 열씩 묶어서 세어보게 한다.

02 0과 자연수 – 자릿값

면담 :	코드번호 : 0070-2
주제 : 0과 자연수–자릿값 개념 : 10보다 큰 기수(두 자릿수) 교구 : 수모형–일 모형, 십 모형	

- 아동에게 수모형 중에서 일 모형과 십 모형을 여러 개 보여주고, 각 모형의 이름을 알려준다.
- 십 모형에는 일 모형이 몇 개 들어 있니?
- 9보다 큰 수, 예를 들어 23을 주고, 가장 적은 개수의 수모형으로 이 수를 나타내게 한다.
- 99까지의 임의의 수를 말하고 가장 적은 개수의 수모형으로 그 수를 나타내도록 시킨다.
- 수모형으로 9보다 큰 수를 만들어서 보여주고 아동에게 그 수를 말하게 한다. 여러 가지 예를 반복한다.
- 수모형으로 여러 개의 수를 보여주고, 아동에게 그 수를 말하고 적게 한다.

면담 :	코드번호 : 0080
주제 : 0과 자연수 개념 : 세 자리 수 교구 : 수모형–일 모형, 십 모형, 백 모형, 자릿값 판	

- 아동 앞에 일 모형, 십 모형, 백 모형을 보여주고 각각의 이름을 말하게 한다.
- 십 모형 12개를 아동에게 보여주고 그것을 가장 적은 개수의 수모형으로 나타내게 한다. 만일 아동이 백 모형 한 개와 십 모형 두 개를 보이면, 그것이 십 모형 12개와 같은 이유를 설명하게 한다.
- 아동에게 243, 105, 999를 가장 적은 개수의 수모형으로 자릿값 판에 보이도록 한다.
- 100과 1000사이의 임의의 수를 자릿값 판에 보여주고 아동이 이에 해당하는 수를 말하게 하고 종이 위에 적도록 시킨다.
- 다른 예를 계속한다.

면담 :	코드번호 : 0090

주제 : 0과 자연수-자리값
개념 : 네 자리 이상의 수
교구 : 수모형 한 세트, 십진 주판, 모눈종이

- 백 모형(100) 몇 개로 천 모형 (1000)을 만들 수 있는가? 천 모형(1000)안에는 십 모형(10)가 몇 개 있나?
- 천 모형(1000) 안에는 일 모형(1)이 몇 개 있나? 세지 않고 답할 수 있나?

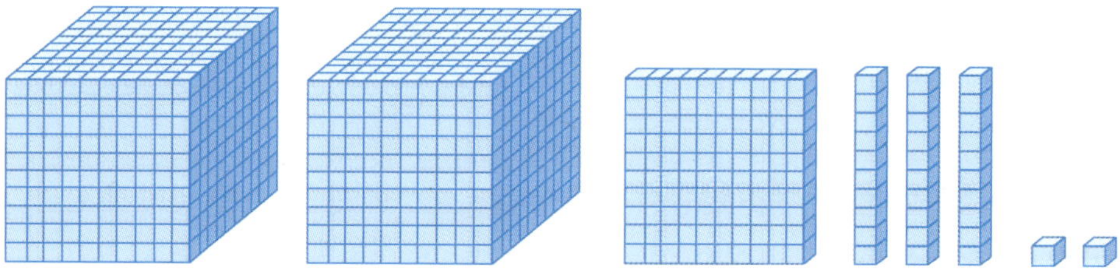

천 모형　　　　백 모형　　십 모형　　일 모형

- 이런 것을 보면 수학 시간에 배운 내용 중에서 생각나는 것이 있나?
- 수모형과 자릿값 판을 이용해서 1000-10000 사이의 여러 가지 수를 익히는데, 다음 두 가지 방법을 사용한다.
  I. 주어진 수를 수모형으로 만들기
  II. 수모형을 나열하고, 이에 해당하는 수를 찾기.
- 아동에게 어떤 자연수의 한 자릿수를 지적해서 그 수를 자릿값 판에 수모형으로 표현하거나, 십진 주판으로 보이거나, 모눈종이에 나타내게 하고 그 숫자를 종이에 적게 한다.
- 이 순서를 거꾸로 해보게 한다.

면담 :	코드번호 : 0100
주제 : 0과 자연수-자릿값 개념 : 수의 전개 교구 : 수모형, 자릿값 판	

- 자릿값 판 위에 수모형으로 635를 보여주고 이를 수의 전개식으로 적게 한다.
- 또 다른 수로 위 방법을 반복한다.
- 또한, 수의 자리의 순서를 뒤섞어서 전개해 놓고 그 수를 적게 한다.
  (즉, 70+300+4, 일이 2, 십이 3, 백이 9 등)
- 아동에게 이 수를 수모형으로 나타내게 하고 이를 숫자로 쓰게 한다.

면담 :	코드번호 : 0110
주제 : 0과 자연수-자릿값 개념 : 반올림 교구 : 수모형 한 세트, 자릿값 판	

- 자릿값 판에 수모형으로 29를 보여준다. 일의 자리에서 반올림하면 어떤 수가 되는가? 왜 그런가? 42와 75등으로 반복하면서 아동에게 매 번 그 이유를 묻는다.
- 5로 끝나는 숫자의 반올림하는 규칙을 아동에게 주지시킨다.
- 자릿값 판에 112를 보여주고, 일의 자리에서 반올림하고, 십의 자리에서 반올림하게 한다.
- 세 자릿수로 반복 연습한다.
- 천 자리 수까지 확장한다.

03 0과 자연수 - 덧셈

면담 :	코드번호 : 0400, 0600

주제 : 0과 자연수-덧셈과 뺄셈
개념 : 0과 자연수의 덧셈과 뺄셈의 기호와 의미
교구 : 덧셈과 뺄셈 수식으로 된 카드 ; 칩 20개

- 8+7이 적힌 카드를 보여주면서, 이 것 한 번 읽어보겠니?
- 8은 무엇을 의미하니? 그것을 어떻게 알 수 있니? 7은 무엇을 의미하니? 어떻게 알았지?
- 덧셈 기호를 가리키며, 이것은 무슨 뜻이니? 그것을 뭐라고 부르는지 아니?
- 아동이 덧셈 기호와 더하는 수에 대해서 아는지 알아본다. 필요하면 아동에게 칩을 주어서 설명하게 한다.
- 9=5+4가 적힌 카드를 아동에게 보여준다. 이것 한 번 읽어보겠니? 전체를 가리키는 수가 어떤 것이니? 이 수를 또 무엇이라고 부르는지 아니?
- 12=9+3과 6+5=11이 적힌 카드를 보여준다. 각각의 수를 가리키고 어느 수가 전체의 부분이고 어느 수가 전체인지 말하게 한다.
- □=△+◇가 적힌 카드와 △+◇=□가 적힌 카드를 보여준다.
- 위의 과정을 반복한다.
- 뺄셈으로 된 식을 적은 카드를 가지고 위의 과정을 반복한다.

면담 :	코드번호 : 0410

주제 : 0과 자연수-덧셈
개념 : 묶는 의미의 덧셈
교구 : 칩 8개

- 아동 앞에 놓인 책상 위에 칩을 놓는다.
- 칩을 세 개 놓는다.
- 다른 칩을 네 개 놓고 이 두 묶음을 하나의 묶음으로 합한다. 아동에게 자기가 한 활동을 수식으로 표현하고 자기가 한 것을 설명하게 한다.
- 더 큰 수를 가지고 반복한다.

면담 :	코드번호 : 0450

주제 : 0과 자연수-덧셈
개념 : 덧셈의 기본 개념
교구 : 칩 18개, 하인스톡(Hainstock) 블록 1세트, 수학양팔저울(또는 천칭)

- 두 수를 더해서 6이 되는 식을 칩을 이용하여 모두 보여준다.
  즉

○○○○○○		6+0=6
○○○○○	○	5+1=6
○○○○	○○	4+2=6
○○○	○○○	3+3=6
○○	○○○○	2+4=6
○	○○○○○	1+5=6
	○○○○○○	0+6=6

- 9를 가지고 만들 수 있는 덧셈 수식을 아는 대로 쓰고 설명하게 한다.
- 하인스톡 블록을 숫자가 아래로 향하도록 책상 위에 놓는다.
- 하인스톡 블록 한 개를 선택하여 그 수를 가지고 만들 수 있는 모든 덧셈 식을 만든다. 다른 숫자의 블록을 가지고 이를 반복한다.
- 수학양팔저울(천칭) 한 쪽에 추를 두 개 건다. 예를 들면 4+3, 1+2, 5+4, 2+4 등. 추 한 개만 사용해서 양팔 저울이 수평이 되도록 다른 쪽에 건다. 덧셈에서 더한 전체가 어떤 수이고 각각의 부분이 어떤 수인지 지적한다.
- 합이 10~18인 경우에 대해서 이를 반복한다.

면담 :	코드번호 : 0460

주제 : 0과 자연수-덧셈
개념 : 여러 자리인 두 자연수의 덧셈(받아 올림이 없는 경우)
교구 : 수모형-일 모형, 십 모형, 백 모형

- 가장 적은 개수의 수모형으로 23을 만들게 한다.
- 가장 적은 개수의 수모형으로 15를 만들게 한다.
- 위의 두 수모형들을 합하면 어떻게 되는지를 보이게 한다.
- 모두 몇 개인가?
- 이 활동을 덧셈의 식으로 적게 한다.
- 몇 개의 예를 더 들고 난 후 성과가 있으면 아동에게 지필로 답을 구하게 한 다음 수모형으로 답을 구하게 한다.

면담 :	코드번호 : 0470

주제 : 0과 자연수
개념 : 여러 자리인 두 자연수의 덧셈(받아 올림이 있는 경우)
교구 : 수모형-일 모형, 십 모형, 백 모형; 자릿값 판 3장

- 첫 번째 자릿값 판에 가장 적은 개수의 수모형으로 27을 만든다.
- 두 번째 자릿값 판에 65를 만들고, 세 번째 자릿값 판에 두 수를 합한다.
- 일 모형 열 개와 십 모형 한 개를 교환한다. 모두 합하면 얼마가 되나?
- 수모형을 이용하여 방금 한 것과 같은 예를 만들어 보게 한다.
- 148과 237의 덧셈을 같은 방법으로 해본다.

〈참조〉

① 일 단위에서 십 단위로 받아 올림이 있는 세 자리 수의 덧셈을 예로 든다.

수의 덧셈				수모형, 칩			
천	백	십	일	천	백	십	일
	2	3	7		◆◆	◄◄◄	○○○○ ○○○
+	1	2	5		◆	◄◄	○○○○○

- 덧셈은 모으기임을 상기시킨다.
- ○ 열개와 ◄ 한 개를 바꾼다.

수의 덧셈				수모형, 칩			
천	백	십	일	천	백	십	일
		1					
	2	3	7		◆◆	◄	
+	1	2	5		◆	◄◄◄◄◄	
			2				○○

수의 덧셈				수모형, 칩			
천	백	십	일	천	백	십	일
		1					
	2	3	7				
+	1	2	5				
	3	6	2		◆◆◆	◄◄◄◄◄◄	○○

- 수모형 또는 칩을 옮기는 즉시 그에 맞는 수의 변화를 적도록 한다. 아동에게 수모형로 조작한 것이 필산으로 계산한 것과 어떤 연관성이 있는지 묻는다.

면담 :	코드번호 : 0580

주제 : 0과 자연수-덧셈
개념 : 1과 0(덧셈에 관한 항등원)의 역할
교구 : 칩 18개, 수학양팔저울, 접시 또는 그릇

- 칩을 여덟 개 놓는다. 한 개를 더 놓고 몇 개인지 묻는다. 한 개를 더 놓고 몇 개인지 묻는다.(아동이 매번 칩의 수를 처음부터 세는지 아니면 곧바로 다음 수를 말하는지를 살핀다.) 양팔저울의 한 쪽에 두 개의 추를 걸고, 반대편에 추를 한 개를 걸어서 수평이 되게 한다.
- 추를 1과 3에 걸고, 수평이 되게 한다.
- 추를 1과 4에 걸고, 수평이 되게 한다.
- 아동이 자동으로 응답 할 수 있을 때까지 계속한다.
- 어떤 수에 1을 더하면 어떻게 되나? 수식을 적는다.(1+1=2, 1+2=3, 1+3=4.....)
- 책상 위에 일곱 개의 칩을 담은 접시를 놓고, 여기에 칩이 없는 빈 접시를 놓은 다음, 이러한 상황을 덧셈의 식으로 표시하게 한다. 다른 수를 가지고 반복한다.
- 어떤 수에 0을 더하면 어떻게 되나? 어떤 규칙을 갖는지 적어본다.
  (0+0=0, 1+0=1, 2+0=2, 3+0=3....)

04 0과 자연수 - 뺄셈

면담 :	코드번호 : 0610
주제 : 0과 자연수-뺄셈 개념 : 가르기 맥락의 뺄셈 교구 : 수모형-일 모형, 십 모형, 점이 그려진 카드, 접시 또는 그릇 3개	

- 접시 한 개에 9개의 수모형을 담는다. 아동에게 수모형 9개를 비어있는 두 개의 접시에 나누어 담을 때, 한 접시에 5개를 담으면 다른 접시에는 몇 개를 담게 되는지를 묻는다.
- 아동에게 책상위에 가장 적은 개수의 수모형을 이용하여 28을 만들게 한 후에 , 28을 둘로 나누는데 한 묶음에 15개가 있으면 다른 묶음에는 몇 개가 있을지 묻고, 수모형으로 이 과정을 나타내게 한다.
- 비슷한 예를, 점이 그려진 카드를 이용하여 아동이 시범을 보이도록 한다.
- 이 과정에서 쓰인 연산은 어떤 것이었는지 묻고 이에 대한 다른 예를 만들어 보게 한다.

면담 :	코드번호 : 0630

주제 : 0과 자연수-뺄셈
개념 : 덧셈의 역으로서의 뺄셈
교구 : 수학양팔저울 또는 천칭, 수모형 일 모형 18개, 칩 또는 바둑알

- 수학양팔저울의 한쪽에 두 개의 추를 걸어 놓고, 이 두 수가 어떤 수의 부분인지 묻고, 그 합은 얼마인지 묻는다.
- 수학양팔 저울이 수평이 되도록 반대편에 추를 걸어놓고 답을 말하게 한다.
- 방금한 활동을 수식으로 적게 한다.
- 부분+부분=전체가 되는 다른 예를 몇 개 더 든다.
- 수학양팔저울의 7번째에 추를 걸고 반대편의 4번째에 추를 건 다음, 7이 전체이고 4가 부분이면 다른 부분은 얼마인지 묻는다.
- 다른 여러 예를 든 다음, 몰랐던 다른 부분을 찾는 데 어떤 연산이 쓰였는지 묻는다. 부분에 부분을 더해서 전체가 되는 식을 적게 한다.
- 아동에게 같은 관계를 보이는 덧셈의 예를 몇 개 더 적도록 한다.
- 8개의 칩을 보여준다. 8이 전체이고 한 부분이 5일 때 이 관계를 덧셈식과 뺄셈식으로 적게 한다.
- 아동에게 부분을 모르는 경우의 예를 보여준다. $4 + \square = 10$.
- 아동에게 위의 식을 칩을 이용하여 보이도록 한다.

면담 :	코드번호 : 0650

주제 : 0과 자연수-뺄셈
개념 : 뺄셈의 기초 지식
교구 : 칩 18개, 하인스톡 블록 1세트

- 6에 대한 뺄셈식을 모두 보여준다.

○○○○○○		6−0=6
○○○○○	○	6−1=5
○○○○	○○	6−2=4
○○○	○○○	6−3=3
○○	○○○○	6−4=2
○	○○○○○	6−5=1
	○○○○○○	6−6=0

- 15에 대한 뺄셈식을 모두 적고 칩으로 이를 보여준다.
- 하인스톡 블록의 한 쪽을 가리고 아동에게 5−2=_____같은 뺄셈의 답을 말하게 한 다음, 블록을 다 보여주고 확인하게 한다. 다른 숫자의 블록을 가지고 반복한다.

면담 :	코드번호 : 0660

주제 : 0과 자연수-뺄셈
개념 : 여러 자리 수의 뺄셈(받아 내림이 없는 경우)
교구 : 수모형-일 모형, 십 모형, 백 모형

- 가장 적은 수의 수모형으로 46을 만들게 한다.
- 46에서 14를 빼는 방법을 아동에게 묻는다.
- 수모형을 이용하여 이를 보이고 식으로 쓰게 한다.
- 54에서 30을 빼면 얼마인지 수모형을 사용해서 보게 하고 이를 식으로 나타내게 한다.
- 위의 방법으로 248에서 125를 빼게 한다.

면담 :	코드번호 : 0670

주제 : 0과 자연수-뺄셈
개념 : 여러 자리 수의 뺄셈(받아 내림이 있는 경우)
교구 : 수모형 1세트

- 가장 적은 개수의 수모형으로 54와 27을 표현하게 한다.
- 54에서 27을 빼는 방법을 아동에게 묻는다.
- 54에서 27을 빼면 얼마인지 수모형을 사용해서 보게 하고 이를 식으로 나타내게 한다.
- 위의 방법으로 534에서 248을 빼게 한다.

〈참고〉

① 십 단위에서 일 단위로 받아 내림이 있는 세 자리 수의 뺄셈을 예로 든다.
올림이 있는 세 자리 수의 덧셈을 예로 든다.

수의 뺄셈				수모형, 칩			
천	백	십	일	천	백	십	일
	3	4	5		◆◆◆	◄◄◄◄	○○○○○
−	1	2	7				

수의 뺄셈				수모형, 칩			
천	백	십	일	천	백	십	일
		3	15				○○○○○ ○○○○○
	3	4	5		◆◆◆	◄◄◄	○○○○○
−	1	2	7				

- ◄ 한 개와 ○ 열개를 바꾼다.
- ○ 열개는 일의 나라 밖에서 대기하도록 한다.

수의 뺄셈				수모형, 칩			
천	백	십	일	천	백	십	일
		3	15				
	3	4	5		◆◆	◄	○○○○○ ○○○
−	1	2	7				
	2	1	8				

- 수모형 또는 칩을 옮기는 즉시 그에 맞는 수의 변화를 적도록 한다.

면담 :	코드번호 : 0780

주제 : 0과 자연수-뺄셈
개념 : 1과 0의 역할
교구 : 칩 10개

- 아동에게 열 개의 칩을 주고, 한 개를 없애면 칩이 몇 개인지를 묻는다. 다른 수를 가지고 여러 번 반복한다.
- 어떤 수에서 1을 빼는 것은 어려운 계산인가? 왜 어렵지 않은가?
- 30-1은 무엇인가? 100-1은?
- 아동에게 칩으로 전체 - 부분 = 부분인 관계를 나타내게 하고 한 부분이 0인 경우도 나타내게 한다. 7-0=7
- 아동에게 0이 전체인 예를 들 수 있는지를 묻는다.
- 0이 아닌 다른 수가 있는가? 0-0=0

05 0과 자연수 - 곱셈

면담 :	코드번호 : 0800, 1000

주제 : 0과 자연수-곱셈과 나눗셈
개념 : 0과 자연수의 곱셈과 나눗셈의 기호와 의미
교구 : 수의 곱셈식과 나눗셈식이 적힌 카드, 칩 40개

- 6×5가 적힌 카드를 보인다. 이것을 읽어보자.
- 6이 무엇을 의미하나? 5는 무엇을 의미하나?
- 곱셈기호를 가리킨다. 이 기호는 무엇을 의미하나? 무엇이라고 부르는가?
- 아동이 인수와 곱셈 기호를 사용하는지를 알아보고, 필요하면 칩으로 계산하도록 한다.
- 24=8×3이 적힌 카드를 보여주고 읽게 한다. 전체를 나타내는 숫자는 어떤 것인가?
- 9×4=36과 28=7×4가 적힌 카드를 보여준다. 각 수를 가리키면서 그 수가 인수인지, 곱인지를 말하게 한다.
- 어떻게 알았는가?
- ◇+△=□와 □=◇× 적힌 카드를 보여준다.
- 각 기호를 가리키며 그것이 인수인지 곱인지를 말하게 하고 어떻게 알았는지 묻는다.
- 나눗셈 카드로 위와 같은 활동을 반복한다.

면담 :	코드번호 : 0810

주제 : 0과 자연수-곱셈
개념 : 같은 개수의 묶음의 합으로 곱셈하기
교구 : 칩 25개; 수모형 - 일 모형, 십 모형, 백 모형

- 칩이 4개씩 있는 3묶음을 보여준다. 모두 몇 개인가?
- 4개씩 3묶음을 나타내는 식을 적을 수 있겠는가?
- 6개씩 4묶음을 가지고 반복한다.
- 12개씩 3묶음을 보여주고, 전체를 계산하고 이를 식으로 적게 한다.

면담 :	코드번호 : 0840

주제 : 0과 자연수-곱셈
개념 : 덧셈의 반복(동수 누가)으로서의 곱셈
교구 : 수학양팔저울

- 수학양팔저울의 네 번째에 추를 두 개 걸고 반대쪽에 수평이 되도록 추를 건다.
- 이것을 식으로 나타내게 한다.
- 아동이 4+4=8이라 적으면 이것을 곱셈식으로 표현할 수 있는지 묻는다.
- 만일 아동이 처음에 2×4=8이라 적으면 덧셈 식으로 표현하게 한다.
- 수학양팔 저울의 3번째 걸이에 3개의 추를 걸고 위와 같이 수평이 되도록 하여 덧셈식과 곱셈식으로 나타내게 한다.

면담 :	코드번호 : 0870

주제 : 0과 자연수-곱셈
개념 : 곱셈의 기본 개념
교구 : 양팔저울 ; 숫자카드

- 아동에게 5×3, 4×2, 3×9, 4×6, 4×8과 같은 문제를 양팔저울을 이용하여 보이도록 한다.
- 플래시카드를 이용하여 구구단 중 아동이 암기하는 것과 암기하지 못하는 것을 알아본다.

면담 :	코드번호 : 0880

주제 : 0과 자연수–곱셈
개념 : 여러 자리 수의 곱셈(받아 올림이 없는 경우)
교구 : 수모형 – 일 모형, 십 모형, 백 모형 또는 모눈종이

- 수모형으로 2×43을 보인다.
- 3×30, 4×201, 3×123 등을 보인다. 아동에게 각각에 대해서 수식을 적게 한다.
- 아동에게 개념 테스트에서 틀린 문제를 수모형을 사용하여 풀게 한다.
- 위의 문제를 모눈종이를 이용하여 풀게 한다.

면담 :	코드번호 : 0890

주제 : 0과 자연수–곱셈
개념 : 여러 자리 수와 한 자리 수의 곱셈(받아 올림이 있는 경우)
교구 : 수모형–일 모형, 십 모형, 백 모형

- 수모형으로 3×28을 보여준다.
- 가능한 경우 일 모형을 십모형로 교환한다.
- 4×135를 보이고 이를 수식으로 적게 한다.
- 개념 테스트에서 틀린 문제를 가지고 반복한다.

면담 :	코드번호 : 0910

주제 : 0과 자연수-곱셈
개념 : 10과 10의 배수와의 곱셈
교구 : 수모형 한 세트, 모눈종이

- 세 개의 단위 막대 열 묶음을 10×3 배열로 늘어놓는다.
- 이것이 어떤 연산의 예를 나타내는가?
- 가장 적은 수의 막대로 나타내도록 막대를 교환할 수 있는가?
- 10×30의 배열을 만들고 가능하면 막대를 교환한다.
- 30×14의 배열을 수모형으로 표현하고 필요하면 막대를 교환한다.
- 30×14 배열을 그려보아라.
- 30×14를 계산해 본다.

  30×14배열

30칸

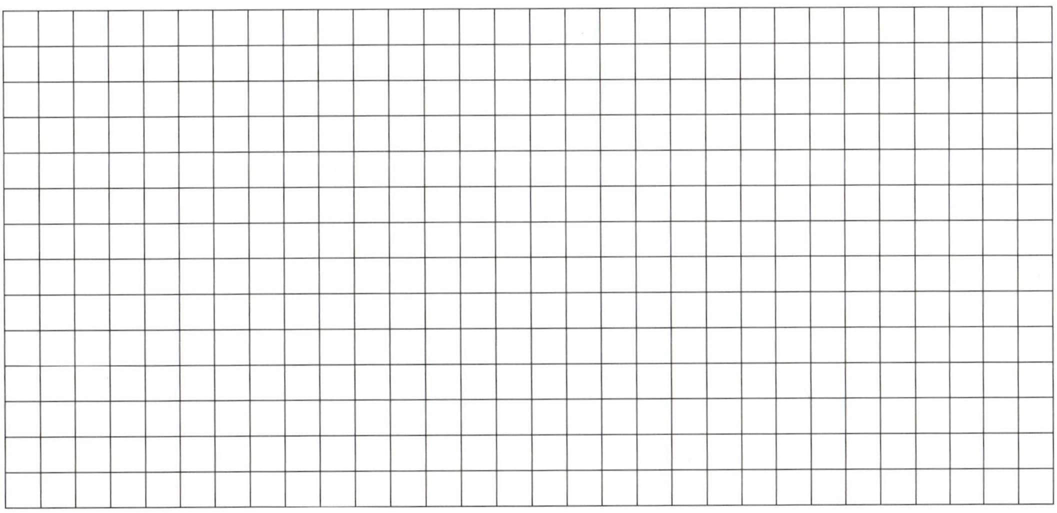

14줄

- 아동에게 모눈종이를 주고, 다른 예들을 가지고 반복시킨다.

〈참고〉

① 문제 상황을 제시하고 이를 해결하는 방법을 토의한다.

- 예 : 연필 한 타스는 12개이다. 연필 13타스는 몇 개인가?

② 받아 올림이 있는, 두 자릿수끼리 곱하는 예를 제시한다.

- 연필 한 타스는 12개이다. 연필 13타스는 몇 개인가?

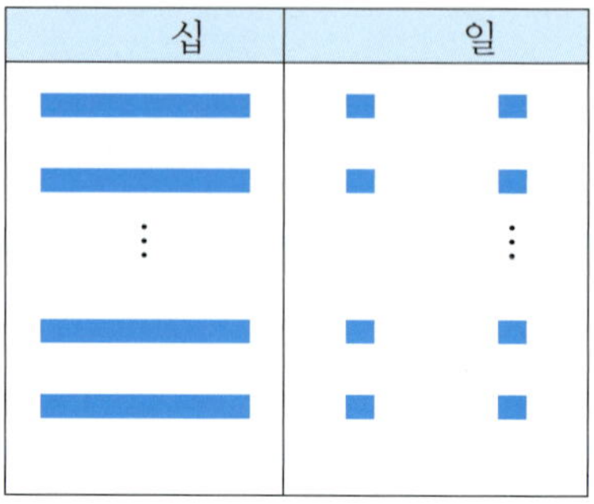

13줄

- 일 모형 10개와 십 모형 1개, 십 모형 10개와 백 모형 1개를 바꾸면 결국, 백 모형 1개, 십 모형 5개 일 모형 6개가 남는다.
- 백 모형 1개, 십 모형 5개 일 모형 6개를 사용하여 가로가 12, 세로가 13인 직사각형을 만들면 아래와 같아진다.

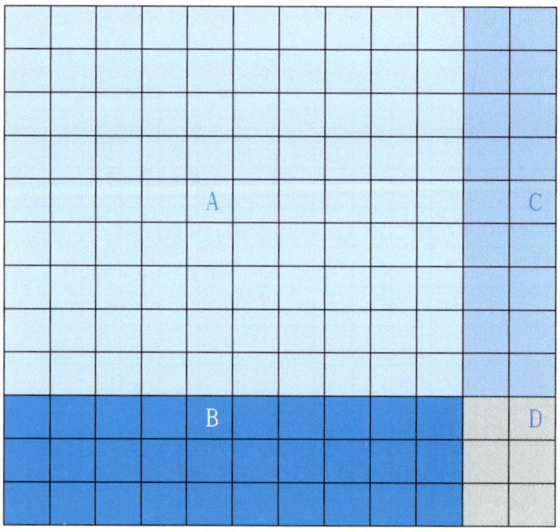

12	
× 13	
6	(2 × 3) − D
20	(2 × 10) − C
30	(10 × 3) − B
100	(10×10) − A
156	

- 이것은 분배법칙

  $12 \times 13 = (10+2) \times (10+3) = (2 \times 3) + (2 \times 10) + (10 \times 3) + (10 \times 10)$

  을 그림으로 설명한 것이다

면담 :	코드번호 : 0900

주제 : 0과 자연수
개념 : 여러 자리 수의 곱셈(받아 올림이 있는 경우)
교구 : 수모형 1세트; 모눈종이

- 12×24를 수모형으로 보이고, 이를 역으로도 해본다.
- 같은 예를 모눈종이로 보인다.
- 25×17, 32×23 등과 같이 받아 올림이 있는 예를 반복한다.

면담 :	코드번호 : 0990

주제 : 0과 자연수-곱셈
개념 : 1(항등원)의 역할
교구 : 십진 막대 - 단위 막대, 긴 막대, 판 막대

- 가장 적은 수의 십진 막대로 18을 만든다. 수식을 쓴다.(1×18=18).
- 35, 80, 107 등의 수로 위의 활동을 반복한다.
- 어떤 수에 1을 곱할 때의 규칙은 무엇인가?

06 0과 자연수 - 나눗셈

면담 :	코드번호 : 1010

주제 : 0과 자연수-나눗셈
개념 : 균등하게 나뉜 묶음(등분제)으로서의 나눗셈
교구 : 칩 20개

- 칩을 15개 센다.
- 세 개씩 묶으면 몇 묶음을 만들 수 있나? 이것을 수식으로 나타내어라.
- 아동에게 24÷6=?의 예를 칩으로 보이게 한다.

면담 :	코드번호 : 1020

주제 : 0과 자연수-나눗셈
개념 : 뺄셈 반복(동수 누감, 포함제)으로서의 나눗셈
교구 : 칩 30개

- 칩을 24개 센다. 그 중 4개를 빼내어 책상 한쪽에 놓는다.
- 네 개를 또 빼낸다. 24개가 모두 없어 질 때까지 네 개씩 계속 뺀다.
- 이제 네 개씩 몇 묶음이 되었나?
- 처음에 몇 개를 가지고 시작했나?
- 방금 한 활동을 수식으로 표현해 보자.
  (24-4=20, 20-4=16, 16-4=12, 12-4=8, 8-4=4, 4-4=0)
- 24안에는 네 개씩 여섯 묶음이 있다.
- 30÷6=?을 보이고 칩을 가지고 답을 구할 수 있는지 묻는다.

면담 :	코드번호 : 1050

주제 : 0과 자연수-나눗셈
개념 : 곱셈의 역으로서의 나눗셈
교구 : 양팔저울

- 양팔저울 한 쪽의 8번째에 추를 건다.
- 아동에게 2개의 추를 주고 반대쪽에 추를 걸어서 수평이 되게 한다.
- 아동에게 3개의 추를 주고 반대쪽의 12(10과 2)와 수평이 되도록 걸게 한 다음 이와 같은 예를 들도록 한다. 아동이 곱셈 예를 들면 주어진 부분이 무엇이고 빠진 부분이 무엇인지 묻는다.
- 12÷2를 양팔 저울에 보인다. 이것이 어떤 곱셈식과 관계가 있는가?

면담 :	코드번호 : 1070

주제 : 0과 자연수-나눗셈
개념 : 나눗셈의 기본 개념
교구 : 양팔저울, 플래시 카드

- 아동에게 다음 문제를 풀게 하고, 양팔 저울로 이를 설명하도록 한다.
  35÷7, 18÷3, 32÷4, 63÷9.
- 48÷8=?를 보이고 이 식에서 48과 8을 각각 어떻게 부르는지 묻는다.
- 플래시카드로 구구단과 관계있는 기본적인 나눗셈을 잘 알고 있나 확인한다.

면담 :	코드번호 : 1080

주제 : 0과 자연수-나눗셈
개념 : 제수가 한자리인 경우의 나눗셈; 나머지가 없는 경우
교구 : 수모형-일 모형, 십 모형, 백 모형

- 수모형으로 46을 만든다. 이를 똑같이 두 묶음으로 나눈다.
- 방금 한 활동을 나눗셈으로 나타낼 수 있나?
- 아동이 46÷2=23 이라고 쓰면 46/2 등의 다른 방법으로 쓸 수 있는지 묻는다.
- 548÷4를 풀 때 먼저 수모형를 사용하고 나서 지필로 계산한다.

면담 :	코드번호 : 1090

주제 : 0과 자연수
개념 : 제수가 한자리인 나눗셈: 나머지가 있음
교구 : 수모형 – 일 모형, 십 모형, 백 모형 또는 칩 1세트

- 32개의 칩을 정확히 세 개씩 묶는다. 모두 몇 묶음이 나오나? 남은 칩이 있나? 남은 것을 무엇이라고 부르는가?
- 69개의 칩이나 십진 막대를 여섯 개씩 묶어본다. 아동에게 칩으로 나머지가 얼마인지 보이도록 한다.
- 이와 비슷한 예를 종이에 적게 한다.
- 49÷8을 수모형으로 풀게 한 다음 지필로 풀게 한다.
- 97÷4, 619÷6 등을 문제를 같은 방법으로 계산하게 한다.

〈참고〉

- 58÷3=?

	십모형	일 모형	나머지
답	□	●●●●● ●●●	●
3명	□□□□□□	●●●●● ●●●	
	□□	●●●●● ●●●	
	●●●●● ●●●●● ●●●●● ●●●●●	●●●●● ●●●	

```
      19...1
3 )   58
    - 30
      28
    - 27
       1
```

〈나눗셈 판〉

- 왼쪽의 나눗셈 판에서 다음과 같은 활동을 한다.
- 십 모형 5개와 일 모형 9개를 세 사람에게 똑같이 나누어 준다(등분제).
- 십 모형을 세 사람에게 한 개씩 나누어주면, 십 모형이 세 개가 없어지고 십 모형 2개와 일 모형 9개가 남는다.
- 십 모형 2개를 일 모형 20개와 바꾼다. 그러면 일 모형 29개만 남는다.
- 일 모형 29개를 세 명에게 9개씩 나누어 주면, 일 모형 2개가 남는다.
- 나눗셈 판에서 수모형이 움직이는 대로 오른쪽에 숫자를 적는다.

면담 :	코드번호 : 1100

주제 : 0과 자연수-나눗셈
개념 : 제수가 여러 자리인 경우의 나눗셈
교구 : 수모형 1세트, 모눈종이

- 가장 적은 수의 수모형으로 325를 만들게 한다. 25개씩 뺀다.
- 빼낸 묶음이 몇 묶음인가? 두 가지 형태로 종이에 식을 써보자.
- $325 \div 25 = 13$, $\frac{325}{25} = 13$
- 아동에게 $\frac{414}{18}$을 보여주고, 종이에 풀게 한 다음 수모형이나 모눈종이를 이용하여 설명하게 한다.

07 분수 – 기초 개념

면담 :	코드번호 : 2000
주제 : 분수 개념 : 분수의 정의, 의미, 기호 교구 : 분수 막대(띠), 퀴즈네어 색 막대	

- 색이 다른 세 개의 분수 막대를 집어서 막대가 나타내는 수를 적는다.
- 분모를 나타내는 수를 가리키며 묻는다. 분모는 무엇을 의미하지?
- 분자를 나타내는 수를 가리키며 묻는다. 분자는 무엇을 의미하지?
- 분수의 가운데 선을 가리키고 이 기호의 의미를 묻는다.(분수 표시)
- 전체를 분수로 나타낼 수 있는가? 분수 막대로 이를 보이시오.
- 아동에게 진분수, 가분수, 대분수를 분수 막대를 이용하거나 수로 표현하도록 한다.
- 퀴즈네어 색 막대로 분수 표현 하기.

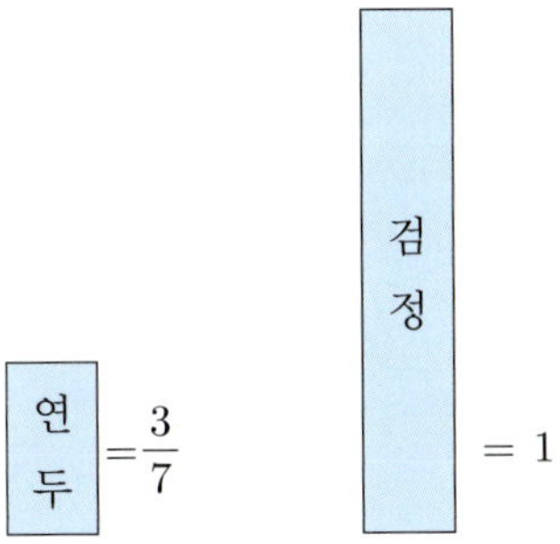

〈퀴즈네어 막대로 $\frac{3}{7}$ 나타내기〉

면담 :	코드번호 : 2020

주제 : 분수
개념 : 부분집합으로의 분수
교구 : 칩-초록, 빨강색 각각 10개씩

- 아동에게 초록색 칩과 빨강색 칩이 있는 묶음을 보여준다.
  책상에 모두 몇 개의 칩이 있나? 빨강색 칩은 몇 개인가? 빨강 칩은 전체 칩의 몇 분의 몇인가?
- 다섯 개의 칩 중 빨강색의 수를 바꾸어서 위의 질문을 반복한다.
- 모두 여덟 개의 칩으로 위의 질문을 반복한다.
- 위의 과정을 거꾸로 해본다.
- $\frac{1}{2}$을 나타내는 칩의 상황을 만들게 한다.
  $\frac{1}{4}$, $\frac{3}{4}$, ⋯ 등을 나타내는 칩의 상황을 만들게 한다.

면담 :	코드번호 : 2040

주제 : 분수
개념 : (평면의) 등분할로서의 분수
교구 : 분수 막대(띠), 퀴즈네어 색 막대

- 아동에게 빗금이 없이 3으로 등분된 막대를 보여준다.

- 이 막대 안에 크기가 같은 부분(작은 막대)이 몇 개인가? 그 다음, 한 부분만 빗금이 있는 막대를 보여주고, 이 막대에 빗금 친 부분이 몇 개인가? 이 분수 막대가 나타내는 수의 이름은 무엇인가?

- 위와 같은 과정을 $\frac{2}{3}$, $\frac{3}{3}$과 $\frac{0}{3}$을 가지고 반복한다.
- 4등분된 막대, 6등분된 막대를 가지고 반복한다.
- 이 과정을 거꾸로 해본다. 분수를 주고, 그 분수에 맞는 분수 막대를 찾게 한다.

면담 :	코드번호 : 2070

주제 : 분수
개념 : 크기가 같은(동치) 분수
교구 : 분수 막대

- 아동에게 $\frac{1}{2}$인 분수 막대를 보여준다.

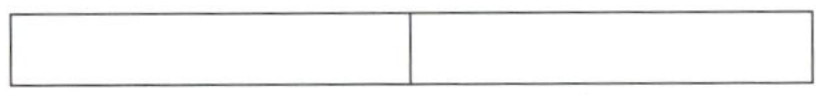

- 이 막대와 같은 크기의 (빗금 친 부분이 같은) 분수를 모두 찾게 한다.
- 이 막대에 $\frac{2}{4}, \frac{3}{6}, \frac{6}{12}$과 같은 이름을 붙인다. 식으로 표현한다. ($\frac{1}{2}=\frac{2}{4}; \frac{1}{2}=\frac{3}{6}$)
  $\frac{1}{3}$막대나 $\frac{3}{4}$막대로 위와 같은 식으로 반복한다.
  전체를 나타내는 분수 막대를 모두 고르게 하고 그 이름을 붙인다. ($\frac{2}{2}, \frac{3}{3}, \frac{4}{4}, \cdots$)
  이들의 공통적으로 나타내는 수는 무엇인가? (1)
- 크기가 같은 분수 찾는 법칙을 알았나?
- 그 법칙이 왜 성립하는지 보이고 설명하라.
- 퀴즈네어 색 막대를 사용하여 다음과 같이 단위길이를 12로 할 때, $\frac{2}{3}$와 크기가 같은 분수를 설명한다.

<table>
<tr><td colspan="5">주황</td><td>빨강</td><td>= 1</td></tr>
</table>

<table>
<tr><td colspan="8">갈색</td><td>$\frac{2}{3}$</td></tr>
<tr><td colspan="2">빨강</td><td colspan="2">빨강</td><td colspan="2">빨강</td><td colspan="2">빨강</td><td>$\frac{4}{6}$</td></tr>
<tr><td>흰색</td><td>흰색</td><td>흰색</td><td>흰색</td><td>흰색</td><td>흰색</td><td>흰색</td><td>흰색</td><td>$\frac{8}{12}$</td></tr>
</table>

- 12cm의 $\frac{2}{3}$는 갈색막대(8cm)의 길이이다.
- 12cm의 $\frac{2}{3}$는 빨간색 막대(2cm) 6개 중 4개 이므로, 12cm의 $\frac{4}{6}$와 같고,

- 12cm의 $\frac{2}{3}$는 흰색 막대(1cm) 12개중 8개이므로, 12cm의 $\frac{8}{12}$과 같다.
- 위의 사실에서 $\frac{2}{3}=\frac{4}{6}=\frac{8}{12}$임을 설명한다.
- $\frac{2}{3}=\frac{4}{6}=\frac{8}{12}$에서 분모가 2배, 4배 커질 때마다 분자도 2배, 4배 커지면 크기가 같은 분수가 됨을 설명한다.

면담 :	코드번호 : 2080

주제 : 분수
개념 : 대분수의 동치
교구 : 분수 막대

- 가분수에서 대분수로 ;

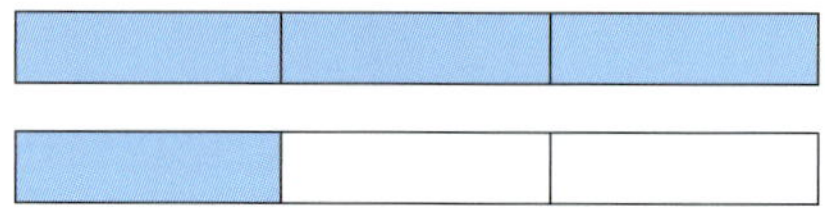

- $\frac{3}{4}$를 분수막대로 보인다.

  두 분수에 이름을 붙인다.($\frac{3}{3}$과 $\frac{1}{3}$)

  $\frac{3}{3}$의 다른 이름은? (1)

- 1을 이용하여 $\frac{4}{3}$의 다른 이름을 붙여보자.($1+\frac{1}{3}$ 또는 $1\frac{1}{3}$)

  $\frac{5}{2}$와 $\frac{9}{6}$인 경우 위의 과정을 반복한다.

  위에서 어떤 규칙성을 발견했으면 설명하게 한다.

  $2\frac{2}{3}$를 분수막대를 이용하여 보인다.

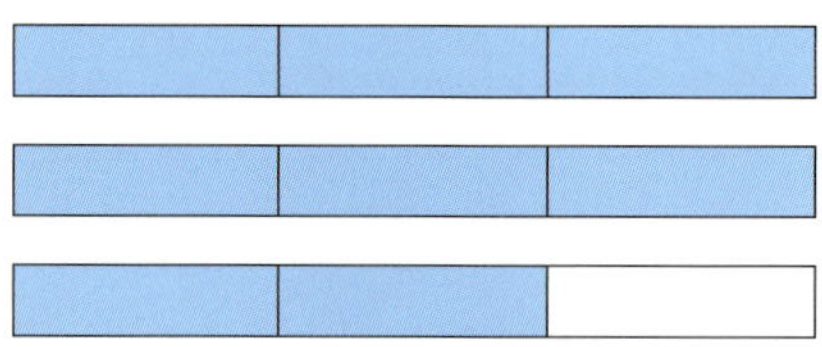

- 각 분수 막대에 대응하는 수를 적으라. ($\frac{3}{3}$ 또는 1, $\frac{3}{3}$ 또는 1, $\frac{2}{3}$)

- 전체에 $\frac{1}{3}$이 몇 개 있는가?($\frac{3}{3}+\frac{3}{3}+\frac{2}{3}=\frac{8}{3}$)

  $2\frac{5}{6}$와 $1\frac{1}{2}$로 위의 과정을 반복한다.

  위에서 어떤 규칙성을 발견했으면 설명하게 한다.

- 단위 막대를 임의로 선택하여 퀴즈네어 색 막대로 대 분수 나타내기

면담 :	코드번호 : 2090
주제 : 분수 개념 : 분수 세기 교구 : 분수 막대	

- 4분 막대를 선택하고 (4등분: $\frac{0}{4} \sim \frac{4}{4}$) 큰 수부터 작은 수차례로 쌓는다.

- 분수를 차례로 센다.($\frac{0}{4}$, $\frac{1}{4}$, $\frac{2}{4}$, $\frac{3}{4}$, $\frac{4}{4}$). 붉은막대(6등분을 가지고 반복한다. $\frac{6}{6}$이 넘는 수도 계속해서 센다.($\frac{7}{6}$, $\frac{8}{6}$, $\frac{9}{6}$, $\frac{10}{6}$, ⋯)
- 분수를 셀 때의 규칙성은 무엇인가? (분모는 일정하고 분자만 1씩 증가한다.)

면담 :	코드번호 : 2100

주제 : 분수
개념 : 분수 크기 비교
교구 : 분수 막대

- $\frac{1}{3}$과 $\frac{2}{3}$의 크기 비교

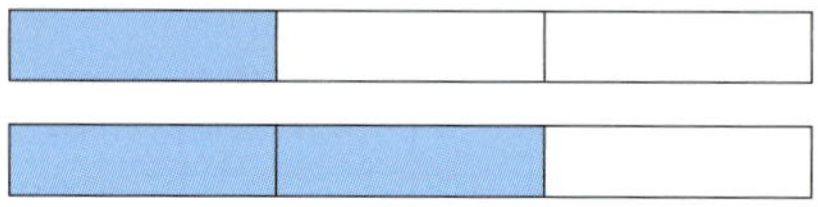

- 위와 같은 방법으로 $\frac{5}{12}$와 $\frac{7}{12}$의 크기를 비교하도록 한다.
- 같은 분모를 갖는 분수를 비교하는 법칙을 알았나?
- 위위 결과를 부등식으로 비교한 결과를 적는다.

$$\frac{1}{3} < \frac{2}{3},\ \frac{7}{12} > \frac{5}{12}$$

$\frac{1}{2}$와 $\frac{1}{3}$중 어느 수가 더 큰가? 분수 막대를 이용하여 확인해 본다.

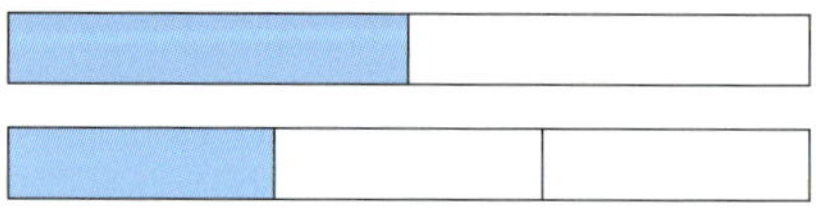

$\frac{3}{4}$와 $\frac{5}{6}$, $\frac{2}{3}$와 $\frac{3}{4}$ 등을 가지고 반복하고, 그 관계를 부등식으로 적게 한다.

- 퀴즈네어 색 막대를 이용하여 $\frac{1}{2}$과 $\frac{1}{3}$의 크기를 비교하도록 한다.

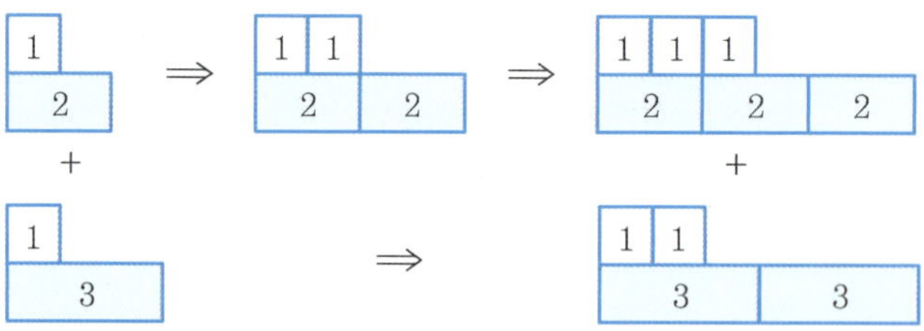

따라서 $\frac{1}{2} > \frac{1}{3}$.

- 퀴즈네어 색 막대를 이용하여 $\frac{3}{4}$와 $\frac{5}{6}$, $\frac{2}{3}$와 $\frac{3}{4}$의 크기를 비교하여 부등식으로 나타내도록 한다.

08 분수 – 덧셈

면담 :	코드번호 : 2240
주제 : 분수 개념 : 분모가 같은 분수의 덧셈 교구 : 분수 막대	

- $\frac{1}{4}+\frac{2}{4}$를 계산하자. 분수 막대로 확인한다.

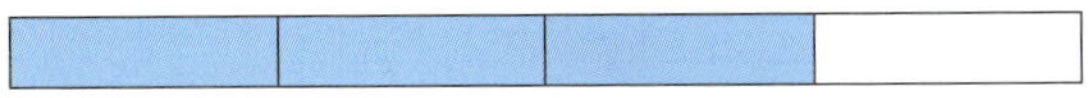

$\frac{3}{4}$

- $\frac{3}{6}+\frac{1}{6}$로 반복한다. $\frac{4}{6}$와 크기가 같은 다른 분수가 있는지 묻는다.$(\frac{2}{3})$

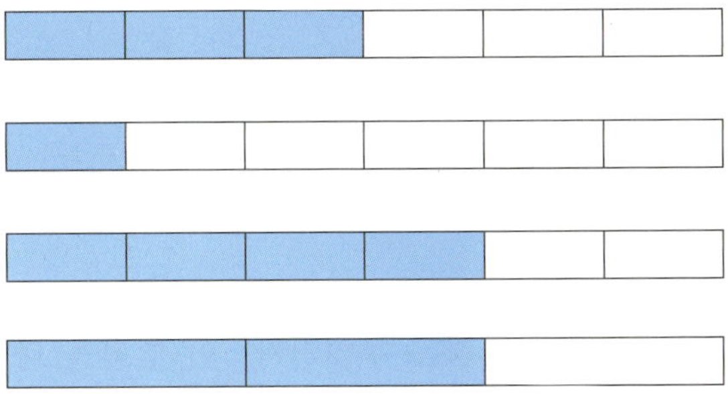

$\frac{3}{6}$

$+\frac{1}{6}$

$\frac{4}{6}=\frac{2}{3}$

- 분모가 같은 분수를 더할 때의 법칙은 무엇인가?
- $\frac{3}{12}+\frac{7}{12}$, $\frac{3}{4}+\frac{2}{4}$, $\frac{3}{5}+\frac{4}{5}$로 위의 과정을 반복한다.

면담 : | 코드번호 : 2250

주제 : 분수
개념 : 분모가 같은 대분수와의 덧셈
교구 : 분수 막대

- $1\frac{1}{3}+\frac{1}{3}$을 계산하고 분수 막대로 확인해 보라.

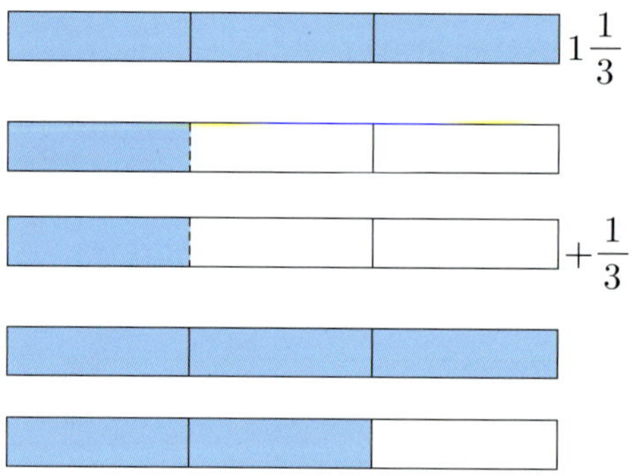

- $2\frac{1}{6}+\frac{3}{6}$과 $1\frac{7}{12}+1\frac{5}{12}$도 해본다.

  분모가 같은 대분수를 더할 때 법칙은 무엇인가? 이 법칙을 다음 예에 적용시켜 본다.

  $1\frac{3}{4}+\frac{3}{4}$, $\frac{5}{6}+2\frac{5}{6}$, $2\frac{5}{8}+1\frac{7}{8}$

- 퀴즈네어 색 막대를 이용하여 분모가 같은 분수의 덧셈을 하도록 한다.

  예를 들어, 퀴즈네어 색 막대를 사용하여 $\frac{3}{6}+\frac{2}{6}=\frac{5}{6}$이 되는 사실을 설명한다.

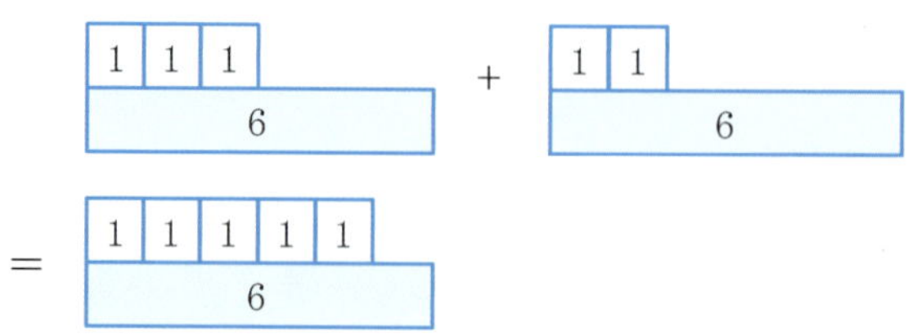

면담 :	코드번호 : 2200

주제 : 분수
개념 : 분모가 다른 두 분수를 통분해서 더하기
교구 : 분수 막대(띠), 퀴즈네어 색 막대

- $\frac{1}{4}+\frac{1}{3}$을 더하라. 분수 막대를 이용하여 답을 확인해 보라.

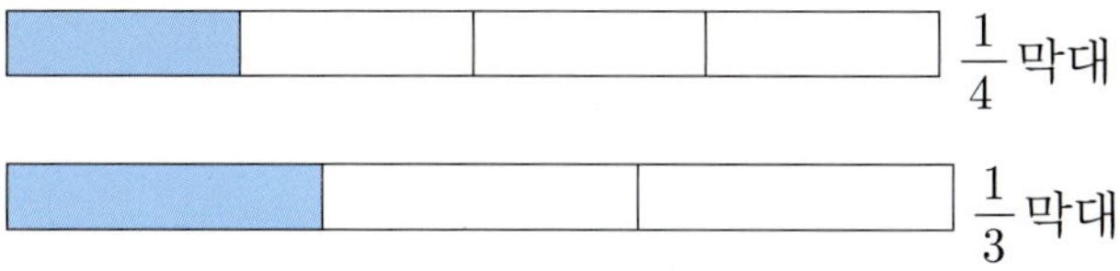

합과 같은 크기의 막대

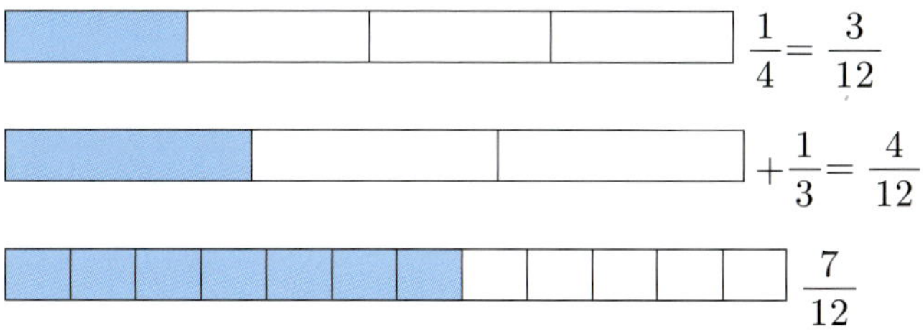

- 위의 조작을 설명하고 이유를 말하라.
- $\frac{1}{2}+\frac{1}{6}$, $\frac{3}{4}+\frac{7}{12}$, $\frac{5}{6}+\frac{1}{4}$을 해본다.
- 퀴즈네어 색 막대를 이용하여 분모가 다른 분수의 덧셈을 해 보도록 한다.

$\frac{1}{2}+\frac{1}{3}=$

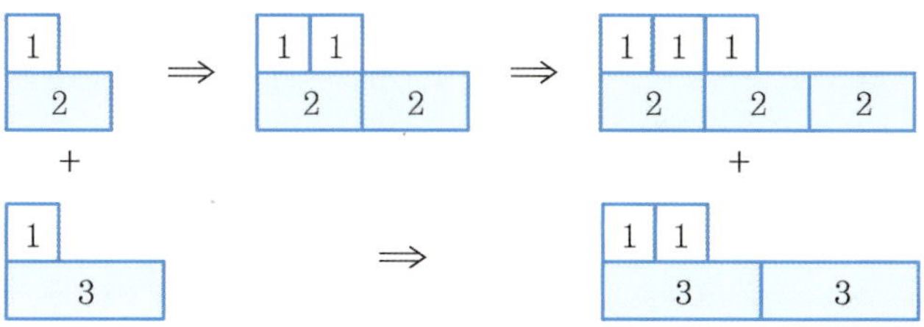

$\frac{1}{2}+\frac{1}{3}=$

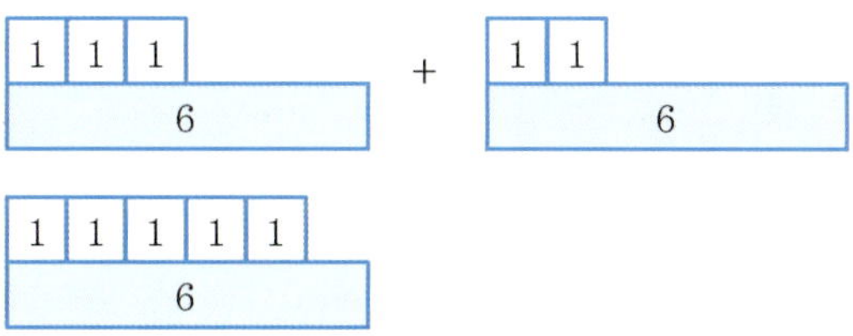

$=\frac{3}{6}+\frac{2}{6}$

$=\frac{5}{6}$

면담 :	코드번호 : 2270

주제 : 분수
개념 : 분모가 다른 대분수의 덧셈
교구 : 분수 막대(띠)

- $1\frac{1}{4}$과 $\frac{1}{6}$을 더하라. 분수 막대를 이용하여 답을 확인하여라.

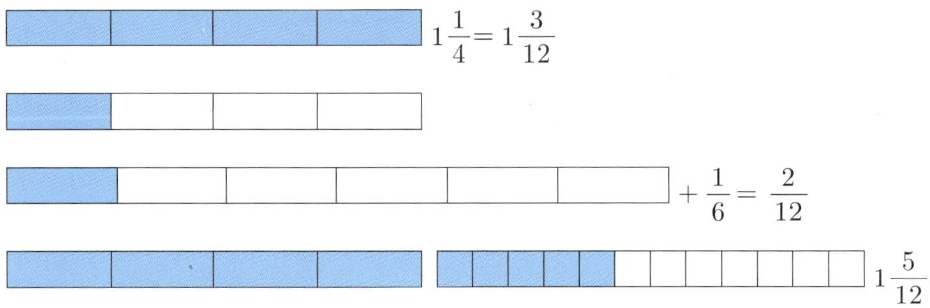

- 위의 조작 과정에 대해서 설명하고 그 이유를 말하라.
- $2\frac{5}{6}+1\frac{2}{3}$, $1\frac{1}{2}+1\frac{2}{3}$의 계산을 해보자.
- 퀴즈네어 색 막대를 활용하여 대분수의 덧셈을 하도록 한다.

09 분수 – 뺄셈

면담 :	코드번호 : 2450
주제 : 분수 개념 : 분모가 같은 진분수의 뺄셈 교구 : 분수 막대(띠), 퀴즈네어 색 막대	

- $\frac{5}{6}$에서 $\frac{1}{6}$을 빼라. 분수 막대를 이용하여 확인하라.

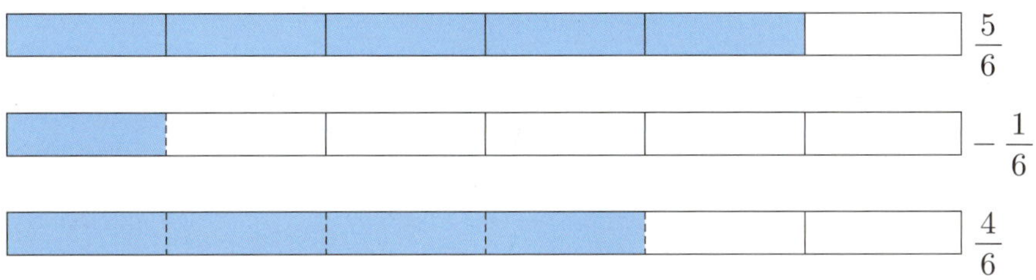

- $\frac{4}{6}$를 약분할 수 있는가?
- $\frac{6}{12}-\frac{4}{12}$를 계산하게 하고 $\frac{2}{12}$와 크기가 같은 다른 답을 아는가?($\frac{1}{6}$)

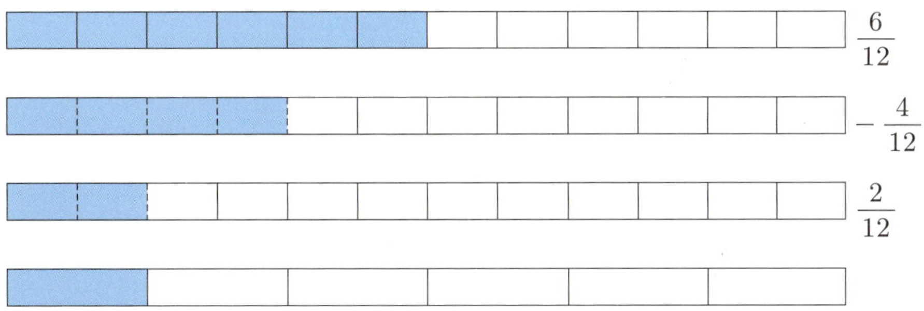

- 분모가 같은 분수의 뺄셈 규칙은 무엇인가?
- $\frac{5}{8}-\frac{3}{8}$의 계산 규칙을 설명하라.
- 퀴즈네어 색 막대를 활용하여 분모가 같은 분수의 뺄셈을 하도록 한다.

면담 :	코드번호 : 2460

주제 : 분수
개념 : 분모가 같은 대분수의 뺄셈
교구 : 분수 막대(띠), 퀴즈네어 색 막대

- $1\frac{2}{3}$에서 $\frac{1}{3}$을 빼라. 분수 막대로 결과를 확인하라.

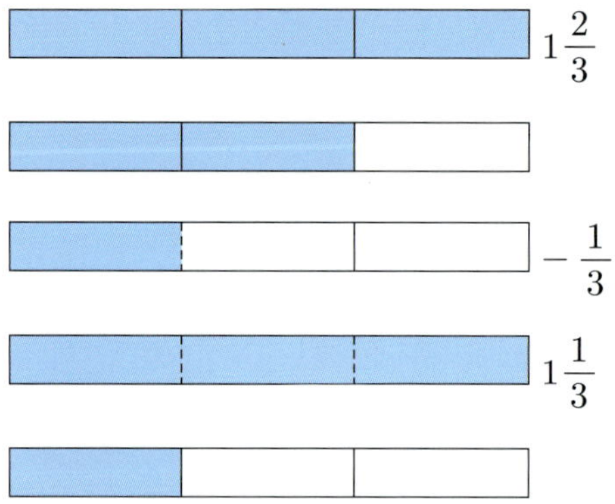

- $1\frac{7}{12}-1\frac{4}{12}$를 해보자.
- 분모가 같은 대분수의 뺄셈 법칙은 무엇인가?
- 다음의 문제에 뺄셈 법칙을 적용시키자.

  $3\frac{3}{4}-1\frac{1}{4}$, $2\frac{1}{12}-1\frac{7}{12}$
- 퀴즈네어 색 막대를 활용하여 분모가 같은 대분수의 뺄셈을 하도록 한다.

면담 :	코드번호 : 2470

주제 : 분수
개념 : 분모가 다른 분수의 뺄셈
교구 : 분수 막대(띠), 퀴즈네어 색 막대

- 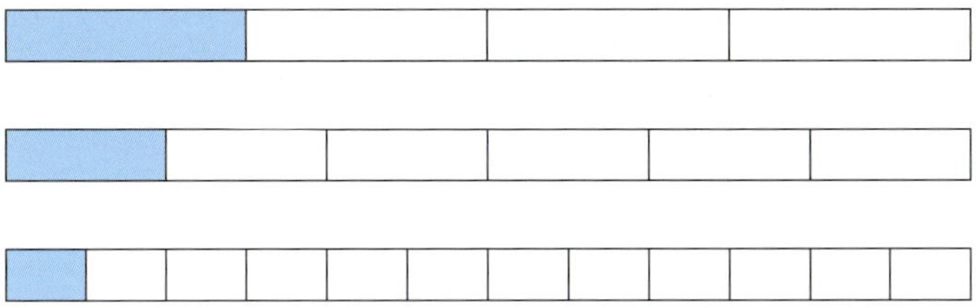

  $\frac{1}{4}$

  $-\frac{1}{6}$

  $\frac{1}{12}$

- $\frac{2}{3}-\frac{1}{6}$ 을 계산하게 하고 답이 되는 모든 막대를 찾게 한다.

  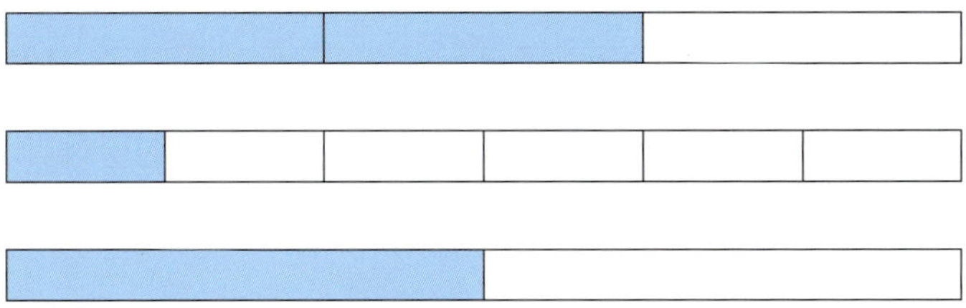

  $\frac{4}{6}$, $\frac{8}{12}$

  $-\frac{1}{6}$, $-\frac{2}{12}$

  $\frac{3}{6}=\frac{1}{2}$, $\frac{6}{12}=\frac{1}{2}$

- 분모가 다른 분수의 뺄셈 법칙은 무엇인가?
- 위의 법칙을 적용해서 $\frac{5}{6}-\frac{2}{3}$, $\frac{10}{12}-\frac{3}{8}$을 계산하고 이에 대해서 설명하라.
- 퀴즈네어 색 막대를 활용하여 분모가 다른 분수의 덧셈을 이용하여 분모가 다른 분수의 뺄셈을 하도록 한다.

면담 :	코드번호 : 2480

주제 : 분수
개념 : 분모가 다른 대분수의 뺄셈
교구 : 분수 막대(띠), 퀴즈네어 색 막대

- $1\frac{1}{3}$에서 $\frac{1}{4}$를 빼라. 분수 막대를 이용하여 답을 확인하라.

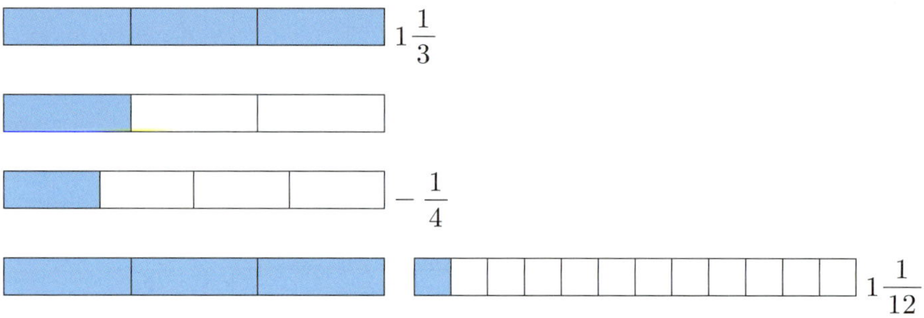

- $1\frac{1}{6}-\frac{1}{8}$을 계산하고 분수 막대를 이용하여 답을 구하는 방법을 설명하라.

  어떤 법칙을 이용했는가?

  그 법칙을 적용해서 $2\frac{1}{2}-1\frac{11}{12}$의 답을 구하고 설명하라.

- 퀴즈네어 색 막대를 활용하여 분모가 다른 대분수의 뺄셈을 하도록 한다.

10 분수 - 곱셈

면담 :	코드번호 : 2650
주제 : 분수 개념 : 분수의 곱셈(제 VI장 3절, 분수의 곱셈 참조) 교구 : 칩 10개, 분수 막대(띠), 퀴즈네어 색 막대, 모눈 종이	

- 2와 2의 $\frac{1}{2}$을 칩으로 나타내고, 분수막대로도 표현해 보도록 한다.

  - 칩으로 나타내기 : ■ ■ = 2, ■ = $2\times\frac{1}{2}=1$
  - 분수 막대로 나타내기

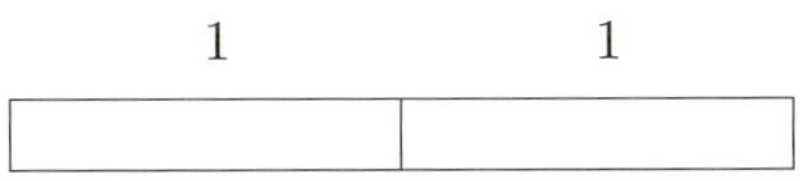

$= 2$

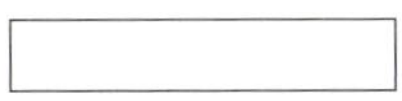

$= 2\times\frac{1}{2}= 1$

- 분수 막대로 $6\times\frac{1}{4}$를 나타내고 무엇을 의미하는지 보여라.

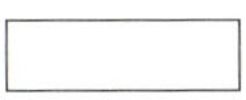

$= 1$

⇓

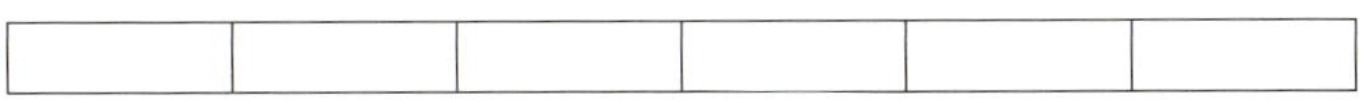

$= 6$

⇓

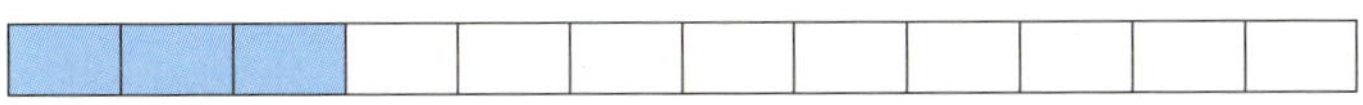

$=$ 6의 $\frac{1}{4}=6\times\frac{1}{4}$

⇓

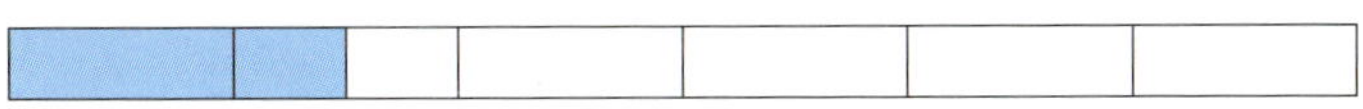

$= 1\frac{1}{2}$

- 식을 가장 간단하게 적어보라.

$6\times\frac{1}{4}=\frac{6}{4}=1\frac{2}{4}=1\frac{1}{2}$

- $\frac{1}{2}\times\frac{1}{3}$이 무엇을 의미하는지 분수 막대로 보여라.

  $\frac{1}{2}$을 분수 막대로 보여라.

  $\frac{1}{2}$의 $\frac{1}{3}$을 분수 막대로 보여라.

  즉 $\frac{1}{2}$의 $\frac{1}{3}=\frac{1}{2}\times\frac{1}{3}$의 크기를 구하여라.

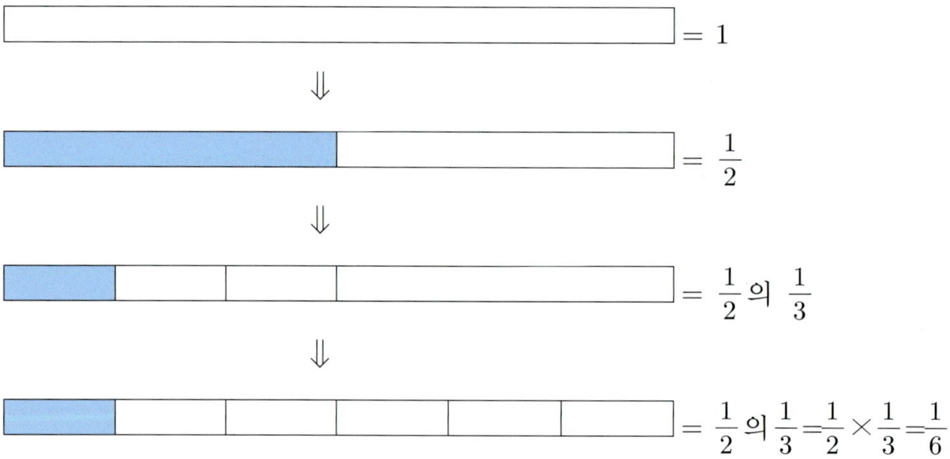

- 이 과정을 수식으로 적어 보자. ($\frac{1}{2}\times\frac{1}{3}=\frac{1}{6}$)
- 분수의 곱셈 법칙은 무엇인가?
- 이 법칙을 이용하여 $\frac{1}{4}\times\frac{1}{3}$, $\frac{1}{2}\times\frac{1}{2}$를 계산하여 보자.
- 퀴즈네어 색 막대를 이용하여 분수의 곱셈을 하여 보자.

  퀴즈네어 막대를 이용한 곱셈지도($\frac{3}{4}\times\frac{5}{7}$)(제 VI장 3절, 분수의 곱셈 참조)

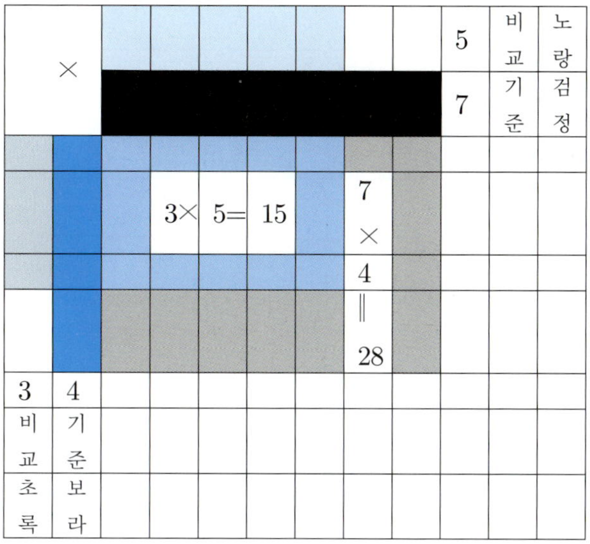

• 모눈종이를 이용하여 분수의 곱셈을 알아보자.(제 VI장 3절, 분수의 곱셈 참조)

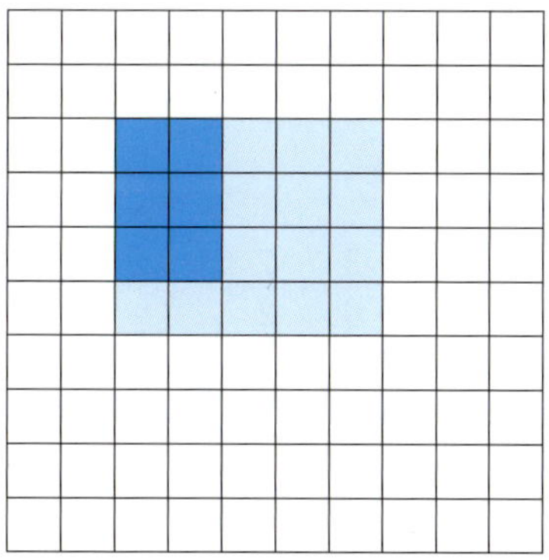

면담 :	코드번호 : 2660

주제 : 분수
개념 : 대분수의 곱셈
교구 : 분수 막대(띠), 퀴즈네어 색 막대, 모눈종이

- $1\frac{1}{2} \times \frac{1}{3}$ 을 분수 막대로 나타내어라.

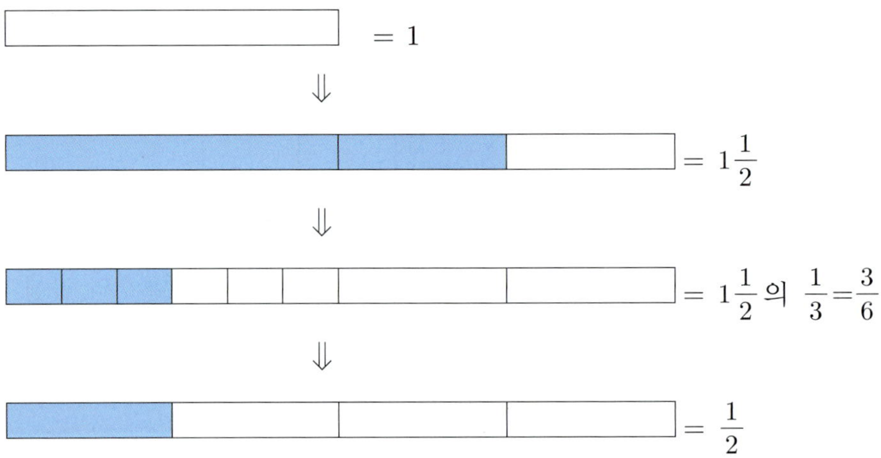

- 이 과정을 수식으로 적도록 한다.

  만일 아동이 $1\frac{1}{2} \times \frac{1}{3} = \frac{3}{2} \times \frac{1}{3} = \frac{3}{6} = \frac{1}{2}$ 과 같이 적으면, 각 단계마다 설명을 하게 한다.

- 퀴즈네어 색 막대와 모눈종이를 이용하여 위의 곱셈을 하도록 한다.

11 분수 - 나눗셈

면담 :	코드번호 : 2850
주제 : 분수 개념 : 진분수의 나눗셈(포함제), (V 장 5절 7) 분수 나눗셈 참조) 교구 : 분수 막대(띠), 퀴즈네어 색 막대, 모눈종이	

- $2 \div \frac{1}{2}$가 무엇인가? 를 분수막대를 이용하여 나타내도록 한다.

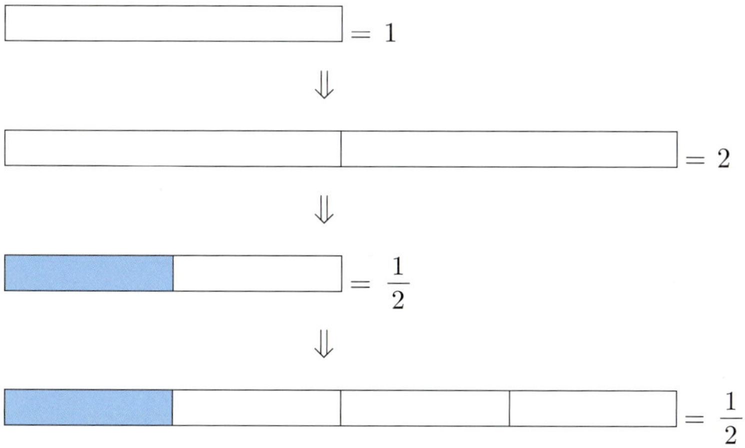

위의 활동에서 2(1막대 2개) 안에는 $\frac{1}{2}$ 막대가 4개 있다는 사실을 알 수 있다.

따라서 포함제의 맥락에서 $2 \div \frac{1}{2}=4$이다.

- $\frac{1}{2} \div \frac{1}{4}$은 무엇을 뜻하는가? ($\frac{1}{2}$ 안에 $\frac{1}{4}$이 몇 번 들어 있는가?)

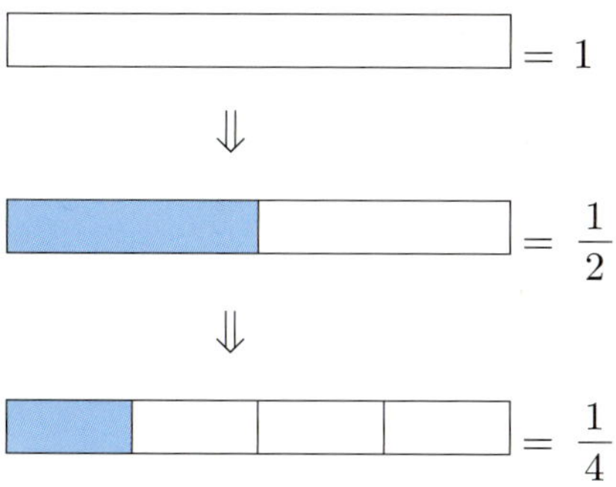

위의 활동에서 $\frac{1}{2}$ 안에는 $\frac{1}{4}$이 2개(번) 있다는 사실을 알 수 있다.

따라서 포함제의 맥락에서 $\frac{1}{2}\div\frac{1}{4}=2$이다.

- 이와 같은 문제를 푸는 법칙을 알게 되었나?
- $\frac{1}{2}\div\frac{1}{3}$을 위와 같이 계산하도록 한다.
- 퀴즈네어 색 막대를 이용하여 위의 나눗셈을 하도록 한다(V 장 5절 7) 분수 나눗셈 참조).
- $1\div\frac{1}{2}$의 곱셈 표현

먼저 기준 막대를 정하고 기준막대의 $\frac{1}{2}$인 막대를 찾는다.

예: 기준막대는 붉은막대, $\frac{1}{2}$인 막대는 흰 막대

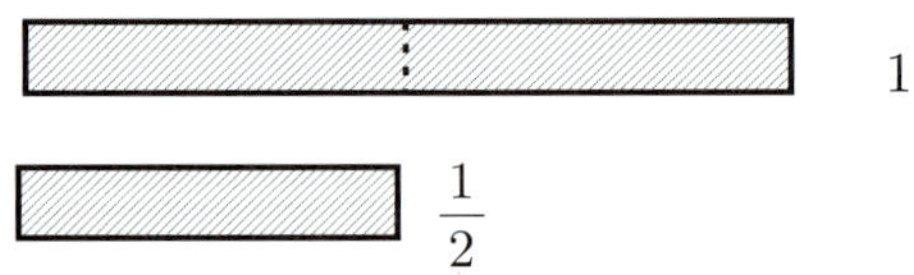

〈그림 〉 표현-1

$1\div\frac{1}{2}$는 1속에 $\frac{1}{2}$이 2번 들어있다(1은 $\frac{1}{2}$의 2배이다). 따라서 $1\div\frac{1}{2}=2$이다.

그런데 $1\times2=2$임을 안다. 다시 말하면 $1\div\frac{1}{2}=1\times2$이다.

여기에서 $\frac{1}{2}\times2=1$인 관계가 있음을 확인한다.

- $1\div\frac{1}{3}$의 곱셈 표현

먼저 기준 막대를 정하고 기준막대의 $\frac{1}{3}$인 막대를 찾는다.

예: 기준막대는 초록막대, $\frac{1}{3}$인 막대는 빨강막대

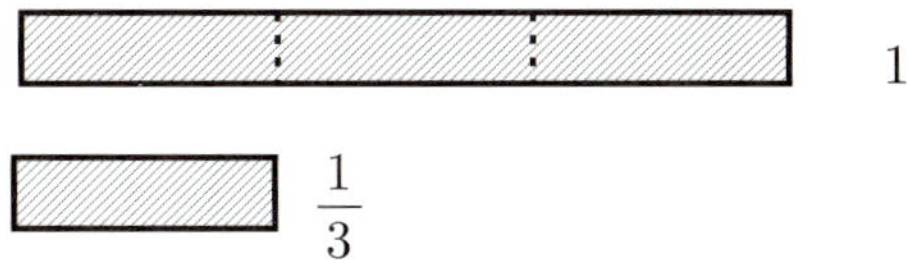

〈그림 〉 표현-2

$1 \div \frac{1}{3}$는 1속에 $\frac{1}{3}$이 3번 들어있다(1은 $\frac{1}{3}$의 3배이다). 따라서 $1 \div \frac{1}{3} = 3$이다.

그런데 $1 \times 3 = 3$임을 안다. 다시 말하면 $1 \div \frac{1}{3} = 1 \times 3$이다.

여기에서 $\frac{1}{3} \times 3 = 1$인 관계가 있음을 확인한다.

- $1 \div \frac{1}{4}$의 곱셈 표현

먼저 기준 막대를 정하고 기준막대의 $\frac{1}{4}$인 막대를 찾는다.

예: 기준막대는 갈색막대, $\frac{1}{4}$인 막대는 빨강막대

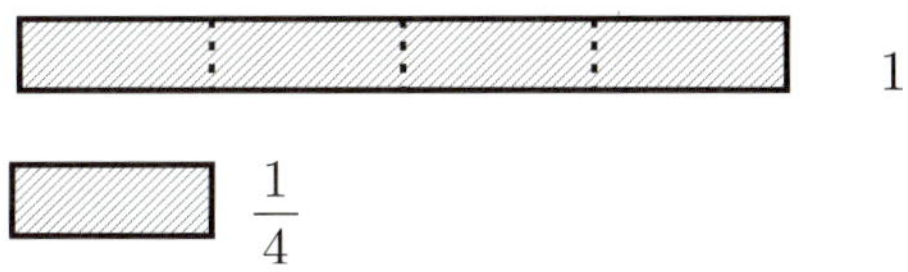

〈그림 〉 표현-3

$1 \div \frac{1}{4}$는 1속에 $\frac{1}{4}$이 4번 들어있다(1은 $\frac{1}{4}$의 4배이다). 따라서 $1 \div \frac{1}{4} = 4$이다.

그런데 $1 \times 4 = 4$임을 안다. 다시 말하면 $1 \div \frac{1}{4} = 1 \times 4$이다.

여기에서 $\frac{1}{4} \times 4 = 1$인 관계가 있음을 확인한다.

- $1 \div \frac{2}{3}$의 곱셈 표현

먼저 기준 막대를 정하고 기준막대의 $\frac{2}{3}$인 막대를 찾는다.

예: 기준막대는 연두색막대, $\frac{2}{3}$인 막대는 빨강막대

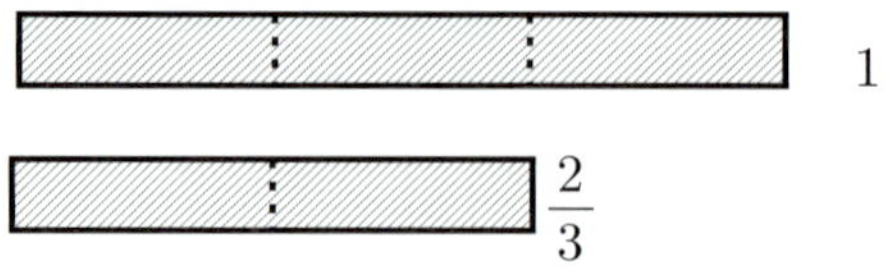

〈그림 〉 표현-4

$1 \div \frac{2}{3}$는 1속에 $\frac{2}{3}$가 1번 반이 들어있다(1은 $\frac{2}{3}$의 1과 $\frac{1}{2}$배이다).

따라서 $1 \div \frac{2}{3} = 1 + \frac{1}{2} = \frac{3}{2}$이다.

그런데 $1 \times \frac{3}{2} = \frac{3}{2}$임을 안다. 다시 말하면 $1 \div \frac{2}{3} = 1 \times \frac{3}{2}$이다.

여기에서 $\frac{2}{3} \times \frac{3}{2} = 1$인 관계가 있음을 확인한다.

- 유추에 의한 활동 I의 논리적 의미

0이 아닌 두 자연수 a, b에 대하여,

$1 \div \frac{b}{a}$는 1 안에 $\frac{a}{b}$가 포함되는 횟수이다(1은 $\frac{a}{b}$의 배이다). 그러므로 $\frac{a}{b} \times$(횟수)는 1이다. 그런데 횟수$= \frac{a}{b}$가 됨을 알았다. 따라서 $1 \div \frac{a}{b} = 1 \times \frac{a}{b}$이다.

이 때 $\frac{a}{b} \times \frac{a}{b} = 1$이다.

즉, 1÷(0이 아닌 분수)=1×(분수의 역수)이다.

- $2 \div \frac{2}{3}$의 곱셈 표현

기준막대는 연두색막대, $\frac{2}{3}$인 막대는 빨강막대.

연두색막대 두개를 잇는다. 그 안에 빨강 막대가 포함되는 횟수를 센다.

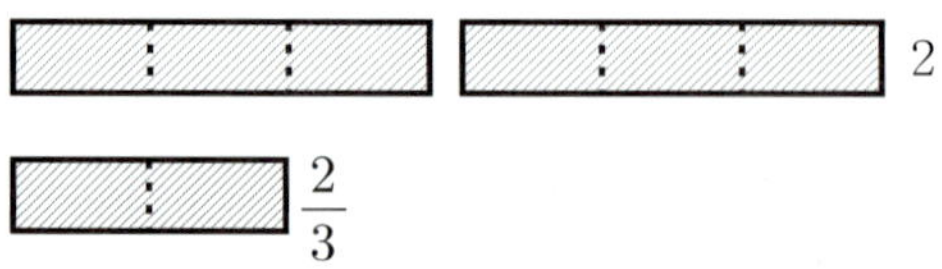

〈그림 〉표현-5

$2 \div \frac{2}{3}$는 2속에 $\frac{2}{3}$가 3번 들어있다. 따라서 $2 \div \frac{2}{3} = 3$이다.

그런데 $2 \times \frac{3}{2} = 3$임을 안다. 다시 말하면 $2 \div \frac{2}{3} = 2 \times \frac{3}{2}$이다.

그 이유는 다음과 같다.

$2\div\frac{2}{3}=(2\times1)\div\frac{2}{3}=2\times(1\div\frac{2}{3})=2\times\frac{3}{2}=3.$

여기에서 $\frac{2}{3}\times\frac{3}{2}$ =1인 관계가 있음을 확인한다. $2\div\frac{2}{3}=2\times\frac{3}{2}$이다.

- $3\div\frac{3}{4}$의 곱셈 표현

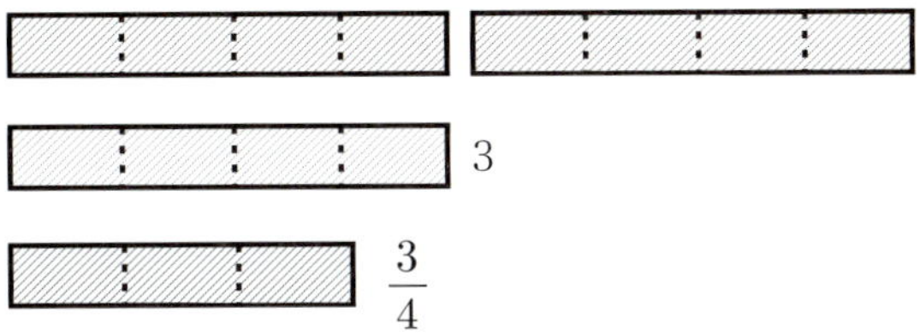

〈그림〉 표현-6

$3\div\frac{3}{4}$는 3속에 $\frac{3}{4}$이 4번 들어있다. 따라서 $3\div\frac{3}{4}=4$이다.

그런데 $3\times\frac{4}{3}=4$ 임을 안다.

그 이유는 다음과 같다.

$3\div\frac{3}{4}=(3\times1)\div\frac{3}{4}=3\times(1\div\frac{3}{4})=3\times\frac{4}{3}=3.$

다시 말하면 $3\div\frac{3}{4}=3\times\frac{4}{3}$이다.

여기에서 $\frac{3}{4}\times\frac{4}{3}$ =1인 관계가 있음을 확인한다.

- 유추에 의한 활동 II의 논리적 의미
  (1) 활동 I과 마찬가지로
  (자연수)÷(0이 아닌 분수)=(자연수)×(분수의 역수)
  또는
  (2) (자연수)÷(0이 아닌 분수)=(자연수)×(1안에 분수가 포함되는 횟수)로 이해한다.
  이러한 사실에서 다음과 같이 유추할 수 있다.
  $\frac{2}{3}\div\frac{3}{4}=(\frac{2}{3}\times1)\div\frac{3}{4}=\frac{2}{3}\times(1\div\frac{3}{4})=\frac{2}{3}\times\frac{4}{3}=\frac{8}{9}.$
  일반적으로
  (3) (분수$_1$)÷(0이 아닌 분수$_2$)=(분수$_1$) ×(1안에 분수$_2$가 포함되는 횟수)로 이해하면 결과적으로 (분수$_1$)÷(0이 아닌 분수$_2$)= (분수$_1$)×(분수$_2$의 역수)로 된다.

면담 :	코드번호 : 2860

주제 : 분수
개념 : 대분수의 나눗셈
교구 : 분수 막대(띠), 퀴즈네어 색 막대, 모눈종이

- $1\frac{1}{2} \div \frac{1}{4}$는 무엇을 뜻하는가?

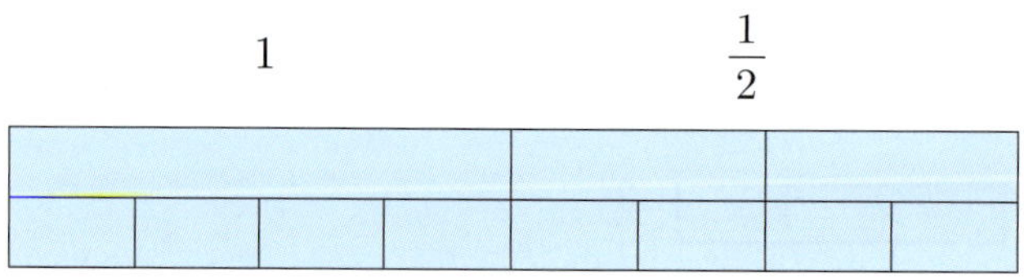

$\frac{1}{4}$막대 6개

$1\frac{1}{2}$막대를 보인다.

$\frac{1}{4}$막대를 보인다.

$1\frac{1}{2}$안에 $\frac{1}{4}$이 몇 개 있는지 세어본다.

이 몇 개 있는지 세어본다.

이를 수식으로 쓰게 한다.($1\frac{1}{2} \div \frac{1}{4} = \frac{3}{2} \div \frac{1}{4} = \frac{12}{2} = 6$)

위의 수식을 설명하게 한다.

$2\frac{1}{4} \div \frac{1}{8}$을 분수막대를 가지고 계산하고 이를 수식으로 쓰며, 각각의 단계에 대해서 설명한다.

- 퀴즈네어 색 막대를 활용하여 위의 계산을 하도록 한다.

12 소수 - 기초 개념

면담 :	코드번호 : 3020
주제 : 소수 개념 : 분수와 소수의 관계 교구 : 소수판, 수모형, 모눈종이	

- 색깔이 다른 세장의 소수판을 택한다.
- 빗금친 부분의 개수를 세도록 한다.
- 전체에 대해서 빗금친 부분의 수를 소수로 어떻게 읽는지 묻는다.
- 이 소수를 적게 한다.
- 다른 종류의 소수판을 택해서 위와 같은 과정을 반복한다.

면담 :	코드번호 : 3040

주제 : 소수
개념 : 자릿값
교구 : 소수판, 수모형, 모눈종이

- 붉은 색 소수판 (10등분) 또는 십 모형을 한 개 집는다.
- 붉은색 카드는 몇 개의 부분으로 나누어져 있는가?
- 빗금 친 부분은 몇 개인가? 이를 소수로 읽어보아라.
- 초록색 소수판(100등분) 또는 백 모형을 한 개 집어서, 이 판이 의미하는 수를 소수로 읽게 한다.

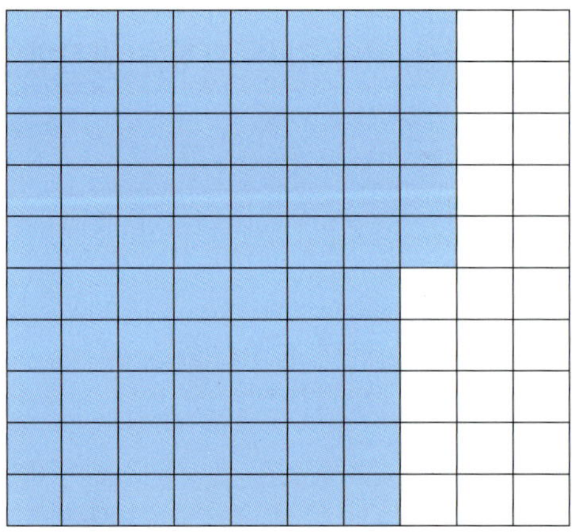

- $\frac{1}{10}$과 $\frac{1}{100}$이 몇 개 있는가? (0.75는 $\frac{1}{10}$이 7개, $\frac{1}{100}$이 5개)
- 노란색 소수판(천 모형)을 집어서 천 모형이 의미하는 수를 소수로 읽고, 이를 적게 한다.
- $\frac{1}{10}$, $\frac{1}{100}$, $\frac{1}{1000}$의 자릿수는 어떻게 되는가?
- 4자리로 소수를 쓰고, 각 자리값과 그 자리의 수를 읽게 한다.
- 5자리 소수, 6자리 소수의 경우에 위의 과정을 반복한다.

면담 :	코드번호 : 3060

주제 : 소수
개념 : 반올림하기
교구 : 소수판, 수모형, 모눈종이

- 소수판을 색깔별로 한 장씩 집는다. 반올림하여 1에 가장 가까운 수는 무엇인가?
- 빗금친 부분이 반절 미만인 소수판에 대한 아동의 반응을 지켜본다.
- 아동에게 $\frac{1}{10}$자리, $\frac{1}{100}$자리(소수 둘째자리에서, 소수 셋째자리 반올림)까지의 반올림 하는 법을 묻는다.
- 0.739를 읽고 0.74로 반올림한다.
- 정수 부분을 포함하는 소수를 쓰고, 예 : 0.318, 0.8012, 9.36, 37.42 등 정해진 자리에서 반올림하게 한다.
- 수모형 또는 모눈종이를 이용하여 위의 문제를 반올림하는 활동을 하도록 한다.

면담 :	코드번호 : 3100-1

주제 : 소수
개념 : 소수의 순서
교구 : 소수판, 수모형, 모눈종이

- 0.6에 해당하는 붉은 색 소수 판을 보인다.
- 초록색 소수판 중에서 같은 크기를 갖는 판을 찾게 한다.
- 위의 결과를 등식으로 쓸 수 있는가?
- 붉은 색 카드를 집어서 그에 해당하는 소수를 쓰게 한다. 빗금친 부분이 같은 초록색카드의 소수를 쓰게 한다.
- 위의 결과를 등식으로 쓰게 한다. 초록색 카드를 찾아서 등식을 확인시킨다.
- 초록색 카드를 집어서, 이에 해당하는 소수를 쓰게 한다. 빗금친 부분이 같은 노란색의 소수를 쓰게 한다. 이에 해당하는 등식을 쓰게 한다. 노란색 카드를 찾아서 등식을 확인하게 한다.
- 빗금친 부분의 크기가 같은 붉은색, 초록색, 노란색 카드를 찾아 등식을 쓰게 한다.
- 각각의 붉은색 카드와 크기가 같은 초록색 카드를 찾을 수 있는가?
- 각각의 초록색 카드와 크기가 같은 붉은색 카드를 찾을 수 있는가?
- 아동이 답을 했을 경우 그 이유를 묻고 카드로 예를 들게 한다.
- 소수판과 카드 대신, 수모형 또는 모눈종이를 이용하여 위와 같은 활동을 하도록 한다.

면담 :	코드번호 : 3100-2

주제 : 소수
개념 : 소수의 순서
교구 : 소수판, 수모형, 모눈종이

- 붉은색 소수판 두 장을 선택한다. 빗금친 부분이 더 큰 것은?
- 이를 수식으로 나타낼 수 있는가? (예: $0.7 > 0.5$)
- 이를 다른 수식으로 나타낼 수 있는가? (예: $0.5 < 0.7$)
- 초록색 소수판 두 장과 노란색 소수판 두 장을 가지고 이와 같은 활동을 반복한다.
- 색깔이 다른 두 장의 소수판을 선택한다. 각각에 대해서 소수를 말한다.
- 둘은 같은가? 그렇지 않다면, 어느 것이 더 큰가?
- 이와 같은 활동을 여러 번 반복한다.
- 색깔이 다른 세장의 소수판을 선택한다. 빗금친 부분이 큰 것부터 작은 것까지 차례로 놓는다.
- 이 관계를 말로 표현 할 수 있는가? 수식으로 표현할 수 있는가?
- 작은 수부터 큰 수로 나열하도록 한다.
- 이 작업을 네 장 이상의 카드로 해 본다.
- 소수 한 쌍을 적는다. : 0.0024, 0.731; 0.038, 0.72; 0.06, 0.006 등
- 각 쌍에서 더 큰 수를 고르게 하고, 그 이유를 말하게 한다.
- 소수판과 카드 대신, 수모형 또는 모눈종이를 이용하여 위와 같은 활동을 하도록 한다.

13 소수 - 사칙연산

면담 :	코드번호 : 3210

주제 : 소수
개념 : 소수의 덧셈
교구 : 소수판, 수모형, 모눈종이

- 붉은색 놀이 카드를 두 장 선택한다. 합이 얼마인가? 이를 쓰게 한다.
- 소수판을 찾아서 답을 확인하게 한다.
- 초록색 두 장, 노란색 두 장으로 위의 활동을 반복한다.
- 수모형 또는 모눈종이를 이용하여 소수의 덧셈을 하도록 한다.

면담 :	코드번호 : 3310

주제 : 소수
개념 : 소수의 뺄셈
교구 : 소수판, 수모형, 모눈종이

- 0.75와 0.40에 해당하는 소수판을 찾게 한다. 빗금친 부분의 개수의 차이를 알게한다. (100개중 35개) 0.75-0.40은 무엇인가? (0.35)식으로 써보라.
- 0.70과 0.25로 위의 활동을 반복한다. 아동에게 소수판을 이용하여 $\frac{1}{10}$ 하나가 $\frac{1}{100}$ 열 개와 같은 이유를 묻는다. 소수판을 사용해서 0.425와 0.175의 경우 이를 설명하게 한다.
- 0.6과 0.475에 해당하는 소수판을 찾게 한다. 0.6 대신에 이용할 수 있는 $\frac{1}{1000}$ 로 된 소수판은 어떤 것인가? (0.600)
  0.6-0.475를 계산한다. 소수판으로 결과를 확인시킨다.
- 개념 평가에서 틀린 문제를 소수판으로 풀고 설명하도록 한다.
- 수모형 또는 모눈종이를 이용하여 소수의 덧셈을 하도록 한다.

면담 :	코드번호 : 3410

주제 : 소수
개념 : 소수의 곱셈(제 VI장 3절 소수의 곱셈 참조)
교구 : 소수판, 수모형, 모눈종이

- 0.4에 해당하는 소수판을 보인다. 이 소수판을 모으면 빗금친 부분은 몇 개인가? (5×4=20개의 빗금친 부분).
- 이것과 같은 크기의 소수판은 몇 장에 해당하나? (2장)
- 이를 수식으로 적게 한다.
- 0.8에 해당하는 소수판을 보인다. 0.3×0.8을 쓴다.
- 이것은 무엇을 의미하는가? 소수판으로 그 의미를 보여줄 수 있는가? 이에 대해서 설명하자. 0.3×0.8을 계산하라.
- 다음의 예를 보여준다.

$$\begin{array}{r} 0.62 \\ \times\ 3 \\ \hline 186 \end{array} \qquad \begin{array}{r} 0.327 \\ \times\ 0.45 \\ \hline 14715 \end{array} \qquad \begin{array}{r} 18 \\ \times\ 0.73 \\ \hline 1314 \end{array} \qquad \begin{array}{r} 1.7 \\ \times\ 3.2 \\ \hline 544 \end{array}$$

- 위의 식이 답이 되도록 소수점을 찍을 수 있는가? 이 때 사용한 법칙은 무엇인가?
- 개념평가에서 틀린 문제의 답을 구하고 설명하게 한다.
- 수모형 또는 모눈종이를 이용한 소수의 곱셈(제 VI장 3절 소수의 곱셈 참조) 모눈 한 칸의 길이가 0.1 로 약속

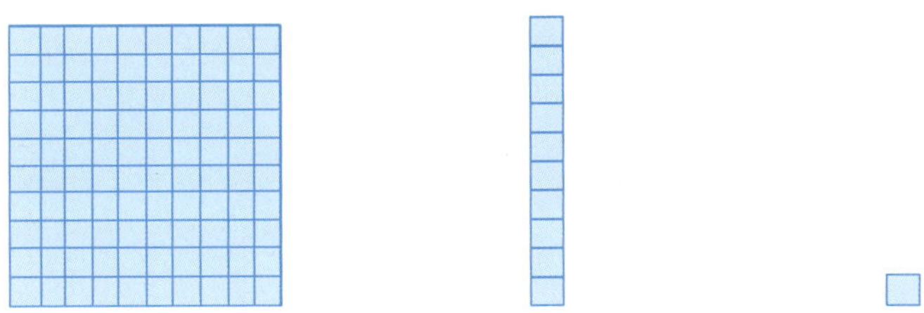

1	$\frac{1}{10}$	$\frac{1}{100}$
백모형	십모형	일모형

- 1.3 × 1.2 = ?

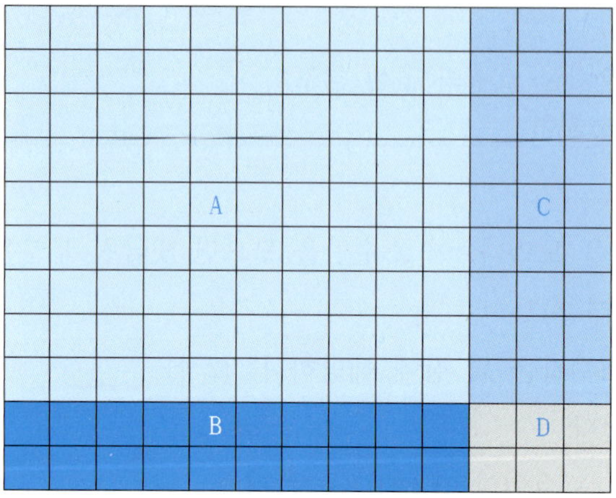

(대체-모눈종이)

$$\begin{array}{l} \quad 1.3 \\ \times 1.2 \\ 0.06(0.2\times 0.3)-D \\ 0.2(0.2\times 1)-C \\ 0.3(1\times 0.3)-B \\ 1(1\times 1)-A \\ 1.56 \end{array}$$

- 위의 과정은 1.3×1.2=(1+0.3)×(1+0.2) 를 분배법칙을 이용하여 계산하는 과정을 수모형을 이용하여 그림으로 보여주는 장면이다.
- 소수점의 위치를 정하는 과정은 $1.3\times 1.2=\frac{13}{10}\times\frac{12}{10}=\frac{13\times 12}{100}$ 을 계산하게 하여 소수점을 없앤 자연수의 계산을 한 후, 분모의 0의 개수만큼 맨 오른쪽에서부터 이동하여 소수점을 찍도록 지도한다.

면담 :	코드번호 : 3510
주제 : 소수 개념 : 소수의 나눗셈 교구 : 소수판	

- 0.60에 해당하는 소수판을 보인다. 0.60을 3등분하는 방법을 보이게 한다. 0.60÷3을 계산하고 곱셈으로 이를 확인하게 한다.
- 0.75와 0.05를 나타내는 소수판을 보인다.
- 0.75안에 0.05가 몇 번 들어 있는지 세어 보라. (15번)
- 0.75÷0.05 = ?을 계산하라.
- 다음의 예를 적는다.

  21.14÷7=3.02, 0.60÷0.15=4, 44.00÷2.5=17.6
- 위의 식에서 몫이 참이 되도록 소수점을 찍을 수 있는가?
- 이 때 사용한 법칙은 무엇인가?
- 소수의 나눗셈은 두 소수를 십진분수로 고친 다음, 분수의 나눗셈 방법을 따라 계산한다.

  $4.8 \div 0.6 = \frac{48}{10} \div \frac{6}{10} = 48 \div 6 = 8.$
- 나머지가 있는 소수의 나눗셈은, 나머지를 제대로 계산하기 위해서 유념해야한다.

  $5.87 \div 1.6 = \frac{587}{100} \div \frac{16}{10} = \frac{587}{100} \div \frac{160}{100} = 587 \div 160 = 3 \ldots 107$이 아니고, 나머지는 $\frac{107}{100} = 1.07$임을 설명한다.
- 개념평가에서 틀린 문제를 풀게 하고 설명하게 한다.

14 게 임

게임은 수학을 지도하는 데 있어서 유용하고 효과적인 부분이 될 수 있다. 학생의 발달 단계에 따라 게임을 사용할 수도 있지만 대부분의 게임은 비교적 구체적인 목적을 갖는다. 즉 연습하는 목적에 적합한 게임은 이해의 발달 측면에는 효과가 없을 것이다. 학생들이 얼마나 빨리 문제와 답을 일치시키는가를 서로 경쟁하는 카드 게임은 재미있는 연습 활동을 제공할 수 있다. 물론 약간의 이해는 이러한 연습에서 발전할 수 있다. 이와는 달리, 아동이 연산 방법과 이의 성질에 대해서 생각해보도록 하는 게임은 개념 발달에는 적절한 경험을 제공하지만 연습의 효과는 거의 없다. 시중에서 구입한 자료나 적당한 시기에 사용하려고 교사들이 정리해 놓은 게임 목록에서 가르치고 있는 내용과 직접적으로 관련된 게임을 성공적으로 사용했는지의 여부는 가르치려는 개념과 기능을 발전시키고 연습하는 데 얼마나 기여했는냐에 달려 있다. 만약 수업의 목적이 새로운 개념을 소개하는 데 있다면, 학습자가 새로운 개념의 측면을 탐구하는 게임을 선택하면 된다. 나중에 설명할 '은행 놀이'는 새로운 개념에 소개하는 데 사용할 수 있는 좋은 예이다. 이 게임에서 학생은 열 개가 넘을 경우 하나의 묶음으로 묶어야 한다. 또한 이 게임에서 다양한 자릿값의 경우도 제시된다. 만약 게임의 목적이 연습으로 기본을 다지는 것이라면 시간 규제가 주어져서, 답을 알아내는 능력보다는 내용의 숙달에 중점을 두어야 한다.

가. 범 위

이 장에서는 다양한 게임이 소개되어 있다. 이 게임은 교실에서 폭넓게 사용하고 있으며, 또한 면담과 처방 지도에 유용하게 사용할 수 있다. 교사들은 각자 좋아하는 게임이 있지만 이 장에 소개된 게임도 좋아하게 되리라 생각한다.

이러한 게임들을 소개하는 목적은 면담과 처방 지도에 필요한 게임을 수집하는 계기를 만들기 위한 것이다. 이 게임은 교사들이 좋아하는 게임으로, 앞으로는 각자 경험을 통해서 만든 게임을 계속 수집하기 바란다.

나. 설 명

면담과 처방 지도에서 게임은 도입/발전활동과 연습활동/적용활동을 위해 사용할 수 있다. 다음 도표는 이 선택된 게임들이 어떤 활동에 적용되는지를 구체적으로 보여준다. 그러나 이 책을 읽는 교사들은 게임을 여기에 나타난 것 이외의 다른 측면에 사용할 수 있으리라 생각한다. 다시 말해서, 도표는 출발점으로 보아야 한다.

게임	목적	도입/발전	연습/적용
은행 놀이	자릿값	X	X
경매 놀이	개념		X
큰 숫자 만들기	자릿값	X	
문제 만들기	계산	X	
서부 총잡이	개념		X
집중 게임	개념		X
전쟁	개념	X	
합계 놀이	덧셈		X
나홀로 게임	개념		X
카드로 식 만들기	수	X	
모두 덮기 게임	개념		X
삼십 일	덧셈		X

◇ 은행 놀이 ◇

- **구성원**: 3~6명
- **게임재료**: 십진 막대, 각 참여자를 위한 현금 서랍, 주사위
- **규칙**:
  1. 한 사람이 은행원이 되어 가지고 있는 모든 수모형(일 모형, 십 모형, 백 모형)을 현금 서랍 위의 배치한다.
  2. 나머지 사람들은 차례대로 주사위를 던지고, 주사위에 나온 만큼의 수를 은행원에게 요구한다.
  3. 현금 서랍의 규칙은 가능하면 언제나 일 모형 열 개를 십 모형 한 개로 교환하는 것이다.
  4. 한 사람이 십 모형 열 개를 백 모형 한 개로 교환하면 게임에서 이긴다. 이긴 사람은 다음 게임에서 은행원이 된다.

• 게임의 예:

경기자 A가 주사위를 던져 6이 나왔다.

현금서랍 A

백 모형	십 모형	일 모형
		○○○ ○○○

경기자 B가 주사위를 던져 2가 나왔다.

현금서랍 B

백 모형	십 모형	일 모형
		○○

경기자 A가 주사위를 던져 5가 나왔다.

현금서랍 A

백 모형	십 모형	일 모형
		○○○○○ ○○○○○ ○

경기자 A는 10개의 일 모형(1)를 1개의 십 모형으로 바꾼다.

백 모형	십 모형	일 모형
	|	○

◇ 경매 놀이 ◇

- **구성원:** 수학 실력이 비슷한 두 명
- **게임재료:** 시계, 쪽 당 10개에서 20개의 수학 문제가 있는 문제지
- **설 명**

1. 두 명의 경기자는 문제지를 대강 훑어본다. 그러고 나서 이들은 이 문제지를 몇 분 동안에 풀 수 있는지 교대로 말하면서 "경매"를 한다. 한 경기자가 자신이 풀 수 있는 시간을 말한다. 그 때 상대방이 그 시간 안에 풀 수 없을 거라고 생각하면 "그러면 네가 해봐라!"라고 말한다.
2. 도전한 시간을 시계에 맞추고 도전을 받은 사람은 할당된 시간 안에 문제를 다 풀기 위해서 최선을 다한다. 그 시간 안에 풀면 20점을 얻는다. (틀린 문제당 1

점을 감한다.) 만약 시간 안에 다 풀지 못하면 도전자에게 10점을 준다. (틀린 문제당 1점을 더한다.)

> 〈연습문제〉
>
> 9×8=( ), 9×7=( ), 8×6=( ), 7×5=( ), 6×4=( ), 9×5=( ), 8×7=( ), 6×7=( ), 4×7=( ), 3×9=( ), 6×9=( ), 9×9=( )

- 경기자 A: 나는 5분 내에 할 수 있다.
- 경기자 B: 나는 4분 내에 할 수 있다.
- 경기자 A: 나는 3분 내에 할 수 있다.
- 경기자 B: 나는 2분 내에 할 수 있다.
- 경기자 A: 나는 1분 30초 내에 할 수 있다.
- 경기자 B: 나는 1분 내에 할 수 있다.
- 경기자 A: 나는 30초 내에 할 수 있다.
- 경기자 B: 그럼 네가 해봐라.

• 게임의 예: 시계를 30초간 맞추어 놓고 경기자 A가 문제를 풀기 시작한다. 경기자 B는 방해하지 않는다. 해답은 계산기나 답지로 확인한다.

◇ 큰 숫자 만들기 ◇

• 구성원: 2~4명

• 게임재료: 주사위, 0~9까지의 숫자카드 또는 스피너, 종이

• 규 칙:

1. 각 경기자는 종이 위에 사각형을 네 개 그린다. 이 게임의 목적은 사각형 안에 가장 큰 숫자를 쓰는 것이다.
2. 첫 번째 경기자가 숫자 카드를 하나 꺼내든지 스피너를 돌려서 나온 숫자를 어디에 놓거나 쓸지에 대하여 결정한다.
3. 모든 경기자가 빈칸을 모두 채울 때까지 경기를 계속한다.
4. 가장 큰 숫자를 가진 사람이 이긴다.

- 게임의 예:

1. 경기자 A가 4를 뽑았다.			4	
경기자 B가 8을 뽑았다.	8			
2. 경기자 A가 0을 뽑았다.			4	0
경기자 B가 9를 뽑았다.	8	9		
3. 경기자 A가 0을 뽑았다.		0	4	0
경기자 B가 9를 뽑았다.	8	9	9	
4. 경기자 A가 9를 뽑았다.	9	0	4	0
경기자 B가 3을 뽑았다.	8	9	9	3

경기자 A가 승리!!!

◇ 집중 게임 ◇

- **구성원:** 2~4명
- **게임재료:** 카드 두 세트, 한 사람은 문제 카드를 다른 사람은 정답 카드를 갖는다.
- **규 칙:**

1. 문제 카드와 정답 카드를 숫자가 보이지 않도록 엎어서 같은 방식으로 배열한다.

문제

답

2. 첫 번째 경기가 문제란과 답란에서 카드를 하나씩 뒤집는다. 만약 두 개가 일치하면 경기자는 카드를 갖고 한 번 더 할 수 있다.

3. 만약 카드가 일치하지 않으면 모든 경기자는 그 숫자의 위치를 확인하고 그 카드를 다시 뒤집어 놓는다.
4. 모든 문제 카드와 정답 카드가 일치할 때 까지 게임을 계속 한다. 가장 많은 카드를 가진 사람이 승자가 된다.

사람 A (일치하지 않음)

		2+4					
					7		

사람 B (일치)

							12
	5+7						

사람 B 한 번 더 실시 (일치하지 않음)

				10			

◇ 모두 덮기 게임 ◇

- 구성원: 1~4명
- 게임재료:

아래의 예처럼, 각 경기자를 위한 숫자가 쓰인 판과 곱셈카드 한 벌. 이는 두꺼운 종이로 만들면 좋다. 경기자의 숫자가 쓰인 판과 곱셈 카드는 모든 앞면을 일치시켰을 때 쉽게 알 수 있도록 다른 색깔이어야 한다. 각각의 판에 있는 숫자들은 서로 달라야 하고, 숫자가 적혀 있어야 한다.

숫자판

36	14	8
81	72	32
35	15	64
20	12	9
24	56	18
5	36	54

카드

3×3	7×3
5×4	6×9
9×9	8×5
2×2	7×8

- 규칙 1:

1. 각 경기자는 판 한 개와 카드 한 세틀ㄹ 갖는다.
2. '시작' 이라는 소리와 함께 각 경기자는 숫자 위에 그 수와 일치되는 곱셈 카드를 덮는다.
3. 모든 카드를 정확히 일치시킨 사람이 우승자이다.

- 사용 가능한 다른 규칙:

1. 판의 숫자가 모두 다르기 때문에 작은 그룹의 경우에는 빙고 게임처럼 할 수 있다.

2. 한 명의 아이가 나홀로 게임처럼 경기할 수 있다. 다른 카드와 초시계를 가지고 게임을 반복하면서 학생들이 자신의 기록을 깨는 것을 목표로 한다.
3. 이 게임은 덧셈, 뺄셈, 나눗셈에도 활용할 수 있다.

◇ 서부 총잡이 ◇

- 수학 실력이 비슷한 두 명, 심판 한 명
- **게임재료:** 플래시 카드 한 벌, 칠판(또는 화이트보드)
  (플래시카드: 수업 중 교사가 단어, 숫자, 그림 등을 순간적으로 보여 주는 빠른 파악 연습용의 카드)
- **규 칙:**
  1. 각 경기자를 위해 칠판이나 종이 위에 답을 쓰기 위한 공간을 만든다.
  2. 심판은 플래시 카드를 위로 치켜들면 양쪽 경기자 모두 답을 쓴다. (분필이나 연필로 답을 쓴다.)
  3. 심판은 누가 답을 먼저 썼는지 판정한다.
  4. 진 사람은 총을 맞은 것으로 가정한다.
  5. 동점일 경우 아무도 맞지 않는다.
  6. 한 경기자가 총을 여섯 번 맞는 즉시 퇴장하고 상대 경기자가 승리한다.
- **응용 경기:**
  이 게임은 다소 변형할 수 있는데, 교사가 학생을 지명해서 문제를 내고 공을 던진다. 학생은 공을 받기 전에 답을 말해야 한다. 성공하면 그 팀은 점수를 얻고, 만약 답이나 공 둘 중에 하나만 놓쳐도 점수를 잃는다.

◇ 카드로 식 만들기 ◇

- **구성원:** 두 명
- **게임재료:** 1부터 10까지 적힌 카드가 각 네 장씩, 종이, 연필
- **규 칙:**
  1. 카드를 뒤섞어 다섯 장씩 각 경기자에게 나누어 준다. 중앙에는 카드 하나를 앞면이 위로 와서 보이도록 한다.

2. 각 경기자는 표면을 중앙에 있는 카드의 숫자를 만들기 위해서 식을 만들어야 하는데, 다섯장의 카드에 있는 숫자를 모두 사용해야 한다. 덧셈, 뺄셈, 곱셈, 나눗셈 그리고 괄호를 사용할 수 있다.
3. 식을 가장 빨리 만든 사람이 그 판을 이기게 된다.
4. 점수는 그 판에서 손에 가진 카드의 숫자를 합한 것이 된다.
5. 150점을 가장 빨리 얻은 사람이 그 게임을 이긴다.

• 게임의 예:

손에 든 카드　　　　　　　　　　중앙에 보여준 카드

이길 수 있는 식: $7+4-1-2-3=5$

$2\times4+1+3-7=5$

$3\times7-14-2=5$

$7+4-(1\times2\times3)=5$

$42-(37\times1)=5$

◇ 문제 만들기(큰 숫자 만들기 응용) ◇

• 구성원: 2~4명
• 게임재료: 숫자 카드(카드 한 벌) 또는 스피너, 연필, 종이
• 규칙:

1. 경기자들은 각자가 아래와 같이 여러 자리 숫자를 합하는 빈칸을 종이 위에 만든다.

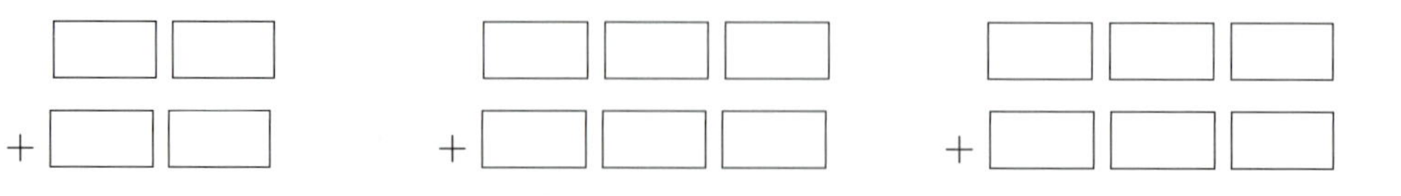

2. 첫 번째 경기자가 숫자를 뽑아 그것을 빈 칸 중 어디에 쓸 것인지 결정한다.
3. 모든 경기자가 자신의 빈 칸을 다 채울 때까지 경기를 계속한다.
4. 다 채우고 나면 이 숫자들의 합계를 계산한다.
5. 이 게임의 목표는 숫자의 합이 가장 큰 경우, 합이 가장 작은 경우, 합이 짝수이면서 가장 큰 경우 등으로 이 중 하나를 선택할 수 있다.

- 게임의 다른 규칙들:
  - 이 게임은 뺄셈, 곱셈, 나눗셈에도 적용할 수 있다.
  - 답을 확인할 때는 계산기를 사용한다.

◇ 나홀로 게임 ◇

- 구성원: 한 명
- 게임재료: 플래시 카드 한 세트(앞면은 문제, 뒷면은 답)
- 규칙:

1. 카드 한 세트를 잘 섞는다.
2. 문제가 위로 오게 해서 다섯 장의 카드를 나누어 준다.
3. 다섯 장의 문제 카드를 보고 이를 가장 작은 수부터 가장 큰 수까지 순서대로 배열한다.
4. 결과를 확인하기 위하여 카드를 뒤집는다. 이 때 숫자는 순서대로 있어야 한다.
5. 만약 결과가 맞으면 다섯 장의 카드를 모두 갖고, 또 다른 다섯 장을 나누어 준다. 만약 결과가 틀리면 그 카드를 카드 한 벌 속으로 다시 집어넣는다.
6. 경기자가 모든 카드를 모을 때까지 계속한다.

- 예시:

1. 다섯 장의 카드를 놓는다.

8×6	5×1	6×9	7×8	7×7

2. 순서대로 놓는다.

5×1	8×6	7×7	6×9	7×8

3. 뒤집어서 순서를 확인한다.

5×1=5	8×6=48	7×7=49	6×9=54	7×8=56

4. 순서가 맞아서 다섯장의 카드를 가진다.

2×5	3×4	6×2	8×4	5×7

5. 또 다른 다섯 장의 카드를 놓는다.

◇ 합계 놀이 ◇

- **구성원:** 두 명
- **게임재료:** 종이와 연필
- **해 설:**

종이 위에 가로와 세로 모두 네 칸이 되도록 격자무늬를 만든다. 각 경기자는 종이쪽지에 0–36까지의 숫자 중에 '숨은 숫자'를 쓴 뒤 다른 경기자가 볼 수 없도록 그것을 뒤집어 놓는다. 경기자들은 격자무늬 위에 한 줄로(수직이나 수평 또는 대각선)숫자 네 개를 더해서 자신의 숨은 숫자가 되도록 하면서 교대로 숫자를 써 나간다. 이때 상대방이 숨겨진 숫자를 만들지 못하도록 방해한다.

- **예 시:**

경기자 A가 24를 숨긴다.
경기자 B가 15를 숨긴다.

경기자 A

	8		

경기자 B

	8	1	

경기자 A

	8	1	
	9		

경기자 B

		7	
	8	1	
	9		

게임의 끝

4	9	7	
	8	1	
	9	0	
	1		3

경기자 B가 승리! 15

◇ 전 쟁 ◇

- 구성원: 2~3명
- 게임재료: 플래시 카드 한 세트, 분수 막대나 카드 한 세트
  소수판이나 카드 한 세트
- 규 칙:

1. 카드를 뒤섞어 모두 뒤집어 놓는다. (만약 답이 뒷면에 있으면 파일로 덮어 놓는다.)
2. 각 경기자는 동시에 가운데에 카드를 한 장씩 뒤집는다.
3. 가장 큰 숫자가 쓰여진 카드를 가진 사람이 다른 모든 카드를 갖는다.
4. 만약 두 사람의 카드의 답이 같으면 전쟁이 시작된다. 양쪽의 경기자는 "이제부터 전쟁이다." 라고 말하면서 다음의 카드 세 개를 뒤집는다.
5. 세 번째 카드에서 가장 큰 수가 나온 사람이 나온 모든 카드를 갖는다.
6. 쌓아 놓은 카드를 다 사용했을 때, 다시 전체를 섞어서 경기를 계속한다.
7. 시간을 미리 정해놓고 하거나 한 경기자가 대부분의 카드를 가질 때까지 경기를 계속한다.

- 예 시:

	경기자 A			경기자 B
1.	$54 \div 6$	경기자 A 승리		$64 \div 8$
2.	$27 \div 9$	경기자 B 승리		$6 \div 1$
3.	$35 \div 7$	전쟁		$10 \div 2$
	1			1
	2			2
	3	$4 \div 2$	$9 \div 9$	3

경기자 A가 모든 카드를 취한다.

◇ 삼십 일 ◇

• **구성원**: 수학 실력이 비슷한 두 명

• **게임재료**: 숫자 카드나 주사위.

• **규 칙**:

게임 하나 - 구두로 경기하기 -

1. 첫 번째 경기자가 1부터 6 중에서 어느 하나를 선택한다.
2. 두 번째 경기자가 1부터 6 중에서 또 다른 하나를 선택한다. 이 숫자를 첫 번째 경기자의 숫자에 합한다.
3. 경기자들은 1부터 6 까지의 숫자를 교대로 선택해서 합계에 더한다. 한 경기자가 상대방의 합계가 31을 넘도록 만들면 이긴다.

게임 둘 - 숫자 카드로 경기하기 (게임 1과 같이) -

1. 첫 번째 경기자가 카드를 뽑는다.
2. 두 번째 경기자가 카드를 뽑아 첫 번째 사람이 뽑은 숫자에 더한다.
3. 이 경기는 게임 1처럼 한 경기자가 상대방의 합계가 31을 초과하도록 만들 때까지 계속한다.

게임 셋. - 주사위 한 개로 경기하기 -

1. 첫 번째 경기자가 주사위를 놓는다.
2. 두 번째 경기자가 주사위를 90도로 회전시켜서 나온 숫자를 첫 번째 경기자의 숫자에 합한다.
3. 게임 1, 2 처럼 상대방의 합계가 31을 초과하게 유도하여 이것이 넘을 때까지 경기를 계속한다. 그러면 그가 승자가 된다.

제 8 장 수학에 대한 태도측정표

01 목 적

진단 평가가 완성되려면 수학에 대한 학생들의 태도에 관한 정보도 포함되어야 한다. 흥미를 갖는 것, 이를 즐기는 것, 그리고 어느 정도의 열의 등은 태도와 유사한 말이다. 수학을 배우는 데 어려움을 느끼는 많은 학생은 수학에 대해서도 부정적인 태도를 가질 수 있다. 어떤 과목을 공부하는데 그 과목에 대한 태도와 그 과목의 수행능력은 서로를 강화시키기 때문에 학생이 수학에 대해서 어떤 느낌을 가지고 있는지에 대해서 아는 것은 나중의 처방지도에 많은 영향력을 미칠 수 있다.

02 태도측정표의 사용방법

많은 요인들이 아동들이 가지고 있는 수학 태도에 영향을 끼치는 것으로 여겨진다. Aiken에 의하면 수학에 대한 학생의 태도에 영향을 미치는 모든 요소 중에서 교사와 부모의 태도와 능력이 가장 큰 영향을 미친다고 한다. 수학 태도측정표(The Mathematics Attitude Scale)는 수학과 수학 수업에 관한 20가지의 질문을 나열한 것이다. 학생들의 수학에 대한 태도는 수학에 대한 질문에 답을 함으로써 알게 된다. 이 질문들은 학생들이 그동안 경험했던 여러 가지 수학적 경험에 대해서 응답할 수 있는 기회를 준다. 그동안 이 방법을 사용해 본 경험으로는 자신에 대해서 성찰하고 지각하는 정도가 연령과 함께 증가했다. 수학 태도 측정 표는 저학년 학생이 사용하기에는 적합하지 않고, 4학년 이상의 어린이들에게 적합하게 만들어져 있다.

03. 시행방법

1) 시 행

- 단계 1 : 개인이나 그룹으로 수학에 대한 태도를 측정할 수 있다. 글을 읽지 못하는 학생들에게는 질문들을 읽어 준다. 학생들은 각각의 질문에 대해서 '예' 혹은 '아니오'에 동그라미를 친다.

2) 시행 후

- 단계 2 : 긍정적인 대답에는 '+1'점을, 부정적인 대답에는 '−1'점을 부과한다. 어느 것으로 결정하지 않은 것이나 대답하지 않은 것은 '0'점을 부과한다.
- 단계 3 : 긍정적인 점수와 부정적 점수를 모두 더하면 −20과 +20사이의 점수가 된다.

+10~+20	매우 긍정적
-5~+5	보통
-20~-10	매우 부정적

- 단계 4 : 점수를 학생 기록 카드에 기록한다.

3) Aiken의 수학 태도측정표

다음의 질문에 대해서 그렇다고 생각되면 "예"에 동그라미를 치고, 그렇지 않다고 생각되면 "아니오"에 동그라미를 치시오.

Aiken의 수학 태도 측정법

1	나는 수학시간에 항상 심한 긴장감을 느낀다.	예	아니오
2	나는 수학시간이 재미있고 수학시간이 즐겁다.	예	아니오
3	나는 수학을 좋아하지 않으며 수학공부를 해야 한다는 것이 겁난다.	예	아니오
4	나는 수학이 매력 있고 재미있다.	예	아니오
5	수학은 나에게 안정감을 주며 동시에 흥미를 자극한다.	예	아니오
6	수학문제를 풀 때, 내 마음은 텅 빈 것 같고 맑은 정신으로 생각할 수 없다.	예	아니오
7	나는 수학문제를 풀려고 할 때 불안감을 느낀다.	예	아니오
8	수학은 나를 불안하게하고, 초조하고, 안달나게 하고, 성급하게 한다.	예	아니오
9	수학에 대해서 내가 갖고 있는 감정은 좋은 것이다.	예	아니오
10	수학은 마치 내가 숫자의 정글 속에서 길을 잃어 버렸는데 출구를 찾을 수 없는 것 같은 감정을 느끼게 한다.	예	아니오
11	수학은 내가 매우 즐기는 과목이다.	예	아니오
12	"수학"이란 말을 들을 때 나는 혐오감을 느낀다.	예	아니오
13	나는 수학을 대할 때 문제를 풀 수 없을 것 같은 두려움과 망설임으로 접근한다.	예	아니오
14	나는 정말 수학을 좋아한다.	예	아니오
15	수학은 내가 항상 재미있게 공부하는 과목이다.	예	아니오
16	수학문제를 풀어야만 한다고 생각만 해도 신경이 날카로워진다.	예	아니오
17	나는 수학을 좋아한 적이 없으며, 내가 제일 두려워하는 과목이다.	예	아니오
18	나는 다른 수업시간보다 수학시간이 행복하다.	예	아니오
19	나는 수학에 대한 느낌이 편하며, 수학을 매우 좋아한다.	예	아니오
20	수학에 대한 나의 반응은 확실히 긍정적이며, 수학은 재미있다.	예	아니오

❖ 메모

제 9 장 학습형태 목록표

01 목 적

학습 형태 목록표는 교사들이 학생들에게 처방지도시 유용하게 사용될 부가적인 정보이다. 학생들이 학습하는 데 어려움을 느끼는 것은 때때로 학습과 관련된 여러 가지 조건과 관련이 있다고 여겨져 왔다. 학습 형태 목록표는 학생들에게 자신들이 선호하는 학습조건에 관한 의견을 표현하는 기회를 제공한다.

02 사용방법

학습 형태 목록표는 학생들이 '예' 혹은 '아니오'로 대답하는 20개의 문항으로 되어 있다. 각각에 대한 문항의 수와 범주는 다음과 같다.

그룹 선호도	3
학습지도형태	3
자발적/ 지시	3
학습 형태	4
피드백	3
방해정도	3
또래 지도	1

추가적으로 학습 형태 목록표를 요약해 놓은 '학습 형태 프로파일'에는 교사들이 처방지도 시 고려해야 할 특별한 사항과 면담을 실시하는 동안 작성된 관찰기록을 메모해 둘 수 있는 여백이 마련되어 있다. 학습 형태 목록표는 이를 시행하는 사람의 감독에 학생들이 답을 하는 20문항의 표이다. 1,3, 혹은 4의 항목은 어떤 범주(집단 학습, 강의, 자발적/ 지시, 기타 등등)와 연관되어서 표현된다. 즉 처음의 세 문항은 모두 집단 학습 선호도의 문제와 연관된다. 다음은 학습 지도형태를 위한 세 문항이다. 완성된 질문표의 표본은 시행방법 다음에 제시되어 있다. 학습 방법 목록표의 프로파일은 그 다음 쪽에 나와 있으며 학습 형태 목록표를 보고 완성할 수 있다. ①전체 학급 ②소집단 ③개인과 관계된 그룹 선호도를 알아보기 위해서 제시된 세 개의 문항은 이쪽에서 요약된다. 지도방법에 대한 세 개의 문항은 ④교사의 설명 ⑤혼자서 해결과 연관되어 있다.

03 시행방법

1) 시 행

- **단계 1** : 단계 Ⅲ 면담의 일부로서, 전체 학급, 소집단, 혹은 개인적으로 학습 형태 목록표를 완성시킨다.
- **단계 2** : 문구를 읽고 질문이 있으면 설명한다. 모든 문구에 '예' 혹은 '아니오'를 표시 하도록 지시한다.

2) 시행 후

- **단계 3** : 각각의 '예' 대답에 대해서 이에 해당하는 프로파일에 동그라미 표시를 한다.
- **단계 4** : 면담시에 관찰된 학생들의 선호하는 학습 조건에 관한 정보를 첨가시킨다.
- **단계 5** : 결과를 분석한다. 일반적으로, 오른쪽의 상황들이 좀더 개인적이고 열린 학습 상황을 나타내는 반면, 왼쪽의 상황은 좀더 진부하고 전형적인 교실 상황을 표현한다.
- **단계 6** : 처방지도기간 동안 관찰된 선호하는 학습형태에 대해서 계속하여 메모를 한다.

부록

수학 학습 형태 목록표

학과 :	학번 :	이름 :
목록 :	날짜 : 20 . . .	

다음의 질문에 대해서 그렇다고 생각되면 "예"에 동그라미를 치고, 그렇지 않다고 생각되면 "아니오"에 동그라미를 치시오.

질문	응답
1. 나는 선생님이 전체 학급을 대상으로 설명할 때 수학을 가장 잘 배운다.	예 아니오
2. 나는 선생님이 몇몇 학생을 대상으로 설명할 때 수학을 가장 배운다.	예 아니오
3. 나는 선생님이 나에게만 설명할 때 수학을 가장 잘 배운다.	예 아니오
4. 나는 선생님이 수학을 설명할 때 쉽게 이해한다.	예 아니오
5. 나는 친구가 수학을 설명할 때 쉽게 이해한다.	예 아니오
6. 나는 혼자 힘으로 어려운 수학 문제를 푸는 것을 좋아한다.	예 아니오
7. 나는 선생님이 무엇을 언제 하라고 정확히 시키는 것을 좋아한다.	예 아니오
8. 나는 선생님이 무엇을 하라고 시키는 것은 좋아하지만 하는 시기는 내가 정하고 싶다.	예 아니오
9. 나는 무엇을 언제해야 할지를 스스로 선택하기를 원한다.	예 아니오
10. 나는 설명을 들을 때 수학을 가장 잘 이해한다.	예 아니오
11. 나는 그림으로 보았을 때 수학을 가장 잘 이해한다.	예 아니오
12. 나는 계산과정을 종이 위에 쓰면서 할 때 수학을 제일 잘 이해한다.	예 아니오
13. 나는 풀이 방법을 읽었을 때 수학을 제일 잘 이해한다.	예 아니오
14. 나는 선생님이 나중에 가르쳐준다는 것을 알 때 수학에 최선을 다하게 된다.	예 아니오
15. 나는 수학문제를 풀고 스스로 검토하는 것을 좋아한다.	예 아니오
16. 나는 나중에 채점을 하는 것에 관계없이 수학문제를 푼다.	예 아니오
17. 나는 교실이 아주 조용할 때 수학공부가 잘된다.	예 아니오
18. 나는 교실에서 작은 말소리가 들릴 때 수학공부가 잘된다.	예 아니오
19. 나의 교실이 시끄러울 때 수학공부가 잘된다.	예 아니오
20. 나는 다른 학생이 수학문제를 가지고 어려워 할 때 돕고 싶다.	예 아니오

학습 형태 프로파일

이름 :	날짜 : 20 . . .

목록표 숫자	범주	응답
1 - 3	그룹 선호도 :	1. 전체 학급 2. 소그룹 3. 개인 기타
4 - 6	지도형태:	4. 교사 설명 5. 친구 설명 6. 스스로 해결 기타
7 - 9	자발적/지시:	7. 교사지시 8. 교사지시(시기는 자신이 결정) 9. 자신이 선택 기타
10 - 13	학습 형태:	10. 청취 11. 보기 12. 쓰기 13. 읽기
14 - 16	피드백:	14. 교사가 정정 15.본인이 정정 16. 정정은 중요하지 않음 기타
17 - 19	방해정도:	17. 정숙 필요 18.약간의 소란 19. 소란은 방해되지 않음
20	또래지도:	20. 예 아니오

학생기록카드

수학 태도 측정 결과 :

학과 :	학번 :	이름 :
목록 :	날짜 : 20 . . .	

진단평가 결과:

1. 개념:

   점수:

   오류유형:

2. 개념:

   점수:

   오류유형:

3. 개념:

   점수:

   오류유형:

4. 개념:

   점수:

   오류유형:

5. 개념:

   점수:

   오류유형:

면 담 지

학과 :	학번 :	이름 :
목록 : 면담지	날짜 : 20 년 월 일 시 분	

1. 개념:

   면담결과:

2. 개념:

   면담결과:

3. 개념:

   면담결과:

4. 개념:

   면담결과:

면담결과의 요약

처방 지도 계획

학과 :	학번 :	이름 :
목록 :	날짜 : 20 년 월 일 시 분	

처방지도가 요구되는 개념코드

1. 코드:

   개념:

2. 코드:

   개념:

처방 지도 방안

1. 코드:

   지도방법요약:

2. 코드:

   지도방법요약:

보충지도계획

1. 정규수업시간에 실시

2. 수업시간 이후에 실시

3. 다른 방법(설명)

학급 기록 카드

Ⅰ. 자연수와 0 기초 개념																											
내 용 / 이 름																											
기수인 영(0)																											
1부터 10까지의 기수																											
10자이 이상의 기수																											
세 자리 숫자: 자릿값																											
네 자리 또는 그 이상 숫자: 자릿값																											
숫자 표기법의 확장: 자연수																											
자연수의반올림																											
자연수를 순서대로 나열하기																											
서수와 서수세기																											
하나씩 증가하는 자연수의 수열																											
건너뛰면서 세기																											

Ⅱ. 자연수의 덧셈																														
내 용 / 이 름																														
덧셈의 기본적인 사실 : 자연수																														
10이상 자연수의 덧셈, 반올림 없음																														
10이상 자연수의 덧셈, 반올림 있음																														
9이하 자연수의 덧셈, 두 수 이상																														
10이상 자연수의 덧셈, 두 수 이상																														

Ⅲ. 자연수 뺄셈																												
내 용 / 이 름																												
자연수 덧셈의 역이 되는 뺄셈																												
자연수 뺄셈의 기본적인 사실																												
10이상 자연수의 뺄셈, 받아내림이 없음																												
10이상 자연수의 뺄셈, 받아내림 있음																												

Ⅳ. 자연수의 곱셈

내 용 ＼ 이 름																														
곱셈의 기본적인 사실: 자연수																														
10이상 자연수의 곱셈: 받아올림 없음																														
10이상 자연수의 곱셈:받아올림 있음																														
10의 배수의 곱셈(10~90)																														
10의 배수의 곱셈(100~9000)																														
두 수 이상의 곱셈(자연수)																														

Ⅴ. 자연수의 나눗셈

내 용 ＼ 이 름																														
자연수 곱셈의 역으로의 나눗셈																														
나눗셈의 기본적인 사실: 자연수																														
자연수의 나눗셈: 9이하의 제수: 나머지 없음																														
자연수의 나눗셈: 9이하의 제수: 나머지 있음																														
자연수의 나눗셈: 10이상의 제수																														
10의 배수로 나누기(10~90)																														
10의 배수로 나누기(100~9000)																														

Ⅵ. 분수

내 용 ＼ 이 름																														
열 또는 부분집합에서 분수의 의미																														
평면과 영역에서 분수의 의미																														
양의 유리수와 자연수의 관계																														
분수의 동치																														
대분수의 동치																														
분수의 덧셈(분모가 같은 경우)																														
대분수의 덧셈(분모가 같은 경우)																														
분수의 덧셈(분모가 다른 경우)																														
대분수의 덧셈(분모가 다른 경우)																														
분수의 뺄셈(분모가 같은 경우)																														
대분수의 뺄셈(분모가 같은 경우)																														
분수의 뺄셈(분모가 다른 경우)																														
대분수의 뺄셈(분모가 다른 경우)																														
분수의 곱셈																														
대분수의 곱셈																														
분수의 나눗셈																														
대분수의 나눗셈																														

Ⅶ. 소수																														
내 용 \ 이 름																														
소수의 자릿값																														
소수의 반올림																														
소수의 동치																														
소수의 덧셈																														
소수의 뺄셈																														
소수의 곱셈																														
소수의 나눗셈																														

찾아보기

저자 소개

김 용 태
고려대학교 대학원(이학박사)
서울대학교 대학원(교육학석사)
서울대학교 대학원(교육학박사수료)
현재 광주교육대학교 수학교육과 교수

황 우 형
고려대학교 수학교육과(이학사)
미국 Georgia대학교(교육학박사)
현재 고려대학교 수학교육과 교수

이 중 권
고려대학교 수학교육과(이학사)
미국 Georgia대학교(교육학박사)
현재 동국대학교 수학교육과 교수

초등교사와 학부모를 위한
초등수학지도

2012년 2월 25일 초판 1쇄 발행

저 자 / 김용태 · 황우형 · 이중권
발행자 / 오판근
발행처 / 교우사

주 소 / 서울 동대문구 약령시로 8 교우빌딩 2층
전 화 / 925-2861~2, 편집부 / 925-2825
팩 스 / 925-2860

E-mail / kyowoo@kyowoo.co.kr
http://www.kyowoo.co.kr

등록 / 1994. 3. 24 제6-0256호

ISBN 978-89-8172-914-1 (93410)
값 20,000 원